Auf der Pampa

oder Die jungen Siedler

GA Henty

Writat

Diese Ausgabe erschien im Jahr 2023

ISBN: 9789359258072

Herausgegeben von
Writat
E-Mail: info@writat.com

Inhalt

KAPITEL I.

FRAU. HARDYS ENTSCHLIESSUNG.

„Woran denkst du, Frank?" fragte Mrs. Hardy eines Abends ihren Mann, nachdem er ungewöhnlich lange geschwiegen hatte.

„Nun, mein Lieber, ich habe über viele Dinge nachgedacht. Ich glaube, ich habe zunächst einmal darüber nachgedacht, was ich von den Jungen halten sollte; Ich wusste kaum, wo ich war, als du mit mir gesprochen hast.

Mr. Hardy sprach fröhlich, aber seine Frau sah sofort, dass er es mit Mühe tat. Sie legte die Arbeit nieder, mit der sie gerade beschäftigt war, und rückte ihren Stuhl näher an seinen am Feuer heran. „Es ist eine ernste Frage, Frank, was die Jungs betrifft. Charley ist jetzt fünfzehn und Hubert vierzehn. Ich frage mich manchmal, was wir mit ihnen machen sollen."

„Hier in England scheint es keine offenen Stellen für junge Leute zu geben. Die Berufe sind überfüllt, auch wenn sie nicht ganz über unsere Verhältnisse hinausgehen; und was ein Referendariat angeht, sollten sie besser einen Beruf ergreifen und dabei bleiben: Sie wären viel glücklicher." , und fast genauso gut bezahlt. Tatsache ist, Clara", und hier hielt Mr. Hardy ein wenig inne, als wollte er Mut fassen, um zu sagen, was er fürchtete, dass es seiner Frau sehr unangenehm sein würde – „Tatsache ist, dass wir es insgesamt auch sind." Hier ist es überfüllt. Das Beste für die Kinder und ich denke auch das Beste für uns selbst wäre, auszuwandern.

Mrs. Hardy seufzte kurz, sagte aber nichts und saß da und blickte ruhig ins Feuer, während ihr Mann fortfuhr: „Sehen Sie, meine Liebe, ich verdiene gerecht, und zwar nur knapp, und verdiene genug, dass wir davon leben können. Auch nicht." Gibt es eine große Wahrscheinlichkeit für eine Steigerung des Geschäfts? Die Jungen werden, wie Sie sagen, erwachsen, und ich sehe keine Aussicht, ihnen einen fairen Start ins Leben zu ermöglichen. Im Ausland ist es ganz anders: Wir können Land kaufen und es lagern so gut wie nichts. Wir sollten auf jeden Fall grob leben, aber zumindest gibt es keine Angst vor der Zukunft, und wir sollten unsere Jungs mit einigermaßen sicherer Erfolgswahrscheinlichkeit ins Leben starten. Dennoch, Clara, ich meine natürlich nicht, dass ich es getan habe Ich habe mich zu diesem Thema entschieden. Es ist eine viel zu ernste Angelegenheit, als dass ich sie voreilig entscheiden könnte. Ich habe den Vorschlag nur verworfen; und wenn Sie, nachdem Sie darüber nachgedacht haben, dagegen sind, ist die Angelegenheit erledigt."

Mrs. Hardy schwieg eine Weile, und eine Träne glitzerte im Feuerschein auf ihrer Wange; Dann sagte sie: „Ich bin nicht überrascht, Frank, über das, was

Sie gesagt haben. Tatsächlich habe ich es schon seit einiger Zeit erwartet. Ich habe beobachtet, wie Sie Bücher über fremde Länder durchgelesen haben, und habe gesehen, dass Sie oft nachdenklich und ruhig dasaßen." Ich habe also schon erraten, was du im Kopf hattest. Natürlich, meine Liebe, als Frau schrecke ich vor dem Gedanken zurück, all unsere Freunde zu verlassen und in ein ganz fremdes Land zu gehen, aber ich glaube nicht, dass ich davor Angst habe die Strapazen oder Unannehmlichkeiten. Tausende andere Frauen haben sie durchgemacht, und es gibt keinen Grund, warum ich nicht dasselbe tun sollte. Ich denke mit Ihnen, dass es eine gute Sache für die Jungen wäre, vielleicht auch für die Mädchen; und dass, wenn wir die ersten Strapazen überwunden haben, auch wir glücklicher und sorgloser sein sollten, als wir es jetzt sind. Sie sehen also , Frank, Sie werden auf keinen Widerstand von mir stoßen, und wenn Sie sich nach Überlegung wirklich dazu entschließen Ich bin bereit, Ihnen zuzustimmen, dass es das Beste ist. Aber es ist zunächst einmal ein harter Gedanke, also sagen Sie bitte heute Abend nichts mehr darüber."

Herr Hardy war Architekt, wie schon sein Vater vor ihm. Allerdings hatte er das Büro nicht im üblichen Alter betreten, sondern war mit achtzehn Jahren in die Vereinigten Staaten gereist, um einen Onkel zu besuchen, der sich dort niedergelassen hatte. Nachdem er einige Zeit mit ihm verbracht hatte, hatte ihn die Abenteuerlust in den fernen Westen geführt, und dort hatte er fast drei Jahre lang gejagt und geschossen, bis ihn ein Brief, der lange auf dem Weg verspätet war, ihn aufforderte, als sein eigenes nach England zurückzukehren Der Gesundheitszustand des Vaters verschlechterte sich. Er machte sich sofort auf den Weg nach England und stellte fest, dass sich sein Vater in einem schwachen Gesundheitszustand befand, das Geschäft aber dennoch weiterführen konnte. Frank erkannte jedoch, dass er der Arbeit nicht gewachsen war, und betrat das Büro, wo er hart arbeitete, um die verlorene Zeit aufzuholen. Er war ein guter Zeichner und konnte seinem Vater schon bald eine große Last von den Schultern nehmen.

Er war jedoch nicht lange zu Hause, als er sich in Clara Aintree, die Tochter eines Geistlichen, verliebte; Als sein Vater ihm einen Anteil am Geschäft übertrug, heirateten sie gerade, als Frank sein vierundzwanzigstes Lebensjahr erreichte und seine Frau etwa neunzehn war. Zwei Jahre nach der Heirat verstarb Herr Hardy senior und von da an führte Frank das Geschäft allein weiter.

B – war eine große Provinzstadt, die einem Architekten jedoch kaum eine lohnende Beschäftigung bot; und obwohl Herr Hardy in seinem Geschäft keinen Konkurrenten hatte, war das Einkommen, das er daraus erzielte, keineswegs groß, und die steigenden Ausgaben seiner Familie machten den Kampf, über die Runden zu kommen, jedes Jahr schwieriger. Sein Vater hatte ein kleines Privatvermögen besessen, war aber vorschnell in die Manie der

Eisenbahnspekulation verfallen und hatte bei seinem Tod seinem Sohn etwa fünfzehntausend Dollar hinterlassen. Diese Summe hatte Frank Hardy sorgfältig aufbewahrt, da er vorausgesehen hatte, dass die Zeit kommen würde, in der es um seiner Kinder willen ratsam sein würde, auszuwandern. Darauf hatte er sich schon lange gefreut, aber keinen Schritt unternommen, bis seine Söhne in einem Alter waren, in dem sie sich für ein Leben im Busch oder in der Prärie nützlich machen konnten.

Frank Hardy war zu Beginn unserer Geschichte etwa vierzig Jahre alt. Er war ein großer, aktiver Mann, und das Leben, das er in jungen Jahren in Amerika geführt hatte, hatte seine Muskeln gestärkt und ihm die volle Nutzung aller Fähigkeiten ermöglicht.

Mrs. Hardy war fünf Jahre jünger als ihr Mann und sah kaum dreißig Jahre alt aus. Sie war eine temperamentvolle Frau und bestens geeignet, ihrem Mann in den Gefahren und Nöten des Siedlerlebens zur Seite zu stehen.

Das einmal begonnene Thema der Auswanderung wurde häufig fortgesetzt, und bald begann man, Bücher und Karten zu Rate zu ziehen und die Vor- und Nachteile der verschiedenen Länder und Kolonien zu diskutieren. Schließlich waren sich Herr und Frau Hardy einig, dass die Argentinische Republik mit ihren herrlichen Flüssen, ihrer grenzenlosen Ausdehnung an fruchtbarem Land, ihrem herrlichen Klima, ihren billigen Arbeitskräften und ihren wahrscheinlichen Aussichten die größten Vorteile biete.

Nachdem die Entscheidung gefallen war, wurde beschlossen, sie den Kindern mitzuteilen, die bis zu diesem Zeitpunkt keine Ahnung von der großen Veränderung hatten, die beschlossen wurde. Das Frühstück war zu Ende und die Jungs, deren Ferien gerade begonnen hatten, wollten gerade den Tisch verlassen, als ihr Vater sagte: „Wartet einen Moment, Jungs, es gibt etwas, worüber wir mit euch reden wollen."

Die Jungen nahmen wieder ihre Plätze ein. „Deine Mutter und ich haben uns gefragt, was aus euch Jungs werden soll, und wir sehen hier keine offenen Stellen. Was sollt ihr uns nun allen Auswanderern sagen?"

„Was, ins Ausland gehen, Papa!" riefen beide freudig.

„Ja, Jungs, siedeln sich im Hinterland oder in der Prärie an."

„Oh, das wäre lustig", sagte Charley, „ich weiß, ich Papa, Streit mit Indianern und so etwas in der Art. Oh, es wäre herrlich!"

„Nun, Charley", sagte sein Vater lächelnd, „ich weiß nicht, ob wir uns mit Indianern streiten werden, und ich glaube auch nicht, dass es sehr lustig wäre, wenn wir das täten. Aber wir müssten es hart angehen, wissen Sie, ihr Jungs." Ich müsste hart arbeiten, mir in allem helfen und mich um die Rinder und Schafe kümmern."

„Was für ein Spaß! Was für ein Spaß!" die Jungen schrien beide; „Es sollte uns von allen Dingen auf der Welt gefallen."

„Und was haltet ihr davon, Maud und Ethel?" fragte ihre Mutter die beiden kleinen Mädchen, die sehr überrascht aussahen, aber eher zweifelten, ob die Kämpfe mit Indianern, von denen ihre Brüder so entzückt gesprochen hatten, Spaß machten. „Ihr müsst zwei sehr nützliche kleine Frauen sein und mir helfen, so wie die Jungs eurem Papa helfen müssen. Sehr wahrscheinlich können wir dort keine Dienerin finden, und dann müssen wir alles tun." ."

„Das wird schon gut gehen, Mama", sagte Maud, die etwas über zwölf war, während ihre Schwester erst elf war. „Ich glaube nicht, dass ich kochen könnte, aber du solltest kochen, und ich könnte schrubben und die ganze harte Arbeit erledigen, und Ethel könnte abwaschen, den Tisch decken und so etwas. Das wäre in Ordnung, Mama." "

Ethel, die ihrer älteren Schwester fast immer zustimmte, tat dies nun, und die vier Kleinen gerieten ziemlich in Aufruhr bei ihren Plänen, sich nützlich zu machen. Endlich rief Mr. Hardy zur Ordnung auf.

„Jetzt schweigen Sie alle und hören Sie mir zu. Diese Angelegenheit ist eine ernste Angelegenheit; und obwohl ich hoffe und glaube, dass wir alle unser Leben sehr genießen werden, müssen wir uns dennoch darauf vorbereiten und es ernsthaft betrachten und nicht als Eine Art Spiel. Ich habe hier Geschäfte, die ich erst in acht oder neun Monaten erledigen kann. Lasst uns alle unsere Zeit optimal nutzen, bevor wir anfangen. Erstens ist die Sprache der Menschen, zu denen wir gehen, Spanisch , und wir müssen alle lernen, es gut zu sprechen, bevor wir gehen. In den nächsten drei Monaten werden wir gemeinsam an Grammatik und Übungen arbeiten, und dann werde ich versuchen, einen Spanischlehrer zu finden, der im Haus wohnt und die Sprache mit uns spricht Bis wir gehen. Als nächstes wird es gut sein, dass ihr alle vier reiten lernt. Ich habe die Koppel neben unserem Garten gemietet und ein Pony gekauft, das heute für die Mädchen hier sein wird. Ihr Jungs seid schon ein wenig geritten, und ich werde euch jetzt in der Reitschule unterrichten lassen. Gestern war ich bei Herrn Saris und fragte ihn, ob er mir erlauben würde, mit seinem Obergärtner eine Vereinbarung zu treffen, damit ihr dorthin gehen könnt Gartenarbeit lernen. Er stimmte sofort zu; und ich habe mit dem Gärtner vereinbart, dass Sie beide jeden Morgen um sechs Uhr dort sein und bis neun Uhr arbeiten sollen. Um neun kommen Sie zum Frühstück herein. Vom Frühstück bis zum Abendessen sind Sie ganz für sich allein, außer an den Tagen, an denen Sie Reitunterricht nehmen; und ich würde mir wünschen, dass Sie diese Zeit mit Ihren üblichen Studien verbringen, außer Latein, das Ihnen nichts nützen wird. Von zwei bis halb vier soll man Tischlerhandwerk erlernen. Ich habe mit Herrn Jones eine Vereinbarung getroffen, ihm so viel zu zahlen, dass er Sie für die nächsten neun Monate als eine Art Lehrling aufnehmen kann. Am Abend werden wir alle gemeinsam bei Spanisch arbeiten. Es wird harte Arbeit sein; aber wenn du mir wirklich von Nutzen sein willst, ist es unbedingt notwendig, dass du einen Spaten benutzen und grobe Zimmermannsarbeiten ausführen kannst. Wenn die Zeit immer näher rückt, werde ich auch einen der Bauern in der Nähe bitten, dich mit seinen Männern hinausgehen zu lassen und dir das Pflügen anzueignen. Nun, was sagen Sie dazu?"

Hubert schien ein wenig niedergeschlagen zu sein, als er über die bevorstehenden Vorbereitungsarbeiten sprach, aber Charley sagte sofort: „Es hört sich ziemlich hart an, Papa, aber wie du sagst, wir müssen da draußen hart arbeiten, und das ist viel." Es ist besser, sich sofort daran zu gewöhnen; außerdem würden wir Ihnen natürlich überhaupt nichts nützen, wenn wir nicht etwas von der Arbeit verstehen.

„Und was sollen wir lernen, Mama?" Fragte Maud.

„Nicht sehr viel, meine Liebe", sagte Mrs. Hardy. „Zuerst Spanisch, dann Kochen. Ich werde dir auf jeden Fall beibringen, einfache Gerichte und Puddings zuzubereiten und Gemüse richtig zu kochen. Ich werde selbst üben, bis ich perfekt bin, und dann werde ich es dir beibringen. Außerdem es." Es wäre auch gut, wenn Sie lernen würden, sich um Geflügel zu kümmern; und das ist alles, was ich derzeit weiß, außer dass Sie sich beide Mühe geben müssen, sich im Nähen zu verbessern. Wir müssen da draußen alles selbst machen."

„Ich nehme an, wir werden keinen regulären Unterricht mehr machen, Mama?"

„ Das wirst du in der Tat, Maud. Du glaubst doch nicht, dass deine Ausbildung abgeschlossen ist, oder? Und du kannst nicht annähernd so unwissend werden wie die armen Inder des Landes. Du wirst das Klavier aufgeben und Spanisch statt Französisch lernen , aber das wird den ganzen Unterschied ausmachen; und ich erwarte, dass Sie beide so große Fortschritte wie möglich machen, denn obwohl ich Sie beide dorthin mitnehmen und Sie unterrichten werde, wann immer ich Zeit finde, müssen Ihre Lektionen zwangsläufig kurz sein und unregelmäßig. Und jetzt könnt ihr alle in den Garten gehen und die Sache besprechen."

„Aber du hast uns noch nicht gesagt, wohin wir gehen, Papa", sagte Charley.

„Wir werden auf den Flussbetten eines der großen südamerikanischen Flüsse Landwirtschaft betreiben – wahrscheinlich des Parana in der Argentinischen Republik."

Mr. und Mrs. Hardy beobachteten ihre Kinder vom Fenster aus. Sie gingen in einer Gruppe zum Gartenhaus in der Ecke des Gartens und unterhielten sich alle aufgeregt. Dann rannte Maud wieder zum Haus zurück, und ein oder zwei Minuten später kam er mit dem Schulatlas zurück, und als er ihn auf dem Tisch öffnete, drängten sich alle in eifriger Beratung darüber.

Mrs. Hardy wandte sich lächelnd ihrem Mann zu. „Du musst das Thema aufgreifen, Frank, um die unzähligen Fragen beantworten zu können, die dir gestellt werden."

„Ich werde sie immer an Sie verweisen."

In B kam es zu heftigen Diskussionen, als bekannt wurde, dass Mr. Hardy mit seiner Frau und seiner Familie auswandern würde. Er und sein Vater vor ihm waren so lange in der Stadt ansässig, dass es nur wenige Menschen gab, die ihn mehr oder weniger nicht kannten.

Die Auswanderung war im Jahr 1851 weitaus seltener als heute und das Interesse war entsprechend größer. Charley und Hubert wurden bei ihren verstorbenen Schulkameraden zu sehr beliebten Charakteren, die, wann immer sie sie trafen, immer stehen blieben, um über das ferne Land zu sprechen, in das sie gingen. Die Jungen hatten jedoch jetzt nur noch wenig Zeit zum Reden; Denn eine Woche nachdem ihr Vater ihnen zum ersten Mal seine Absicht mitgeteilt hatte, hatten sie sich regelmäßig an die Arbeit gemacht, die er ihnen auferlegt hatte. Sie standen jeden Morgen um fünf Uhr auf, aßen eine Scheibe Brot und eine Tasse Milch und machten sich auf den Weg zum Gärtner , wo sie bis halb neun fleißig arbeiteten. Mr. Hardy hatte darum gebeten, dass sie speziell im Gemüseanbau und im Pflanzen und Beschneiden von Obstbäumen unterrichtet werden sollten. Die Blumenkultur könnte keinen Nutzen haben. Das Graben verursachte den Jungen zunächst Rückenschmerzen und Blasen an den Händen, doch sie machten mannhaft weiter und gewöhnten sich bald an die Arbeit. Mit strahlenden Wangen und großem Appetit kehrten sie zum Frühstück zurück.

Nachmittags sah man sie oft ohne Mäntel und Westen in der Schreinerei und arbeitete mit Säge oder Hobel.

Obwohl beide in beiden Bestrebungen gute Fortschritte machten, waren ihre Geschmäcker doch unterschiedlich; Charley bevorzugte den Tischlerberuf, während Hubert der vielversprechendste Schüler des Gärtners war. Ersterer wurde daher von seinen Schwestern zum Oberzimmermann getauft, während Letzterer zum Obergärtner befördert wurde.

Vier oder fünf Monate dieser Arbeit veränderten das Aussehen der Jungen sichtbar. Ihre Schultern wurden beide breiter, ihre Arme wurden kräftig und muskulös und sie sahen insgesamt gesünder und robuster aus . Auch ihr Aussehen täuschte sie nicht; Als sie mit ihren ehemaligen Schulkameraden die Ferien auf dem Cricketplatz verbrachten und nach dem Spiel Ringkämpfe anboten, stellten sie fest, dass sie Jungen, die sie früher als ihre Vorgesetzten an Stärke betrachtet hatten, mit Leichtigkeit besiegen konnten.

In der Zwischenzeit war es Herrn Hardy gelungen, die Dienste einer jungen Spanierin, die nach England gekommen war, um die Sprache zu lernen, als Gouvernante zu gewinnen; und eines Abends arbeitete die ganze Familie an Spanisch und machte so große Fortschritte, dass sie bald in der Lage war, die Regel aufzustellen, dass bei den Mahlzeiten keine andere Sprache gesprochen werden sollte. Die Mädchen hier übertrafen bald ihre Brüder, da sie den Vorteil hatten, morgens Unterricht in der Sprache zu erhalten, außerdem können kleine Kinder eine Sprache immer früher lernen als ihre Älteren; und sie lachten herzlich über die lächerlichen Fehler, die Charley und Hubert bei ihren Bemühungen, eine lange Strafe durchzubringen, machten. In sechs Monaten konnten jedoch alle einigermaßen fließend sprechen.

Maud und Ethel waren beim Erlernen der Hausarbeit ebenso amüsant und fleißig wie ihre Brüder in ihren Abteilungen, und man hätte sie jeden Nachmittag in der Küche in ihren kleinen weißen Schürzen dabei sehen können, wie sie damit beschäftigt waren, die Geheimnisse des Kochens zu erlernen.

Eines Tages, nachdem sie etwa vier Monate lang so verlobt waren, sagte Frau Hardy beim Frühstück: „Ich werde ein Experiment versuchen. Ich habe der Köchin die Erlaubnis gegeben, für einen Tag auszugehen. Mr. und Mrs. Partridge sind es." Ich komme zum Abendessen, und ich habe vor, den Mädchen die Küche zu übergeben und sie ihren ersten Aufsatz machen zu lassen. Wir werden Suppe, eine Hammelkeule mit Kartoffeln und Spinat, ein Gericht mit gebratenen Schnitzeln und einen Kabinettpudding essen. Ich werde Sarah sagen, dass sie jeden Kochtopf, den du möchtest, auf das Feuer heben oder vom Feuer nehmen soll, aber den Rest lasse ich in deinen Händen. Die Jungs werden mit uns speisen. Es wird pünktlich halb sechs sein."

Die Augen der kleinen Mädchen strahlten vor Freude, und sie erröteten bei dem Gedanken an die Wichtigkeit und Schwierigkeit der vor ihnen liegenden Aufgabe. Beim Mittagessen gaben die Jungen vor, eine zusätzliche Menge zu essen, und sagten, dass sie große Zweifel an ihrem Abendessen hätten. Am Nachmittag verspürte Mrs. Hardy die starke Versuchung, in die Küche zu gehen, um zu sehen, wie es voranging; Aber sie hielt sich zurück und beschloss, Maud und Ethel ganz ihren eigenen Weg zu lassen.

Das Abendessen war ein großer Erfolg, obwohl die Suppe ziemlich heiß war, weil Ethel in ihrer Angst zu viel Pfeffer hineingelassen hatte; und der Pudding verteilte sich überall auf der Schüssel, anstatt seine Form beizubehalten, da er an der Form festklebte und Maud ihn so heftig geschüttelt hatte, dass er platzend herauskam und in Stücke zerbrach, was eine Überschwemmung verursacht hatte Der kleine Koch weinte. Es schmeckte jedoch nicht schlechter. Und als die kleinen Mädchen in ihren weißen Kleidern zum Nachtisch hereinkamen, ziemlich schüchtern aussahen und sehr verbrannt im Gesicht waren, weil sie ängstlich in die Töpfe spähten, um zu sehen, ob alles gut ginge, wurden sie von den Jungen mit Jubel begrüßt; und ihre Freunde waren nicht wenig erstaunt, als sie hörten, dass das Abendessen, an dem sie teilgenommen hatten, vollständig von diesen kleinen Frauen zubereitet und gekocht worden war.

Nach viermonatiger Gartenarbeit brachte Mr. Hardy die Jungen bei einem Bauern unter, der eine Meile entfernt wohnte, und arrangierte, dass sie dort frühstücken konnten, sodass sie nun von sechs Uhr morgens bis zwölf Uhr morgens bei der Arbeit blieben. Hier bekamen sie einen Einblick in das Anspannen und Führen von Pferden, das Pflügen und andere landwirtschaftliche Tätigkeiten.

Sie gingen jetzt nur noch vier Tage in der Woche zum Tischler , denn ihr Papa hatte eines Tages, als sie mit ihm allein waren, vor dem Abendessen zu ihnen gesagt: „Zieht heute Nachmittag nicht eure Arbeitskleidung an, Jungs, ich werde euch ausführen." mit mir, aber sagen Sie beim Abendessen nichts davon. Ich werde Ihnen später sagen, warum.

Ziemlich überrascht taten sie, was er ihnen sagte, und fragten sich, wohin sie gehen könnten. Ihr Vater sagte nichts zu diesem Thema, bis sie die Stadt erreichten, die eine Viertelmeile von ihrem Haus entfernt war. Dann sagte er: „Nun, Jungs, ihr wisst, wir gehen in ein Land, von dem ein großer Teil noch unbesiedelt ist; und da Land in geringer Entfernung von den bewohnten Teilen viel billiger ist, werden wir vielleicht niemanden haben." Viele Meilen von uns entfernt. Nun ist es durchaus möglich, dass die Indianer zunächst bereit sind, Ärger zu machen. Ich glaube nicht, dass sie das tun werden, aber es ist genauso gut, auf alles vorbereitet zu sein. Es gibt keinen Grund, warum ihr Jungs sollte nicht in der Lage sein, so gerade zu schießen wie ein Mann, und deshalb habe ich mir zwei Karabiner gekauft. Sie sind die Erfindung eines Amerikaners namens Colt und haben einen drehbaren Verschluss, so dass sie jeweils sechs Schüsse abfeuern. Es gibt eine Ersatzkammer dazu Jeder von Ihnen wird sehr schnell an die Stelle des abgefeuerten Schusses verschoben, so dass jeder von Ihnen in sehr kurzer Zeit zwölf Schüsse abfeuern kann. Sie haben eine Reichweite von bis zu fünfhundert Metern. Sie sind eine neue Erfindung, aber alle Berichte stimmen darin überein sind ausgezeichnet. Ich habe von Herrn Harcourt, der drei Meilen von hier entfernt wohnt, die Erlaubnis erhalten, am Fuße einiger kahler Hügel auf seinem Grundstück eine Zielscheibe aufzustellen, und wir werden zweimal pro Woche dorthin gehen, um zu üben. Als ich ein junger Mann in Amerika war, galt ich als erstklassiger Schütze mit einem Gewehr, und ich habe mir ein Gewehr für meinen eigenen Gebrauch besorgt. Ich möchte nicht, dass

Sie mit Ihrer Mutter oder überhaupt mit irgendjemandem über das sprechen, was wir tun . Wir werden unsere Gewehre in einer Hütte in der Nähe unseres Schießplatzes aufbewahren, und niemand muss etwas davon wissen. Es ist unwahrscheinlich, dass wir irgendwelche Probleme mit den Indianern haben werden, und es nützt nichts, deine Mutter durch den Gedanken an die Wahrscheinlichkeit einer solchen Sache verunsichert zu machen."

Während Mr. Hardy sprach, waren die Jungen bereit, vor Freude zu tanzen, und diese Freude steigerte sich noch, als sie in die Büchsenmacherwerkstatt gingen und ihnen die Waffen gezeigt wurden, die ihr Vater für diese Expedition gekauft hatte.

Mr. Hardy besaß bereits eine ausgezeichnete doppelläufige Waffe und hatte sich nun ein langes und schweres Gewehr mit einer konischen Kugel gekauft. Zusätzlich zu den Karabinern der Jungen hatte er jedem ein leichtes doppelläufiges Gewehr gekauft. Daneben befanden sich zwei Paare von Colts Revolverpistolen. Diese waren alle neu; aber es gab zusätzlich zwei oder drei gebrauchte Doppelflinten für den Gebrauch seiner Diener im Bedarfsfall und drei leichte Gewehre von der Art, wie sie zum Turmschießen verwendet wurden. Alles in allem war es eine ziemliche Waffenkammer. Die Karabiner befanden sich in ordentlichen Etuis; und die Jungen trugen diese und eine Schachtel Patronen, während Mr. Hardy sein Gewehr nahm; und so machten sie sich auf den Weg zu ihrem Schießplatz.

Hier brachte ihnen ihr Vater den Umgang mit ihren Drehkarabinern bei und erlaubte ihnen dann, nach einiger Übung nur mit Patronen, jeweils ein paar Schüsse abzufeuern. Das Schießen war sicherlich ziemlich wild, da es ihnen anfangs schwer fiel, zu schießen, ohne die Augen zu schließen; aber nach ein paar Wochen Übung wurden sie sehr stabil und konnten in drei oder vier Monaten auf dreihundert Yards ziemlich sicher ins Schwarze treffen. Von alledem wussten Mrs. Hardy und die Mädchen nichts; bei ihren Schrotflinten herrschte jedoch nicht die gleiche Geheimhaltung. Diese nahmen sie mit nach Hause, und Mr. Hardy sagte, er verstehe, dass die Ebenen Südamerikas von Wild wimmelten und dass es daher gut sei, dass die Jungen das Schießen lernen sollten. Er bestand jedoch darauf, dass jeweils nur eine Waffe herausgenommen werden dürfe, um die Unfallgefahr zu verringern. Danach zückten die Jungen abwechselnd ihre Waffen, wenn sie morgens zur Arbeit gingen, und viele tote Amseln bezeugten bald ihre zunehmenden Fähigkeiten.

KAPITEL II.

DER ANFANG.

Es dauerte fast ein Jahr, nachdem er sich zur Auswanderung entschlossen hatte, bevor Mr. Hardy alle seine Arrangements abschließen konnte. Dann kam das große Geschäft des Einpackens. Das ist keine Kleinigkeit, wenn eine sechsköpfige Familie in ein neues Land umziehen will. Mr. Hardy hatte zunächst daran gedacht, tragbare Möbel mitzunehmen, doch ein Freund, der das Land kannte, hatte ihm erzählt, dass man in Buenos Ayres, der Hauptstadt der Argentinischen Republik, alles, was man dafür braucht, zu einem weitaus günstigeren Preis bekommen könne als er so schwere Artikel aus England befördern. Dennoch war das Gepäck sehr groß; und die Jungen, die inzwischen ihre Landwirtschafts- und Zimmermannsstunden abgebrochen hatten, arbeiteten zu Hause an Packkisten und hatten die Befriedigung, ihre neu erworbenen Kenntnisse einem nützlichen Zweck zuzuführen. Zusätzlich zu seinem persönlichen Gepäck nahm Mr. Hardy Pflüge und landwirtschaftliche Geräte englischer Herstellung sowie einen guten Vorrat an Saatgut verschiedener Art mit. Diese waren direkt von einem Segelschiff weitergeschickt worden und starteten zwei Wochen vor ihnen selbst. Als ihr schweres Gepäck gepackt war, wurde es ebenfalls losgeschickt, um es an Bord des Dampfers zu bringen, mit dem sie weiterfahren sollten; und dann folgte eine lange Besuchsrunde, um allen Freunden Lebewohl zu sagen. Das war eine traurige Angelegenheit; Denn obwohl die Jungen und ihre Schwestern bei dem Gedanken an das Leben, das vor ihnen lag, gleichermaßen aufgeregt und erfreut waren, konnten sie dennoch nicht umhin, traurig zu sein, als die Zeit gekommen war, alle Freunde, die sie so lange gekannt hatten, und das Haus, in dem sie gelebt hatten, zu verlassen seit sie sich erinnern können.

Dies geschah über Mrs. Hardy und die Kinder gingen nach Liverpool, wo sie sich einschiffen sollten; während Mr. Hardy ein oder zwei Tage zurückblieb, um für den Verkauf der Möbel des Hauses zu sorgen. Am Tag nach seiner Ankunft begab sich die Familie an Bord der Barbadoes nach Rio und Buenos Ayres. Die Mädchen amüsierten sich außerordentlich über die winzige kleine Hütte, die ihnen und ihrer Mutter zugeteilt worden war – eine ähnliche kleine Höhle, die von Mr. Hardy und den Jungen in Besitz genommen wurde. Die Eleganz des Schiffes und der Stil seiner Ausstattung beeindruckten und erfreuten sie gleichermaßen. Es wurde nicht erwähnt, dass Sarah, ihr Hausmädchen, die Party begleitete. Sie war früh als Waise zurückgelassen worden und wurde von Mrs. Hardy als Kindermädchen aufgenommen. Als die Zeit verging und die kleinen Mädchen keine Krankenschwester mehr brauchten, war sie als Hausmädchen geblieben, und da sie keine Freunde hatte, begleitete sie sie nun bereitwillig. Mr. Hardy hatte zu ihrer großen

Belustigung darauf bestanden, dass sie ein Papier unterschrieb, in dem sie sich bereit erklärte, ein Jahr bei ihm zu bleiben, sofern ihr Herr ihre Überfahrt bezahlte; Am Ende dieser Zeit stand es ihr frei, zu heiraten oder sie zu verlassen, wenn sie wollte.

wusste, dass es in dem Land, in das sie reisen wollten, nur wenige junge Engländerinnen gab und wie viele Engländer es in den Städten oder als Bauern gut machten, hielt er diese Vorsichtsmaßnahme für absolut notwendig; Andernfalls hätte Sarah möglicherweise innerhalb eines Monats nach ihrer Ankunft geheiratet und sie verlassen. Am Ende eines Jahres würde ihr Handeln keine so große Rolle mehr spielen, da sich die Gruppe zu diesem Zeitpunkt bereits bequem in ihrem neuen Zuhause eingelebt hätte; während es zunächst in der nötigen Not ein großer Trost wäre, einen treuen und zuverlässigen Diener zu haben.

Die letzten Blicke, die die Gruppe nach England warf, als die walisische Küste in der Ferne versank, waren weniger melancholisch als die der meisten Auswanderer. Die jungen Leute waren alle voller Hoffnung und Aufregung; während selbst Mrs. Hardy kaum geneigt war, dem Kummer nachzugeben, da vereinbart worden war, dass sie ihre Töchter in drei oder vier Jahren, wenn alles gut ging, nach England bringen sollte, um ihre Ausbildung abzuschließen.

Sehr schön war dieser erste Abend, und als sie in einer Gruppe zusammen an Deck saßen, bemerkten die kleinen Mädchen, dass sie das Meer nicht annähernd so schrecklich fanden, wie sie erwartet hatten, und dass sie sich nicht im geringsten seekrank fühlten. Ihr Vater lächelte: „Warten Sie ein wenig, meine Lieben; es gibt ein altes Sprichwort: ‚Hallo nicht, bis du aus dem Wald bist.‘“

Der nächste Tag war noch vollkommen ruhig; und als den Kindern gegen Abend gesagt wurde, dass sie nun in den Golf von Biskaya gelangten, konnten sie die Nachricht kaum glauben.

„Man könnte meinen, Maud“, sagte ihr Vater, „dass du von der Ruhe enttäuscht warst und dass du dir wirklich einen Sturm gewünscht hast.“

„Oh, Papa, ich denke, es würde großen Spaß machen. Es wäre so seltsam, nicht herumlaufen zu können und zu sehen, wie alles rollt und taumelt. Glaubt ihr nicht, Jungs?“

„Ja, das denke ich, Maud; es hat großen Spaß gemacht“, sagte Charley.

„Nun, junge Leute“, sagte der Kapitän, der daneben gestanden hatte und die Sonne beobachtete, die sich nun schnell dem Horizont näherte, und der ihre Bemerkungen belauscht hatte, „wenn es für Sie eine Befriedigung ist, kann ich Ihnen sagen, dass Sie es sind.“ Es ist sehr wahrscheinlich, dass Ihr

Wunsch erfüllt wird. Aber ich frage mich, ob es Ihnen so gut gefallen wird, wie Sie es erwarten.

„Ah, erwarten Sie Wind, Captain Trevor?" sagte Herr Hardy. „Ich habe selbst gedacht, dass die fast bedrückende Stille des heutigen Tages und der Anblick des Sonnenuntergangs und dieser schwarzen Wolken, die sich im Südwesten auftürmen, eine Veränderung bedeuteten. Was sagt das Glas?"

„Es fällt sehr schnell", antwortete der Kapitän. „Uns steht ein Südwestwetter bevor, und zwar ein steifes, oder ich irre mich."

Nun, da es wahrscheinlich schien, dass ihre Wünsche erfüllt würden, schienen die jungen Hardys nicht so erfreut zu sein, wie sie erwartet hatten, obwohl Charley immer noch mannhaft erklärte, dass er es durchaus ernst meinte und dass er sich einen echten Sturm wünschte Meer.

Als die Sonne unterging, lehnte die Gruppe immer noch an den Bollwerken und beobachtete die große Wolkenbank, die jeden Augenblick höher und höher zu steigen schien. Um sie herum herrschte immer noch fast völlige Stille, und der schwere Schlag der Paddel, als sie das Wasser zu Schaum peitschten, und das dumpfe Knallen des Motors waren die einzigen Geräusche, die die Stille durchbrachen. Hin und wieder jedoch kräuselte ein kurzer Windstoß das Wasser und ließ dann wieder nach.

„Schau dir diese große Wolke an, Papa", sagte Hubert; „Es sieht fast so aus, als wäre es lebendig."

„Ja, Hubert, es ist sehr großartig; und es besteht kein Zweifel daran, dass es dort Wind gibt."

Die große Wolkenbank schien in ständiger Bewegung zu sein. Seine Form veränderte sich ständig; bald rollte eine große Masse nach oben, bald sank sie wieder herab; jetzt schien der ganze Körper immer wieder auf sich selbst zu rollen; Dann lösten sich kleine Portionen von der Masse und segelten von selbst davon, wurden immer dünner und verschwanden schließlich in der Form feiner Streifen. Für einen Moment stieg die gesamte wogende, anschwellende Masse immer höher. Es war sehr großartig, aber es war eine schreckliche Größe; und die anderen waren ziemlich geneigt, Ethel zuzustimmen, die dicht vor ihrem Vater zusammenschrumpfte, ihre Hand in seine legte und sagte: „Ich mag diese Wolke nicht, Papa; sie macht mir Angst."

In diesem Moment kam Mrs. Hardy, die unten ihre Kabine eingerichtet hatte, auf die Gruppe zu. „Was für eine dunkle Wolke, Frank; und wie sie sich bewegt. Glaubst du, dass wir einen Sturm haben werden?"

„Nun, Clara, ich glaube, dass uns ein Sturm bevorsteht; und wenn du meinen Rat befolgst, wirst du sofort hinuntergehen, solange es ruhig ist, und nachsehen, dass die Stämme und alles, was herumrollen kann, sicher befestigt sind Ich werde runterkommen und euch helfen. Jungs, ihr solltet besser runtergehen und nachsehen, ob in unserer Hütte alles in Ordnung ist.

In einer Viertelstunde waren die notwendigen Vorkehrungen getroffen, aber schon in dieser kurzen Zeit spürten sie, dass eine Veränderung im Gange war. Es gab jetzt eine stetige, aber entschiedene Rollbewegung, und die Kleinen lachten, als es ihnen schwerfiel, sicher an der Hütte entlang zu gehen.

Als sie das Deck erreichten, sahen sie, dass die glatte Meeresoberfläche durch eine lange Dünung unterbrochen war, dass der Wind jetzt in kurzen, aber scharfen Stößen wehte, dass die Wolkenbank fast den halben Himmel bedeckte und dass der abgetrennte Scud jetzt verschwunden war über uns fliegen. Die vorherige Stille war verschwunden; und zwischen den plötzlichen Böen war das Brausen des Windes in der oberen Region zu hören. Die Sonne war inzwischen untergegangen, und ein Schleier tiefer Schwärze schien von der Wolke bis zum Meer zu hängen; aber an der Grenze, wo Wolke und Wasser sich berührten, erschien ein schwacher weißer Lichtschein.

Zur Vorbereitung auf den kommenden Sturm hatten die Matrosen dicke wasserdichte Mäntel angezogen. Viele der Passagiere waren nach unten gegangen, und die Zurückgebliebenen waren dem Beispiel der Matrosen gefolgt und hatten sich in Regenjacken gehüllt.

Mit jedem Augenblick nahmen die Böen an Häufigkeit und Stärke zu, und die regelmäßige Dünungslinie löste sich in wirre, weißköpfige Wellen auf. Der weiße Schimmer unter der dunklen Wolke wurde immer breiter, und schließlich brach der Sturm mit einem Gebrüll wie das von tausend wilden Tieren über sie herein. Kurz zuvor hatte Mr. Hardy Mrs. Hardy und die Mädchen nach unten gebracht und diesen versprochen, dass sie später noch einmal nach oben kommen sollten, um einen Blick nach draußen zu werfen, wenn sie es noch wünschten. Charley und Hubert lehnten am Schanzkleid, als der Sturm sie traf.

Einen Moment lang waren sie von der Kraft und Heftigkeit der Gischt und des Windes geblendet und fast erstickt, und so hockten sie sich hinter ihren Unterschlupf, um sich zu erholen. Dann machten sie sich mit einem herzlichen Lachen über ihr durchnässtes Aussehen auf den Weg zum Großmast und konnten dann, an den Sicherungsnägeln festhaltend, den Sturm gut überblicken. Es war dunkel – so dunkel, dass sie kaum bis zum Fockmast sehen konnten. Ringsherum war das Meer weiß vor Schaum; Der Wind wehte so heftig, dass sie die Stimmen der anderen kaum hören konnten, selbst wenn sie schrien, und der Dampfer kämpfte schwer gegen das schnell ansteigende Meer. Hier gesellte sich Mr. Hardy zu ihnen und blieb eine Weile dort und beobachtete die zunehmende Heftigkeit des Sturms; Dann machten sie sich, durchnässt und fast verwirrt durch den Kampf von

Wind und Wasser, den sie beobachtet hatten, unter großen Schwierigkeiten in die Hütte hinunter.

Hier verstärkte sich rasch das Gefühl der Seekrankheit, das die Aufregung der Szene ferngehalten hatte; und sie freuten sich, ihre Oberbekleidung abzulegen und sich auf ihre Kojen zu werfen, bevor der Krankheitsanfall ausbrach.

Als die jungen Hardys später zu den Ereignissen der nächsten sechsunddreißig Stunden befragt wurden, mussten sie alle zugeben, dass diese Zeit eine Art Leere in ihrer Erinnerung war – eine Art schrecklicher Albtraum, als sie einen Moment lang auf der Flucht zu sein schienen Die anderen standen auf dem Kopf, die nächsten auf den Füßen, lagen aber nie in einer bequemen Position, wobei es ihnen manchmal so vorkam, als ob die Decke der Kabine unter ihren Füßen, manchmal der Boden über ihrem Kopf zu liegen schien. Dann würde zur Abwechslung alles rund und rund gehen; Auch der Lärm, das Ächzen und Pochen und Knacken, das Aufprallen der Wellen und das Schlagen der Paddel und das allgemeine Zittern und Zittern und Knarren und die Verwirrung – alles in allem war es ein äußerst unangenehmer Albtraum. Sie alle hatten dunkle Visionen davon, wie Mr. Hardy mehrmals hereinkäme, um nach ihnen zu sehen, ihnen eine Tasse Tee zu servieren und ihnen etwas Aufmunterndes zu sagen; und alle vier hatten die klare Vorstellung, dass sie sich schon oft den Tod gewünscht hatten.

Am zweiten Morgen, nachdem der Sturm begonnen hatte, zeigte er einige Anzeichen dafür, dass er nachließ, und Mr. Hardy sagte zu seinen Söhnen: „Nun, Jungs, macht eure Mühe und kommt an Deck; es hat keinen Zweck, dort zu liegen; die frische Luft wird euch guttun." ." Zwei düstere Stöhner waren die einzige Antwort auf diesen Aufruf.

„Ja, ich weiß, dass es euch beiden sehr schlecht geht und dass es schwierig ist, herauszukommen; dennoch lohnt es sich, sich die Mühe zu machen, und ihr werdet danach sehr froh darüber sein. Kommt, springt auf, sonst werde ich das Wasser leeren." – Krug über dir. Da brauchst du dir keine großen Mühen mit dem Anziehen zu machen", fuhr er fort, als die Jungen sahen, dass er es ernst meinte, und sich mit einem schmerzlichen Stöhnen aus ihren Kojen wandten. „Halten Sie sich einfach an etwas fest und strecken Sie Ihre Köpfe über das Becken; ich werde die Krüge darauf ausleeren. Da werden Sie sich jetzt besser fühlen; ziehen Sie Ihre Kleider an und kommen Sie hoch."

Für Charley und Hubert war es harte Arbeit, den Befehlen Folge zu leisten, denn das Schiff rollte so heftig, dass sie nur stoßweise mit dem Anziehen fortfahren konnten und mehr als einmal durch Anfälle ihrer erschöpften Seekrankheit unterbrochen wurden. Doch ihr Vater blieb bei ihnen, half ihnen und scherzte mit ihnen, bis sie zum Aufstieg bereit waren. Dann nahm er sie am Arm und half ihnen die Treppe zum Deck hinauf.

So elend sich die Jungen auch fühlten, sie konnten einen Ausruf der Bewunderung angesichts der großartigen Szene, die sich ihnen bot, nicht unterdrücken. Das Meer wurde in großen Wassermassen aufgewirbelt, die, als sie sich dem Schiff näherten, sie zu überwältigen drohten, die aber, als sie auf ihren Gipfeln aufstiegen, harmlos unter dem Schiff vorbeizogen und jedoch Tonnen von Wasser auf ihr Deck schleuderten. Der Wind wehte immer noch heftig, aber ein Riss in den Wolken darüber, durch den die Sonne einen hellen Lichtstrahl auf das tosende Wasser warf, zeigte an, dass der Sturm nachließ.

Die Aufregung der Szene, die Schwierigkeit, auf den Beinen zu bleiben, und der Einfluss des rauschenden Windes zeigten bald die Wirkung, die ihr Vater vorhergesagt hatte. Die Blicke der Jungen hellten sich auf, ihr Mut kehrte zurück; und obwohl sie immer noch gelegentlich einen Krankheitsrückfall erlitten, fühlten sie sich als ganz andere Wesen und wären unter keinen Umständen in das leere Elend ihrer Hütten zurückgekehrt. Bald waren sie in der Lage, ein Stück trockenen Toast zu essen, den Mr. Hardy ihnen zum Frühstück mit einer Tasse Tee serviert hatte, und um zwölf Uhr eine Schüssel Suppe zu genießen, woraufhin sie sich für geheilt erklärten.

Am Nachmittag hatte die Stärke des Windes stark nachgelassen, und obwohl immer noch schwerer Seegang herrschte, ließ sich das Schiff spürbar leichter bewegen. Auch die Sonne schien hell und fröhlich, und Mr. Hardy konnte die kleinen Mädchen, die nicht so schwer gelitten hatten wie ihre Brüder, an Deck bringen. Zwei weitere Tage mit schönem Wetter rekrutierten die ganze Gruppe; und ihre Freude war groß, als die Barbadoes in den Tejo eindrangen und, zwischen seinen malerischen Ufern und an Cintra vorbeidampfend, vor Lissabon ihren Anker warfen.

Da unser Ziel jedoch darin besteht, die Abenteuer unserer jungen Siedler in der Pampa von La Plata zu erzählen, dürfen wir nicht zögern, die Freude zu beschreiben, die sie an dieser ersten Erfahrung in fremden Ländern hatten, und auch nicht über ihre anschließende Reise zu berichten über den Atlantik oder ihre Bewunderung für den herrlichen Hafen von Rio. Nach ein paar Tagen Fahrt erreichten sie den Hafen von Buenos Ayres, wo sich die beiden großen Flüsse Uruguay und Parana zu einer breiten Wasserfläche namens La Plata vereinen. Es war Nacht, als die Barbados vor Anker gingen, und erst am Morgen bekamen sie einen ersten Blick auf ihr zukünftiges Zuhause.

Sehr früh machten sie sich auf den Weg, und sobald es heller Tag war, waren alle vier Jungen an Deck. Ihr erster Ausruf war enttäuscht. Die Ufer waren vollkommen flach, und aus der Entfernung, in der sie vor Anker lagen, konnte man außer den Türmen der Kirchen und den Dächern einiger der höheren Häuser kaum etwas sehen. Nach dem herrlichen Hafen von Rio war diese flache, uninteressante Küste am enttäuschendsten.

„Wie weit sind wir vom Ufer entfernt vor Anker!“ Sagte Hubert, als sie sich ein wenig von ihrem ersten Gefühl erholt hatten. „Es muss drei oder vier Meilen entfernt sein.“

„Nicht so sehr, Hubert“, sagte Maud, die nur ein wenig gern widersprach; „Nicht mehr als zwei Meilen, schätze ich.“

Hubert blieb bei seiner Meinung; und als der Kapitän an Deck kam , übergaben sie ihm die Angelegenheit.

„Die Entfernung von Objekten über Wasser täuscht sehr“, sagte er. „Bis zu den Gebäuden, die Sie sehen, sind es acht bis neun Meilen.“

Maud sah ziemlich niedergeschlagen aus, und Charley fragte: „Warum ankern wir so weit entfernt, Kapitän?“

„Weil das Ufer so flach ist, dass es für uns kein Wasser gibt, um näher heranzukommen. In ein paar Stunden werden Sie Boote sehen, die herauskommen, um Sie abzuholen; und es sei denn, es ist gerade Flut, selbst diese können nicht dorthin gelangen zum Strand, und Sie müssen in Karren landen.

„In Karren, Kapitän Trevor?“ sie alle wiederholten; „Das wird eine seltsame Art der Landung sein.“

„Ja, das ist es“, antwortete der Kapitän. „Ich denke, wir können mit Sicherheit sagen, dass die Argentinische Republik das einzige Land auf der Welt ist, in dem die einzige Möglichkeit, in seiner Hauptstadt zu landen, ein Karren ist.“

Das Boot des Kapitäns war inzwischen zu Wasser gelassen worden, und er machte sich sofort mit seinen Papieren auf den Weg zum Ufer. Kurz nach zehn Uhr kehrte er zurück, gefolgt von einer Reihe von Booten. Er brachte Herrn Hardy auch einen Brief von einem alten Freund mit, der sich seit einigen Jahren in der Nähe von Buenos Ayres niedergelassen hatte und dessen Rat ihn dazu bewogen hatte, dieses Land als Schauplatz seiner Arbeit zu wählen. Es enthielt eine herzliche Begrüßung und herzliche Glückwünsche zu ihrer sicheren Ankunft. Dieser Brief war zwei oder drei Tage zuvor geschrieben und im Büro der Dampfschifffahrtsgesellschaft zurückgelassen worden. Es hieß jedoch, dass der Autor von der Ankunft des Dampfers erfahren und alles bereithalten würde, um sie nach ihrer Landung zu seinem Platz zu bringen.

Mr. Hardy stand seit der Zeit, als er sich zur Auswanderung entschlossen hatte, in häufigem Kontakt mit seinem Freund, und Mr. Thompsons Briefe enthielten die wärmste Zusicherung eines Willkommens und eine Einladung, sein Haus zu ihrem Zuhause zu machen, bis sie eines ihrer Häuser bekamen besitzen, um hineinzugehen; Und nun machte ihnen dieser freundliche Brief, der so unmittelbar nach ihrer Ankunft versandt wurde, große Freude und sorgte dafür, dass sie sich in dem neuen Land weniger fremd und zu einem gewissen Grad heimisch fühlten.

KAPITEL III.

EIN NEUES LEBEN.

Glücklicherweise war die Flut hoch, und das Boot mit den Hardys und dem leichteren Teil ihres Gepäcks konnte zum Landeplatz gelangen, ohne dass die Karren zum Einsatz gerufen wurden. Als sie sich dem Land näherten, wurden sie mit herzlicher Stimme begrüßt und zwischen Mr. Hardy und seinem Freund Mr. Thompson – einem sonnenverbrannt aussehenden Mann mit großem Bart – in einem Panamahut und in einem makellos weißen Anzug wurden Grüße ausgetauscht.

„Aber, Mrs. Hardy", sagte er, als sie landeten, „Sie sehen kaum einen Tag älter aus als damals, als ich Sie das letzte Mal sah – lassen Sie mich sehen – vor vierzehn Jahren, gerade als dieser große Kerl gerade zu laufen begann. Und jetzt.", bitte, wir machen uns so schnell wie möglich auf den Weg, denn meine Estancia ist fünfzehn Meilen entfernt. Ich habe die besten Vorkehrungen getroffen, die ich konnte, um rauszukommen; aber Straßen sind in diesem Land keine Stärke, und wir vertrauen selten darauf Wir fuhren weit außerhalb der Stadt in Radfahrzeugen. Du hast mir in deinen Briefen gesagt, Hardy, dass die jungen Leute alle reiten könnten. Ich habe jede Menge Pferde und zwei sehr ruhige Pferde mit Seitensätteln, die ich von einigen Nachbarn für Ihre Mädchen geliehen; aber wenn sie es vorziehen, können sie mit Mrs. Hardy in die Falle gehen.

„Oh nein, bitte", sagte Maud; „Ich hatte viel lieber Fahrt."

Ethel sagte nichts und ihre Mutter sah, dass sie lieber mit ihr gehen würde. Dementsprechend Mrs. Hardy, Ethel. Sarah und einige der leichteren Taschen wurden in eine leichte Kutsche gepackt, wobei Mr. Thompson selbst die Zügel übernahm, da er sagte, er könne sie niemandem außer sich selbst anvertrauen. Mr. Hardy, die Jungen und Maud bestiegen die für sie vorbereiteten Pferde, und zwei von Mr. Thompsons Männern verstauten die schwereren Stämme in einem Ochsenkarren, der sofort losfahren sollte, aber erst spät in der Nacht die Estancia erreichen würde .

Als die Gruppe durch die Stadt ritt , fielen ihnen die Enge und Geradlinigkeit der Straßen und das allgemein europäische Aussehen von allem auf; und Herr Thompson erzählte ihnen, dass fast die Hälfte der Bevölkerung von Buenos Ayres Europäer seien. Auch die Zahl der Reiter auf Pferden überraschte unsere jungen Reisenden; aber Pferde kosten nur dreißig Schilling oder zwei Pfund, und Gras ist so reichlich vorhanden, dass die Kosten für ihre Ernährung nahezu Null sind; Folglich reitet jeder – sogar Hirten kümmern sich zu Pferd um ihre Schafe. Die Pferde schienen sehr ruhig zu sein, denn vor den meisten Büros waren die Pferde der Kaufleute zu sehen, die mit einem Kopfseil an einem Ring befestigt waren, wobei Stallknechte nicht als Notwendigkeit angesehen wurden.

Als sie die Stadt verließen, begannen die Reitpferde zu galoppieren; denn die Straße war so gut, dass die Pferde in der leichten Kutsche mit voller Geschwindigkeit weiterfahren konnten. Während sie weitergingen, kamen sie an vielen Häusern der reichen Kaufleute des Ortes vorbei und alle waren von der Üppigkeit und Schönheit der Gärten entzückt. Orangen- und Zitronenbäume erfüllten die Luft mit ihrem köstlichen Duft; Bananen, Baumfarne und Palmen ragten über ihnen auf; Schöne Schmetterlinge von immenser Größe und leuchtende kleine Kolibris huschten zwischen einer unzähligen Vielfalt von Blumen umher. Die Freude der Kleinen war grenzenlos.

Bald darauf ließen sie die Villen und Gärten zurück und fuhren hinaus aufs Land. Zu beiden Seiten erstreckten sich die Ebenen so weit das Auge reichte, an manchen Stellen unter dem Pflug, aber weitaus allgemeiner waren sie mit leuchtend grünem Gras und vielfarbigen Wildblumen bedeckt. Überall waren Scharen von Pferden und Rindern zu sehen, und in der Ebene lagen hier und da verstreut die Estancias der Besitzer.

Es war eine höchst entzückende Fahrt. Die Pferde gingen sehr ruhig, aber zu ihrer Überraschung stellten die Jungen fest, dass sie nicht traben wollten, da ihr Tempo ein lockerer, lockerer Galopp war. Die letzten fünf Meilen der Strecke waren für die Gruppe in der Kutsche nicht so erfreulich, denn die Straße war jetzt zu einer bloßen Spur geworden, die an vielen Stellen von Spurrillen durchzogen war, in die die Räder trotz der vorsichtigsten Fahrt von Mr. Thompson nicht mehr vordringen konnten Sie fuhren mit Stößen davon, die ihre Insassen von ihren Plätzen zu schütteln drohten, und als sie an der Estancia ihres Gastgebers ankamen, hatten sie das Gefühl, als wäre jeder Knochen ihres Körpers gebrochen.

Hier kam Mrs. Thompson heraus, um sie zu begrüßen. Sie war in jungen Jahren eine gute Freundin von Mrs. Hardy gewesen, und es war eine große Freude, sie nach so langer Trennung wiederzusehen. Herr Thompson hatte bereits erklärt, dass seine Frau vorbeigekommen wäre, um sie zu treffen, aber dass zu dem Zeitpunkt, als er das Haus verlassen hatte, nicht bekannt war, dass die Barbados angekommen waren. Sie war fällig, und als Vorsichtsmaßnahme waren die Pferde und der Wagen seit zwei Tagen bereit, aber das genaue Datum ihrer Ankunft war natürlich ungewiss.

Mr. Thompsons Estancia war ein großes und malerisches Gebäude. Es war vollständig von einer breiten Veranda umgeben, so dass man zu jeder Tageszeit vor dem grellen Sonnenlicht geschützt sein konnte. Davor befand sich ein weitläufiger Garten; und da Mr. Thompson es zu einem seiner ersten Ziele gemacht hatte, als er sein Haus baute, um eine große Anzahl tropischer

Bäume und Sträucher zu pflanzen, hatten diese nun eine beträchtliche Größe erreicht und spendeten köstlichen Schatten. In kurzer Entfernung hinter dem Haus befanden sich die Häuser der Männer und die Ställe oder Gehege für das Vieh.

Der Innenraum war hübsch im europäischen Stil eingerichtet, mit der Ausnahme, dass die Böden keine Teppiche hatten und aus polierten Dielen bestanden. Überall waren Anzeichen dafür zu sehen, dass der Besitzer ein wohlhabender und wohlhabender Mann war. Herr Thompson hatte nur einen Sohn, einen Jungen, der ungefähr im gleichen Alter wie Charles Hardy war. Mrs. Thompson übertrug ihm nun die Obhut der Jungen, während sie Mrs. Hardy und ihre Töchter in ihre Zimmer führte.

Nach einer halben Stunde versammelte sich die Gruppe wieder zum Abendessen, dem alle mehr als gerecht wurden, denn ihr langes Rudern und die lange Fahrt hatten ihnen den größten Appetit geweckt. Sie wurden von einem italienischen Diener bedient; und Mrs. Thompson sagte, dass es in Buenos Ayres viele Angehörige dieser Nation gäbe, und dass sie, obwohl sie nicht als gute Arbeiter für grobe Arbeit galten, ausgezeichnete Diener seien, von denen viele zuvor Kellner in Hotels oder Stewards an Bord von Schiffen gewesen seien herauskommen.

Während des Abendessens drehte sich das Gespräch hauptsächlich um englische Freunde und Angelegenheiten sowie um die Ereignisse der Reise. Nachdem es vorbei war, schlug George Thompson den Jungen vor, einen Spaziergang durch den Ort zu machen, bevor es dunkel wurde. Die Herren zündeten ihre Zigarren an und nahmen unter der Veranda Platz; und die beiden Damen gingen mit Maud und Ethel in den Garten hinaus. Das Gespräch zwischen Mr. Hardy und seinem Freund drehte sich natürlich um das Land, seine Lage und Aussichten und um die Vorteile, die die verschiedenen Bezirke den Neuankömmlingen boten. Plötzlich brach die Dämmerung an, gefolgt von rascher Dunkelheit, und eine halbe Stunde später kam Ethel, um sie zum Tee zu rufen. Die Jungen waren bereits hereingekommen und freuten sich über die riesigen Viehherden, die sie gesehen hatten. Als sie sich an den Teetisch setzten, der mit zartem englischem Porzellan bedeckt war und in dessen Mitte ein Wasserkocher über einer Spirituslampe stand und der vom gedämpften Licht zweier abgeschirmter Moderatorlampen beleuchtet wurde, sagte Maud: „Es ist kein bisschen so." Was ich erwartet habe, Papa, nach allem, was du uns über Strapazen und Arbeit erzählt hast; es kommt mir vor wie in England, nur mit den Bäumen, Blumen und Schmetterlingen.

„Hab keine Angst, Maud", sagte ihr Vater lachend – denn ihre Stimme hatte einen Anflug von Enttäuschung –, „du wirst nicht um deine Not und deine

Arbeit betrogen, das verspreche ich dir. Mrs. Thompson wird es dir sagen." Sie wissen, dass es ein ganz anderer Ort war, als sie hierherkam.

„Ja, tatsächlich", sagte Mrs. Thompson lächelnd; „Als wir uns hier niederließen, galt dies als ein sehr einsamer Ort. Wir hatten eine kleine Hütte mit zwei Zimmern, und es dauerte mehr als sechs Monate, bis ich eine Dienerin herausholen konnte, und dann war es nur noch einer unserer Hirten ' Ehefrauen, die nichts vom Kochen wussten und nur beim Wasserholen und Fegen des Bodens von Nutzen waren. Mit der Zeit wurde das Land besiedelter, und es gibt Stationen, die jetzt sechzig oder siebzig Meilen von uns entfernt liegen.

Die nächste Woche verbrachte ich damit, über das Anwesen zu reiten, das vier Quadratmeilen umfasste – also sechs Meilen pro Strecke – und die Anordnung der Gehege für das Vieh zu untersuchen. Am Ende dieser Zeit begab sich Herr Hardy auf eine Inspektionsreise durch die Provinzen, die ihm am ehesten zusagten, ausgestattet mit zahlreichen Empfehlungsschreiben seines Gastgebers. Während seiner Abwesenheit sollten die Jungen auf dem Anwesen mithelfen und sich an die Arbeit und Pflichten des Lebens gewöhnen, das sie führen sollten. Sie stürzten sich mit größtem Elan darauf und saßen von morgens bis abends im Sattel und bekamen durch die ständige Einwirkung immer mehr Sonnenbrand, bis sie, wie Mr. Thompson ihnen erzählte, wie zwei junge Gauchos aussahen . Die Gauchos sind die Ureinwohner des Landes. Es sind gutaussehende Männer mit spanischen Gesichtern. Ihre Kleidung ist sehr malerisch. Sie tragen lose Calzoncillas oder Unterhosen, die am unteren Rand gearbeitet und mit Fransen versehen sind. Darüber befindet sich eine Art Schal, der so angeordnet ist, dass er wie eine sehr weite Hose wirkt. Diese Schals sind im Allgemeinen in leuchtenden Farben gehalten, in Streifen gewebt und manchmal aus schwarzem Stoff mit scharlachroten Rändern. Unter diesem Kleidungsstück sind die weißen Calzoncillas zu sehen, darüber wird ein farbiges Flanellhemd getragen. Die Stiefel sind lang und bestehen aus unverarbeitetem Leder. Sie tragen einen breiten Ledergürtel mit Taschen darin; darin steckt auch immer ein Messer. An *Festtagen* tragen sie bunten Silberschmuck an sich und ihrem Pferdeschmuck. Ihre Sättel sind sehr unhandlich und schwer und werden selten von Europäern benutzt, die, wie Mr. Hardy es getan hatte, im Allgemeinen englische Sättel von zu Hause mitbringen. Nach einem Monat Abwesenheit kehrte Mr. Hardy mit der willkommenen Nachricht zurück, dass er seine Wahl getroffen und auf der öffentlichen Auktion ein vier Quadratmeilen großes Grundstück an einem Fluss etwa zwanzig Meilen südlich der Stadt Rosario gekauft hatte. und somit nur wenige Tagesreisen von Buenos Ayres entfernt. Mr. Thompson wirkte ein wenig ernst, als er die Lage des Anwesens hörte, sagte aber nur, dass er sehr froh sei, dass sein Freund sich für einen Ort entschieden habe, der es den Familien leicht machen würde, etwas voneinander zu sehen. Nachdem die ersten Begrüßungen vorbei waren, befriedigte Mr. Hardy die Neugier seiner Zuhörer auf das neue Anwesen.

„Es ist sechs Quadratmeilen groß", sagte er, „das heißt etwa fünfundzwanzigtausend Acres, und ich habe es für etwa sechs Pence pro Acre gekauft. Es fließt ein großer Bach durch das Grundstück; es gibt eine Menge Bäume, Wenn man bedenkt, dass es draußen in der Pampa liegt, gibt es mehrere Anhöhen, die einen schönen Blick über die Ebene bieten, und auf einer davon wird unser zukünftiges Zuhause stehen. Ein kleiner Bach mündet in den größeren und wird meiner Meinung nach nützlich sein . Es gibt eine Fülle von Wild; Enten, Gänse und Schwäne wimmeln auf dem Fluss. Ich habe eine Menge Strauße draußen auf der Ebene gesehen. Und schließlich scheint der Boden ausgezeichnet zu sein. Ein großer Punkt ist, dass er nur so ist zwanzig Meilen von Rosario entfernt, einer aufstrebenden Stadt; so dass der Wert des Landes mit Sicherheit jedes Jahr steigen wird, wenn neue Siedler um uns herumkommen.

„Das ist ein äußerst wichtiger Punkt", sagte Herr Thompson. „Rosario ist die aufstrebendste Stadt des Landes, und das Land um sie herum wird in ein paar Jahren mit Sicherheit sehr begehrt sein."

„Gibt es Siedlungen in der Nähe, Frank?" Fragte Frau Hardy.

„Das nächste Grundstück gehört drei jungen Engländern, und das Gelände zwischen uns und Rosario ist ebenfalls hauptsächlich von Engländern besetzt; wir werden also Nachbarn in der Nähe haben, und ich glaube nicht, dass es lange dauern wird, bis wir sie überall haben." uns."

„Wenn die Vorteile des Ortes so groß sind, Frank, wie kommt es dann, dass Sie ihn so günstig bekommen? Ich habe von Mr. Thompson erfahren, dass ein Grundstück in einem aufstrebenden Viertel, das wahrscheinlich an Wert gewinnen würde, zwei wert war." oder drei Schilling oder noch mehr, ein Acre."

Mr. Hardy zögerte. „Nun, Clara, das Land steht derzeit am äußersten Rand der Siedlungen, und die Indianer neigen manchmal dazu, ein wenig lästig zu sein und ein paar Pferde oder Rinder zu vertreiben. Zweifellos ist die Sache übertrieben; sie ist immer noch da ist etwas drin, und die Konsequenz ist, dass die Leute eher Angst haben, zu bieten, und ich habe dieses herrliche Stück Land für etwa 2500 Dollar bekommen; und nicht unwahrscheinlich, dass es in zehn Jahren zehnmal so viel wert sein könnte ."

„Ein großer Teil dieser Indianergeschichten basiert auf sehr kleinen Grundlagen", sagte Mr. Thompson aufmunternd; und Mrs. Hardys Gesicht, das ein wenig ernst gewesen war, hellte sich wieder auf, und als sie dem Bericht ihres Mannes über seine Reisen zuhörte, vergaß sie die Indianer ganz.

Die Jungen taten dies jedoch keineswegs; und als sie zu Bett gingen, sagte Charley: „Ich denke, es besteht die Möglichkeit eines Streits mit den Indianern, Hubert, denn mir ist aufgefallen, dass Mr. Thompson ernst aussah, als Papa zum ersten Mal sagte, wo er das Land gekauft hatte. Verlassen Sie sich darauf, wir werden doch noch etwas Spaß mit ihnen haben." Sie hätten es für noch wahrscheinlicher gehalten, wenn sie das Gespräch zwischen ihrem Vater und Mr. Thompson gehört hätten, nachdem die Damen zu Bett gegangen waren.

„Warum, mein lieber Hardy, wie kamen Sie mit Frau und Familie auf die Idee, Land zu kaufen, das den Angriffen der Indianer so ausgesetzt war? die Menschen zu ermorden, wenn sie eine Chance bekommen. Ich halte das für Wahnsinn."

„In dem, was Sie sagen, liegt ein gutes Geschäft, Thompson, und ich habe die ganze Sache überlegt, bevor ich es gekauft habe. Es besteht ein Risiko – ein großes Risiko, wenn Sie so wollen; aber ich habe gehört, dass die Indianer selten die Häuser der Siedler angreifen wenn sie gut vorbereitet und bewaffnet sind. Das tun sie gelegentlich, aber sehr selten. Ich werde gut vorbereitet und gut bewaffnet sein und habe daher überhaupt keine Angst um unsere persönliche Sicherheit. Was unsere Tiere betrifft, müssen wir sie genauso schützen wie wir können, und unsere Chance nutzen. Es dauert nur zwei oder höchstens drei Jahre. Danach werden wir Siedlungen außerhalb und um uns herum haben; und wenn die Auswanderung weitergeht, wie ich es erwarte, und wenn, wie ich glaube, Rosario werden wird Da es sich um einen sehr großen und wichtigen Ort handelt, wird unser Land schließlich höchstens fünf Dollar pro Acre wert sein. Ich werde darauf achten, nicht mein ganzes Kapital in Tiere zu investieren, damit ich nicht auf einen Schlag ruiniert werde. Ich denke, das bei Am Ende von fünf Jahren wirst du mir zustimmen, dass ich klug gehandelt habe."

„Ich habe keinen Zweifel daran, dass Ihr Eigentum, wie Sie sagen, sehr stark an Wert gewinnen wird, Hardy, und dass Ihre Spekulation auf lange Sicht sehr erfolgreich sein wird; aber es ist ein schreckliches Risiko, denke ich."

„Das glaube ich nicht, Thompson. Wir werden eine ziemlich starke Truppe sein: Wir werden mit Sicherheit zwei Männer außer uns haben. Die Jungen könnten ihren Mann auf dreihundert Meter Entfernung töten, und ich würde bei einer Gruppe Indianer eine beachtliche Hinrichtung durchführen." sechs oder sieben; also habe ich keine Angst – nicht die geringste auf der Welt."

Zwei weitere Tage später reisten Mr. Hardy und die Jungen in Begleitung von Mr. Thompson nach Buenos Ayres und bezogen für eine Nacht ihr Quartier im Hotel. Zum Abschied überreichte Mr. Thompson ihnen ein paar schöne Hunde, die er aus englischen Mastiffs gezüchtet hatte: Mr. Hardy hatte ein paar schöne Retriever mitgebracht. Dann sagten sie mit einem herzlichen

Abschied und viel Händeschütteln „Auf Wiedersehen", als der Dampfer vom Ufer abfuhr. Das schwere Gepäck sollte am nächsten Tag auf einem Segelschiff folgen.

KAPITEL IV.

DIE PAMPAS.

Die Fahrt den Fluss Parana hinauf war von keinem besonderen Vorfall geprägt. Die Entfernung von Buenos Ayres nach Rosario beträgt etwa zweihundertfünfzig Meilen, die der Dampfer in etwa anderthalb Tagen zurücklegte. Der Fluss ist fast zwanzig Meilen breit und vollständig von Inseln übersät. Die Landschaft ist flach und uninteressant und die Ufer nur spärlich bewaldet. Unsere Reisenden waren daher froh, als sie in Rosario ankamen. Die Jungen waren vom Aussehen der Stadt enttäuscht, die, obwohl ein aufstrebender Ort, weniger als tausend Einwohner hatte und nach Buenos Ayres erbärmlich arm und elend aussah. Hier wurden sie von einem Herrn empfangen, dem Mr. Thompson Mr. Hardy vorgestellt hatte und bei dem er bei seinem ersten Besuch in Rosario gewohnt hatte. Er hatte Pferde für sich selbst und Ochsenkarren für ihr Gepäck mitgebracht.

„Was! Sind das Ihre Jungs, Mr. Hardy? Ich hatte nicht erwartet, so große Kerle zu sehen. Sie werden in kürzester Zeit Männer sein."

Charley und Hubert haben Mr. Percys Lob verdient. Sie waren jetzt sechzehn bzw. fünfzehn Jahre alt und bemerkenswert starke, gut gewachsene Jungs, die mindestens ein Jahr älter aussahen, als sie wirklich waren. In wenigen Minuten war das Gepäck in zwei Ochsenkarren gepackt und sie machten sich auf den Weg zu Mr. Percys Station, die etwa auf halber Strecke zum Lager von Mr. Hardy lag. Das Wort Lager bedeutet in der Pampa Station oder Eigentum; es ist eine Verfälschung des spanischen Wortes *campos* , wörtlich Ebene oder Wiesen.

Hier stellten sie fest, dass Mr. Percy den Auftrag, den Mr. Hardy ihm anvertraut hatte, höchst zufriedenstellend ausgeführt hatte. Er hatte ein paar der rauen Ochsenkarren vom Land gekauft, drei Paar Ochsen, die an das Joch gewöhnt waren, ein halbes Dutzend Reitpferde, zwei Milchkühe und ein Dutzend Schafe und Rinder, um die Speisekammer zu versorgen. Er hatte vier Männer angeheuert – einen Viehhalter namens Lopez, der Capitaz oder Oberhaupt genannt wurde, ein großer, dunkelhäutiger Bursche, dessen Vater ein Spanier und seine Mutter eine Einheimische war; zwei Arbeiter, der eine ein Deutscher namens Hans, der schon seit einiger Zeit in der Kolonie war, der andere ein Ire, Terence Kelly, an dessen Gesicht sich die Jungen sofort erinnerten, als seien sie mit ihnen im selben Schiff herausgekommen. Der letzte Mann war ein Amerikaner, einer dieser Wanderer, die sich nie damit begnügen, irgendwo zu bleiben, sondern immer weiter voranschreiten, als ob sie dachten, dass es ihnen umso besser ergehen würde, je weiter sie kamen. Er war als Zimmermann und nützlicher Mann beschäftigt, und es gab nur wenige Dinge, denen er sich nicht widmen konnte. Mr. Hardy war mit ihrem

Aussehen zufrieden; Sie waren alle mächtige Männer, die es gewohnt waren, zu arbeiten. Ihre Kleidung war von der rauesten und vielfältigsten Art, eine Mischung aus europäischer und indianischer Kleidung, mit Ausnahme von Terence, der immer noch an dem langen, blauen Rock und den Messingknöpfen des „ alten Landes" festhielt.

Sie warteten am nächsten Tag auf Mr. Percys Station und machten sich am nächsten Morgen vor Tagesanbruch auf den Weg, da sie noch zehn Meilen vor sich hatten und so früh wie möglich am Boden ankommen wollten.

Die Jungen waren in bester Stimmung, als sie endlich wirklich draußen in der Pampa waren, und als der Tag anbrach , lachten sie herzhaft über das Erscheinen ihrer Kavallerie. Es gab weder eine Straße noch irgendeinen Weg, und so folgte die Gruppe nicht in einer Reihe, wie sie es in jedem anderen Land getan hätten, sondern in verwirrter Masse. Zuerst kamen die Tiere — die Schafe, Ochsen und Kühe. Dahinter ritt Lopez in seinem Gaucho-Kleid und einer langen Peitsche in der Hand, die er von Zeit zu Zeit mit einem Knall wie eine Pistole knallen ließ — nicht, dass es irgendwelche Schwierigkeiten gegeben hätte, die Tiere mit ausreichender Geschwindigkeit zu treiben um den Ochsenkarren immer einen Schritt voraus zu sein, denn die Schafe der Pampa sind sehr viel aktivere Tiere als ihre englischen Verwandten. Da sie es gewohnt sind, sich in offenen Ebenen zu ernähren, bewegen sie sich über weite Strecken und erreichen normalerweise eine Geschwindigkeit von vier Meilen pro Stunde. Wenn sie Angst haben, können sie viele Kilometer mit einer Geschwindigkeit zurücklegen, bei der es für ein gutes Pferd schwierig ist, mitzuhalten. Der erste Ochsenkarren wurde von Hans gelenkt, der oben auf einem Gepäckhaufen saß, den Kopf mit einem sehr alten und abgenutzten Panamahut bedeckt, durch mehrere breite Löcher, aus denen sein rotes Haar auf höchst komische Weise hervorstand, und Über seinem blauen Flanellhemd reichte ein großer roter Bart fast bis zur Taille. Terence ging neben dem zweiten Karren in Cordhosen und Gamaschen und einem blauen Mantel her, auf dem Kopf einen hohen schwarzen Hut, der ramponiert und völlig zerschrammt war. In seiner Hand hielt er eine Lieblingsshillala , die er aus seiner Heimat mitgebracht hatte, und mit deren Spitze er gelegentlich in die Rippen der Ochsen stach, wobei er viele irische Ausrufe auslöste, was die Tiere zweifellos nicht wenig beunruhigte. Der Yankee ritt manchmal neben einem, manchmal neben einem anderen und wechselte selten ein Wort mit jemandem . Er trug eine Pelzmütze aus Fuchsfell; Eine verblichene Decke, in deren Mitte ein Loch für den Kopf war, fiel von seinen Schultern auf seine Knie. Er und Lopez führten jeweils ein paar Ersatzpferde. Die Doggen trabten neben den Pferden her, und die beiden tollen Retriever Dash und Flirt galoppierten über die Ebene. Die Ebene, durch die sie reisten, war flach, nur von leichten Wellen unterbrochen, und hier und da gab es einen Baum; und die jungen

Hardys fragten sich nicht wenig, woher Lopez, der als Führer fungierte, die Richtung wusste, die er einschlagen sollte.

Nach drei Stunden Fahrt zeigte Lopez auf eine etwas größere Baumgruppe in der Ferne als gewöhnlich und sagte: „Das ist das Lager."

„Hurra", riefen die Jungs. „Dürfen wir weiterfahren, Papa?"

„Ja, Jungs, ich fahre mit euch weiter." Und schon machten sie sich auf den Weg und ließen ihre Gruppe stillschweigend hinter sich.

„Pass auf, wie du galoppierst, Jungs; der Boden ist voller Gürteltierlöcher, und wenn dein Pferd in eines tritt, wirst du über seinen Kopf hinweggehen."

„Ich glaube nicht, dass ich das tun sollte", sagte Charley, der eine mehr als ausreichend gute Meinung von sich selbst hatte; „Ich kann mich ganz gut festhalten, und –" Er hatte keine Zeit, seinen Satz zu beenden, denn sein Pferd schien plötzlich auf den Kopf zu fallen, und Charley wurde zwei oder drei Meter durch die Luft geschleudert und kam mit einem heftigen Knall zu Boden auf dem weichen Boden.

Er war in einem Augenblick auf den Beinen und unverletzt, bis auf einen Schlag am Auge gegen seine Waffe, die er vor sich trug; und nach einem kurzen, reumütigen Blick schloss er sich herzlich dem Gelächter seines Vaters und seines Bruders auf seine Kosten an: „Ah, Charley, Prahlerei ist ein guter Hund, aber Festhalten ist ein besserer. Ich habe nie einen wörtlicheren Beweis für das Sprichwort gesehen." . Da, springt wieder hoch, und ich brauche nicht zu sagen, achtet auf Löcher."

Bald waren sie wieder unterwegs, diesmal jedoch in gemäßigterem Tempo. Dieser Sturz war bei weitem nicht der einzige, den sie erlebten, bevor sie sechs Monate in der Ebene waren; denn die Gürteltiere waren am zahlreichsten, und im hohen Gras war es unmöglich, ihre Löcher zu sehen. Zusätzlich zu den Gürteltieren ist der Boden in vielen Schritten von Bischachas durchzogen , die in Größe und Aussehen etwas an Kaninchen erinnern, und von einer kleinen Kanincheneule.

Die Hardys überquerten bald einen kleinen Bach, liefen nach Osten und mündeten in den Hauptbach, der auf dieser Seite die Grenze des Grundstücks bildete; und Mr. Hardy sagte den Jungen, dass sie nun auf ihrem eigenen Land seien. Es gab ein weiteres Hurra, und dann stürmten sie ungeachtet der Sturzgefahr auf die kleine Baumgruppe zu, die auf einem leicht ansteigenden Boden stand. Hier zogen sie ihre Zügel an und blickten sich um auf das Land, das ihre Heimat werden sollte. Soweit das Auge reichte, erstreckte sich eine flache Ebene mit einigen leichten Erhebungen und einem halben Dutzend Bäumen. Das Gras war strahlend grün, denn es war jetzt September. Der Winter war vorbei, und die durch die Regenfälle erfrischte

Ebene hüllte sich in ein leuchtendes Grün, übersät mit unzähligen Blumen. In der Ferne waren Gegenstände zu sehen, die sich bewegten, und eine kurze Untersuchung ermöglichte Mr. Hardy, zur Freude der Jungen, die sich eine baldige Jagd versprachen, zu entscheiden, dass es sich um Strauße handelte.

„Wo hast du das Haus untergebracht, Papa?" fragte Hubert.

„Dort, wo diese drei Bäume auf der höchsten Dünung wachsen, die Sie sehen können, etwa anderthalb Meilen weiter. Wir werden sofort weitergehen; die anderen werden uns sehen."

Weitere zehn Minuten führten sie zu dem Ort, den Mr. Hardy ihnen gezeigt hatte, und die Jungen waren sich beide einig, dass es nichts Besseres geben könnte.

Am Fuße des Abhangs floss der Fluss, der die östliche Grenze bildete, etwa eine Viertelmeile von der Spitze der Anhöhe entfernt. Auf der rechten Seite ergoss sich ein weiterer Bach zwischen dem Hang und einer weiteren, weniger hohen Anhöhe dahinter. Dieser Bach fiel hier ziemlich schnell ab und war etwa dreihundert Yards von der beabsichtigten Stelle des Hauses entfernt. Der Hauptfluss hatte einen Durchmesser von dreißig bis vierzig Metern und war jetzt voller Wasser; und auf seiner Oberfläche konnten die Jungen Schwärme von Enten, Gänsen und anderen Vögeln sehen. An manchen Stellen war das Ufer kahl, an anderen wuchsen daneben dichte Büsche und Reisigbüsche.

Sie nahmen nun die Sättel und Zügel von ihren Pferden ab und erlaubten ihnen, nach Belieben umherzuwandern, wohlwissend, dass die einheimischen Pferde daran gewöhnt waren, frei gelassen zu werden, und dass keine Angst davor bestand, dass sie abwanderten. „Nun, Jungs", sagte Mr. Hardy, „lasst uns mit unserem ersten Abendessen beginnen. Ihr geht direkt zum Wasser hinunter; ich werde mich rechts halten. Ihr nehmt Dash, ich nehme Flirt."

Nach weiteren zehn Minuten folgten die Schüsse dicht aufeinander, und die Jungen hatten die Befriedigung, zwei Gänse und acht Enten niederzuschlagen, die Dash neben anderen, die entkommen waren, an Land brachte. Fünf Minuten später hörten sie einen Schrei ihres Vaters, der zwei weitere Gänse und drei Enten erlegt hatte. „Das wird genügen, Jungs; wir haben genug für die nächsten ein oder zwei Tage, und wir dürfen sie nicht durch zu viel Gemetzel beunruhigen."

„Vier Gänse und elf Enten, Papa, in fünf Minuten", sagten die Jungen, als sie zu Mr. Hardy kamen; „Das ist schon mal kein schlechtes Schießen."

„Überhaupt nicht, Jungs. Was das Wildgeflügel und die Gürteltiere betrifft, denke ich, dass wir im Notfall eine Zeit lang von den Produkten des Anwesens leben könnten."

„Du willst nicht sagen, Papa, dass sie die Gürteltiere essen?" Sagte Hubert mit einem misstrauischen Blick.

„Das tun sie in der Tat, Hubert, und mir wurde gesagt, dass sie keineswegs schlechte Fresser sind. Nun lasst uns wieder zur Anhöhe hinaufgehen; unsere Karren müssen fast oben sein."

Als sie die drei Bäume erreichten, stellten sie fest, dass der Rest der Kavallerie nur noch eine Viertelmeile entfernt war, und nach wenigen Minuten kamen sie hinauf.

Für die Rinder und Schafe war keine Betreuung erforderlich. Als sie sofort merkten, dass sie nicht weitergehen mussten, zerstreuten sie sich und begannen zu grasen. Die Ochsen wurden von den Karren abgekoppelt und alle Hände waren bereit, die herbeigebrachte Warensammlung abzuladen. Es waren nur die Dinge mitgebracht worden, die Mr. Hardy für den gegenwärtigen Gebrauch als am notwendigsten erachtet hatte, denn der Dampfer aus Buenos Ayres beförderte keine schweren Güter, und die landwirtschaftlichen Geräte und das andere Gepäck sollten in einem Segelschiff heraufgebracht werden, und das geschah auch voraussichtlich erst in einer Woche ankommen.

Die Karren enthielten drei kleine Koffer mit der Kleidung von Mr. Hardy und den Jungen sowie einen großen Koffer mit Karabinern, Gewehren und Munition. Es gab eine Reihe von Kanistern mit Tee, Kaffee, Zucker, Salz und Pfeffer; ein Sack Mehl; einige Kochtöpfe und Bratpfannen, Blechteller, Schüsseln und Tassen; zwei Säcke Kohle und eine Menge Brennholz; Schaufeln, Zimmermannswerkzeuge, eine Sichel, das Gerüst einer Hütte mit zwei Türen und Fenstern, drei Filzrollen, ein paar Dutzend Holzpfosten und zwei große Rollen Eisendraht. Während die anderen mit dem Entladen beschäftigt waren, hatte der Deutsche etwas Rasen geschnitten und eine grobe Feuerstelle gebaut, und schon bald brannte ein helles Feuer.

„Sollen wir die Enten rupfen?" fragte Charley.

„Ich denke, wir schaffen es schneller", sagte der Yankee; Und er nahm eine der Enten und schnitt ihr den Kopf und die Schwingen ab. In einer weiteren Minute hatte er es grob gehäutet und warf es dem Deutschen zu, der es schnitt und die Stücke in die Bratpfanne legte. Ein ähnlicher Vorgang wurde mit den anderen Enten durchgeführt, etwas Pfeffer und Salz darüber gestreut und in wunderbar kurzer Zeit war die erste Charge fertig. Alle drehten sich um und setzten sich ins Gras; Die Blechteller wurden verteilt, aber nur von Mr. Hardy und seinen Söhnen benutzt, die anderen nahmen einfach die Joints in die Hand und schnitten mit ihren Messern Stücke ab. Das Häuten der Hühner war nicht angenehm anzusehen und hätte den Jungen zu jedem anderen Zeitpunkt den Appetit geraubt; Aber ihre lange Fahrt hatte sie zu hungrig gemacht, um genau zu sein. Das Ergebnis dieser primitiven Küche wurde als ausgezeichnet bezeichnet; und nachdem wir eine Tasse Tee getrunken hatten, fühlten sich alle bereit für die Arbeit.

„Was ist zuerst zu tun, Papa?"

„Das erste, was wir tun müssen, ist, diese Pfosten in den Boden zu stecken und einen Drahtzaun zu errichten, um den Tieren nachts ein Gehege zu schaffen. Wir werden auf jeder Seite fünf Pfosten im Abstand von zehn Metern anbringen; das wird dauern." achtzehn Pfosten. Mit den anderen können wir eine Aufteilung machen, um die Schafe vom Vieh zu trennen. Wenn wir das nicht tun, werden sich einige von ihnen vielleicht in den Kopf setzen, in der Nacht aufzubrechen und in ihre alte Heimat zurückzukehren.

Bald wurde ein Platz zwischen dem Haus und dem Bach auf der rechten Seite ausgewählt. Die Entfernung wurde bald gemessen und markiert; und während Hans die schweren Pfosten einen nach dem anderen auf seiner Schulter heruntertrug, machten sich die anderen an die Arbeit. Der Boden war weich und nährstoffreich, und die Löcher wurden in kürzerer Zeit, als man es für möglich gehalten hätte, bis zur erforderlichen Tiefe gegraben. Der Draht wurde gespannt und befestigt, und vor Sonnenuntergang war alles bereit. Die Tiere wurden hineingetrieben und der schmale Eingang mit Reisig aus dem Fluss verstopft. Dann folgte eine weitere halbe Stunde Arbeit, um mit den Koffern und etwas Filz einen kleinen Unterschlupf für Mr. Hardy und seine Söhne zu errichten. Zu diesem Zeitpunkt waren alle wirklich müde und freuten sich, als Hans sie zu einer weiteren Mahlzeit rief, diesmal mit einem der Schafe. Dann zogen sich Mr. Hardy und die Jungen mit ihren Tassen Tee in den für sie vorbereiteten Unterschlupf zurück, saßen dort und unterhielten sich über die Ereignisse des Tages und über die Arbeit für morgen; und dann legten sie sich, in ihre Decken gehüllt, zum Schlafen hin und lauschten eine Zeit lang träumerisch dem Summen der Gespräche der Männer, die rauchend um das Feuer saßen, und dem heiseren Brüllen der unzähligen Frösche im Bach unten .

Am Morgen machten sie sich bei Tageslicht auf den Weg und wurden mit einer Tasse heißem Kaffee und einem Stück Brot auf die Arbeit vorbereitet. Mr. Hardy, seine Jungs und der Yankee setzten sich auf den Rahmen der beiden Hütten; während die anderen zum Bach hinuntergingen und eine Menge langer, grober Binsen schnitten, die sie zu Bündeln formten und in einem Ochsenkarren zum Ort des Hauses brachten. Der Rahmen für die Hütten, die jeweils etwa fünfzehn Fuß im Quadrat groß waren, war fertig montiert und nummeriert. Der Aufbau dauerte daher sehr kurz; und als eines fertig war, machten sich Mr. Hardy und der Yankee daran, das andere in einer Entfernung von vierzig bis fünfzig Yards zu errichten, während Charley und Hubert die Nägel einschlugen und die bereits erledigte Arbeit sicherten.

Zum Abendessen war die Arbeit abgeschlossen und ein perfekter Stapel Binsen lag bereit. Aus den Büschen waren zahlreiche lange Stäbe geschnitten worden, und da die meisten von ihnen so flexibel und zäh wie Weiden waren, eigneten sie sich gut für diesen Zweck.

Nach dem Abendessen bündelte die ganze Gruppe ihre Kräfte, um eine der Hütten fertigzustellen. Die Stäbe waren zweigeteilt und in Abständen über die Dachsparren genagelt. Darauf wurden die langen Binsen gelegt und darüber der Filz genagelt. Die Seiten wurden auf die gleiche Weise behandelt, mit der Ausnahme, dass die Binsen zwischen den Flechtwerken ein- und ausgeflochten wurden, so dass eine ziemlich dichte, kompakte Wand entstand, an die kein Filz genagelt wurde. Das andere Haus wurde auf die gleiche Weise behandelt; und erst in der dritten Nacht waren beide Hütten fertig und bezugsfertig.

Mr. Hardy und seine Söhne nahmen dann das Haus nahe der Hügelkuppe in Besitz. Dies sollte lediglich ein vorübergehender Aufenthaltsort sein, der beim Bau des Hauses entfernt werden sollte. Die Männer hatten das weiter unten und eher näher am Vieh. In drei Ecken waren Binsenbeete aufgetürmt, und die Jungen dachten, sie hätten noch nie eine so köstliche Nacht wie ihre erste in ihrem neuen Haus verbracht. Am nächsten Tag sagte Mr. Hardy seinen Jungs, dass sie Urlaub machen und über den Ort reiten sollten.

Der Arbeitsdruck war vorbei und die Dinge würden sich nun normalisieren. Hans und Terence hatten den Auftrag erhalten, die Löcher für die Pfosten des starken Zauns zu graben, der das Haus umgeben sollte, einschließlich einer Fläche von hundert Quadratmetern. Diese Vorsichtsmaßnahme galt als unverzichtbar zur Verteidigung gegen die Indianer. Seth, der Yankee, hatte sich ebenfalls verpflichtet, in der Nähe des Hauses einen Brunnen zu graben. Eine Aufsicht über sie war daher nicht erforderlich. Lopez sollte sie begleiten. Jeder nahm eine doppelläufige Waffe und einen Revolver mit. Der Tag war sehr schön – ungefähr so heiß wie an einem warmen Junitag in England. Mr. Hardy schlug vor, dass sie zunächst nach Westen bis zur Ausdehnung des Grundstücks, sechs Meilen vom Fluss entfernt, reiten sollten; dass sie dann nach Süden gehen sollten, bis sie diese Grenze erreichten, und dieser bis zum Fluss folgen sollten, an dessen Ufer sie zurückkehren und einen Sack Wildgeflügel für die Speisekammer mitbringen sollten. Ein ganzes Rudel Hunde begleitete sie – die beiden Doggen, die Setter und vier Hunde, von denen zwei Lopez und die anderen Hans und Seth gehörten; letztere beschlossen, als sie sahen, dass ihre Herren nicht die Absicht hatten, hinauszugehen der Party auf eigene Rechnung beitreten.

Bei diesen Hunden handelte es sich allesamt um Mischlinge, die keiner bestimmten Rasse angehörten, aber bei der Jagd nützlich waren und bereit waren, einen Fuchs anzugreifen, ein Tier, das in der Pampa herumschwärmt und unter den jungen Lämmern großen Schaden anrichtet.

Auf den ersten drei oder vier Meilen war nichts zu sehen als die grenzenlose grüne Ebene, die sich in alle Richtungen erstreckte; und dann, als sie eine leichte Anhöhe hinaufstiegen, sahen sie in der Senke vor sich zwei Strauße. Fast gleichzeitig erblickten die Kreaturen ihre Feinde und zogen mit erstaunlicher Geschwindigkeit davon, gefolgt von den Hunden und Reitern. Eine Zeit lang waren sie so schnell unterwegs, dass ihre Verfolger nur wenig aufholen konnten. Bald jedoch kamen die Hunde an einen von ihnen heran und hinderten ihn durch ihr Bellen und Schnalzen daran, sich fortzubewegen. Die Reiter standen dicht beieinander und die Jungen hatten ihre Revolver gezückt, um zu schießen, als ihr Vater schrie: „Nicht schießen, Jungs! Passt auf Lopez auf."

In diesem Moment nahm der Gaucho vom Knauf seines Sattels zwei Kugeln, die wie große Kugeln aussahen und mit einer langen Schnur verbunden waren. Diese wirbelte er um seinen Kopf herum und schleuderte sie auf den Strauß. Sie schlugen auf seine Beine und drehten sich immer wieder um sie herum, und im nächsten Moment lag der Vogel im Staub. Bevor Lopez auf den Boden springen konnte, hatten die Hunde ihn getötet, und der Gaucho riss die Schwanzfedern heraus und reichte sie Mr. Hardy. „Ist das Fleisch gut?" fragte Mr. Hardy.

„Nein, Señor; wir können es essen, wenn wir nichts anderes zu haben haben, aber es ist nicht gut."

„Ich bin ziemlich froh, dass der andere entkommen ist", sagte Hubert. „Es scheint grausam, sie nur wegen der Federn zu töten."

„Ja, Hubert; aber die Federn sind wirklich Geld wert", sagte Mr. Hardy. „Ich wäre der Letzte, der das Töten von irgendetwas nur um des Tötens willen befürworten würde; aber einen Strauß tötet man wie ein Tier mit wertvollem Fell. Aber was ist das?"

Während er sprach, blieben die Hunde vor einem Buschstück stehen und bellten laut. Die Retriever und die einheimischen Hunde hielten sich in vorsichtigem Abstand und machten den größten Aufruhr; aber die Doggen näherten sich langsam, mit gesträubtem Fell, und bereiteten sich offenbar auf einen Kampf mit einem furchtbaren Gegner vor. „Es muss ein Löwe sein!" rief Lopez aus. „Macht eure Revolver bereit, sonst könnte er die Hunde verletzen."

Die Warnung kam zu spät. Im nächsten Moment sprang ein Tier aus dem Dickicht und landete direkt vor Prince und Flora. Es hatte möglichst die gleiche Farbe wie die Doggen und war vielleicht kaum so hoch; aber er war ein viel schwereres Tier und hatte einen längeren Rücken. Die Hunde sprangen darauf. Prince, der zuerst war, erhielt einen Schlag mit der Pfote, der ihn niederschlug; aber Flora hatte es gepackt. Prince gesellte sich augenblicklich zu ihr und die drei wälzten sich sofort in einer wirren Masse auf dem Boden hin und her. Mr. Hardy und Lopez sprangen sofort von ihren Pferden und stürmten zur Stelle; und ersterer nutzte seine Gelegenheit, platzierte seine Pistole dicht an das Ohr des Löwen und beendete den Kampf augenblicklich. Das getötete Tier war ein Puma, in Südamerika Löwe genannt; welchem Tier er jedoch in seiner Farbe mehr ähnelt als in anderer Hinsicht. Er hat keine Mähne und ist dem afrikanischen Löwen in seiner Kraft weit unterlegen. Sie greifen selten Männer an; aber wenn sie angegriffen werden, sind es sehr furchtbare Gegner. Der jetzige war, wie Lopez behauptete, ein bemerkenswert großer.

Mr. Hardys erste Aufgabe bestand darin, die Hunde zu untersuchen. Durch den Schlag der Krallen wurde Princes Schulter aufgerissen und beide Hunde wiesen zahlreiche Kratzer auf. Flora hatte ihn glücklicherweise am Hals gepackt und er konnte seine Zähne nicht benutzen.

Mr. Hardy beschloss, sofort nach Hause zurückzukehren, um Prince die Schulter zu verbinden; und der Rest überließ es Lopez, den Puma zu häuten, und machte sich auf den Weg zurück. Als sie ankamen, wurden die Wunden der Hunde sorgfältig gewaschen und ein nasser Verband wurde mit einiger Mühe an Princes Wunde befestigt. Mr. Hardy und die Jungen ließen alle Hunde mit Ausnahme der Retriever zurück und machten sich auf den Weg entlang des Flusses. Sie führten ein Pferd mit sich, um das Wild zurückzubringen, da sie aus früherer Erfahrung gelernt hatten, ein halbes Dutzend zu tragen Enten und Gänse unter der sengenden Sonne zu beobachten, war kein Scherz. Diesmal brauchten sie länger als zuvor, um eine gute Tasche herzustellen; und spätere Erfahrungen lehrten sie, dass es am frühen Morgen oder am späten Abend Zeit sei, zum Bach hinunterzugehen, denn zu dieser Zeit näherten sich ständig Vogelschwärme, und sie konnten sich immer darauf verlassen, dass sie nach einer Stunde Schießerei beladen nach Hause kamen . Bei dieser Gelegenheit erging es ihnen jedoch nicht schlecht, sondern sie kehrten mit einem Schwan, drei Gänsen und zwölf Enten zurück, gerade rechtzeitig, um die Männer bei den Vorbereitungen für das Abendessen vorzufinden.

Am nächsten Morgen wurden die beiden Ochsenkarren mit Hans und Terence nach Rosario geschickt, um die Pfosten für den Zaun zusammen mit zwei weiteren Drahtrollen zu holen, die dort zurückgelassen worden waren, weil in den Karren kein Platz mehr war, als sie herkamen. Charley wurde mitgeschickt, um herauszufinden, ob das Segelschiff mit Pflügen und schwerem Gepäck angekommen war. Während seiner Abwesenheit waren Mr. Hardy und Hubert damit beschäftigt, das Anwesen vollständig zu erkunden und ein Lagerhaus für die Waren zu errichten.

Nach fünf Tagen kehrte Charley mit den Karren, die er mitgenommen hatte, und vier anderen, die er in Rosario gemietet hatte, zurück und brachte das schwere Gepäck mit, das am Tag nach seiner Ankunft dort angekommen war. Die Waren wurden vorerst im neuen Laden untergebracht, und dann machten sich alle Hände an die Arbeit am Zaun. Hans und Terence hatten die Löcher bereits gegraben; und sie brauchten zwei Tage, um die Pfosten aufzustellen, die Erde fest um sie herum zu rammen und die Drähte zu spannen.

Die übliche Verteidigung in den abgelegenen Siedlungen gegen Indianer ist ein sechs Fuß breiter und ebenso tiefer Graben; aber ein Graben dieser Breite kann leicht übersprungen werden, sowohl von Männern zu Pferd als auch zu Fuß. Auch der Graben selbst würde als Unterschlupf dienen, da aktive Männer keine Schwierigkeiten haben könnten, aus ihm herauszukommen, und das Haus umzingeln könnten, indem sie am Boden des Grabens entlang kriechen und dann alle auf einmal offen angreifen oder kriechen könnten unbemerkt von denen, die auf der anderen Seite Wache hielten.

Der Zaun hatte keinen dieser Nachteile. Es war sechs Fuß hoch. Die Drähte wurden in einem Abstand von 15 cm über einen Meter vom Boden entfernt und darüber in einem Abstand von 22 cm angebracht. Dann waren die oberen Drähte nicht ganz so stark gespannt wie die unteren, was das Überklettern extrem erschwerte. Auf diese Weise hätte ein Angreifer keinerlei Schutz und wäre beim Versuch, über den Zaun zu klettern, dem Feuer der im Haus Anwesenden hilflos ausgeliefert. Auch diejenigen, die überkamen, konnten von ihren Kameraden keine Hilfe erhalten, während ihr Rückzug völlig abgeschnitten war.

Das Tor zum Zaun war ein gewöhnliches starkes Eisentor, das Mr. Hardy in Rosario gekauft hatte und an dem starke, sechs Fuß lange, spitze Pfosten nebeneinander befestigt waren, mit Abständen von sechs Zoll dazwischen. Dies war der letzte Schliff für die Festung; und alle hatten das Gefühl, als es geschafft war, dem Angriff eines ganzen Indianerstammes standhalten zu können.

Die Karren wurden erneut nach Rosario geschickt, um noch mehr Holz zurückzubringen, aus dem das Gerüst des Hauses gebaut werden sollte. Hubert begleitete sie dieses Mal, da Mr. Hardy den Jungen möglichst viel Selbstständigkeit ermöglichen wollte. Außerdem sollte er drei Peons, also einheimische Arbeiter, einstellen. Bevor er begann, wurde der Plan des zukünftigen Hauses besprochen und vereinbart. In der Mitte sollte das allgemeine Wohnzimmer mit einer Fläche von fünfzehn Fuß im Quadrat liegen; Auf der einen Seite befand sich die Küche, fünfzehn mal zehneinhalb; auf der anderen Seite das gleich große Schlafzimmer der Bediensteten; Dahinter befanden sich drei Schlafzimmer, jedes zwölf mal fünf Fuß groß, die alle vom Wohnzimmer aus zugänglich waren. Das Haus sollte daher einen Block von sechsunddreißig mal dreißig Fuß bilden.

An der Seite neben der Küche und von ihr ausgehend sollte ein kleiner quadratischer Turm mit zwei Stockwerken stehen. Es sollte zehn Fuß im Quadrat groß sein; Der untere Raum sollte als Wasch- und Spülraum dienen und der darüber liegende Raum, zu dem man über gerade Holzstufen gelangt, sollte das Lagerhaus sein. Das Dach sollte flach sein und eine drei Fuß hohe Brüstung haben. Von hier aus hatte man kilometerweit eine klare Sicht über das Land, und der gesamte Umfang des Zauns war im Falle eines Angriffs bewacht. Die Wände des Hauses sollten aus Lehm oder Lehm sein, die inneren Trennwände aus sonnengebrannten Ziegeln.

KAPITEL V

DAS HAUS DES SIEDLERS.

Kurz bevor er das Haus betrat, hörte Mr. Hardy, dass auf einer Estancia etwa zwanzig Meilen westlich von Rosario infolge des Todes ihres Besitzers Lagerbestände verkauft werden sollten. Deshalb nahm er Lopez und die neu eingestellten Knechte und machte sich auf den Weg. Er würde wahrscheinlich fünf Tage weg sein. Die Jungen sollten in seiner Abwesenheit die Arbeit erledigen, die sie für die beste hielten. Sie beschlossen, mit der Ziegelherstellung zu beginnen. Glücklicherweise war Hans mit der Arbeit vertraut und wusste, wie die Einheimischen des Landes vorgingen; Der Amerikaner Seth wusste nichts davon, war aber immer bereit, alles zu tun. Zuerst wurde ein Stück Boden vom Gras befreit und für die Aufnahme der Ziegel nach der Herstellung eingeebnet; Dann wurden einige Bretter zusammengeschlagen, um einen groben Tisch zu bilden. Es wurden zwei Ziegelformen hergestellt, die größer waren als die in England verwendeten. In der Nähe wurde ein Grundstück ausgewählt. Der Rasen wurde abgetragen, die Erde umgegraben, und die Peonen trieben die Ochsen immer wieder darauf herum, zertraten ihn in einen dicken Schlamm und gossen bei Bedarf etwas Wasser hinein.

Als es ausreichend zertrampelt war, trug Terence es in einen Trog und schüttete es auf den Tisch daneben, wo Hans und Seth es in den Formen formten und die Ziegel auf ein Brett von einem Fuß Breite und sechs Fuß Länge drehten. Als dieser voll war, nahmen die Jungen jeweils ein Ende und trugen es auf den vorbereiteten Boden, wo sie vorsichtig die Ziegel mit zwei kleinen Holzplatten herausnahmen, sie zum Trocknen auf den Boden legten und mit dem leeren Brett zurückkamen, um ein anderes zu finden einer wurde für sie gefüllt. Es war harte Arbeit für alle, und von elf bis drei Uhr war die Hitze zu groß, als dass sie daran arbeiten konnten; aber sie begannen bei Tageslicht, machten während der Hitze des Tages ein Nickerchen und waren bereit, weiterzuarbeiten, solange es hell war.

Die Ziegel sollten natürlich von der Sonne getrocknet werden, da der Brennstoff zu knapp war, als dass sie daran gedacht hätten, sie zu verbrennen; Dies war jedoch von geringer Bedeutung, insbesondere da sie für den Innenbereich bestimmt waren und die Sonnenwärme völlig ausreichte, um sehr schöne Ziegel ohne den Einsatz von Feuer herzustellen.

Am Nachmittag des fünften Tages hatten sie eine Menge Ziegel hergestellt, die ihrer Schätzung nach für den Bau der Trennwände ihres Hauses ausreichen würde.

Die Jungen hatten gerade den letzten Ziegelstein auf den trocknenden Boden gelegt und gingen weg, als Hubert rief: „Halt, Charley, geh keinen Schritt."

Erschrocken über die Plötzlichkeit und Schärfe des Schreis stand Charley regungslos da und war überrascht, als er sah, wie sein Bruder mit beiden Händen einen der nassen Ziegel aufhob und ihn direkt vor der Stelle, an der sie gingen, auf den Boden schleuderte.

„Ich habe ihn getötet!" Hubert weinte triumphierend; Und als Charley nach unten blickte, sah er eine Schlange von etwa einem Meter Länge, die sich im Gras wand und deren Kopf unter der Kraft des nassen Lehmklumpens vollständig in den Boden getrieben wurde. Zwei oder drei Stempelstöße ihrer schweren Stiefel vollendeten die Arbeit. Und die Männer, die herbeikamen, um zu sehen, was los sei, sagten Hans, dass Charley, der das Reptil sofort betreten hätte, wenn sein Bruder nicht gerufen hätte, nur knapp entkommen wäre, denn die Schlange sei die Vivora *de la crux* , so genannt nach einem kreuzähnlichen Mal auf seinem Kopf, und dass sein Biss fast immer tödlich war.

Es war eine hübsche Schlange mit roten, weißen und schwarzen Streifen auf ihrem Körper. Charley wurde ganz blass bei dem Gedanken an die knappe Flucht, die ihm gelungen war, und drückte seinem Bruder sehr fest die Hand; während Hubert bei dem Gedanken daran, was hätte passieren können, beinahe zum Weinen geneigt wäre.

Die Sonne ging gerade unter, als sie in der Ferne eine Ansammlung von Objekten sahen; und die Jungen sattelten sofort ihre Pferde und ritten los, um ihren Vater zu treffen und ihm beim Treiben der Tiere behilflich zu sein. Als sie ihn erreichten, stellten sie fest, dass er tausend Schafe, fünfzig Rinder und zwanzig Pferde gekauft hatte; Drei der letzteren waren bemerkenswert gut erzogen und schnell und wurden speziell für den eigenen Reitsport gekauft. Bei ihrer Ankunft im Haus wurden die Schafe in das Gehege gebracht, die Pferde wurden aufgepfercht und das Vieh konnte nach Belieben umherlaufen, da man es nicht für wahrscheinlich hielt, dass sie versuchen würden, in ihre entfernten Häuser zurückzukehren, insbesondere nach zwei Tagen ' ermüdender Marsch.

Herr Hardy freute sich sehr über den Anblick der langen Ziegelreihen, die vor dem Haus lagen, und lobte alle für die umfangreiche Arbeit, die während seiner wenigen Tage Abwesenheit geleistet worden war. Am nächsten Morgen teilte er jedem seinen Anteil an der künftigen Arbeit zu. Lopez und einer der Knechte gingen mit den Pferden, Rindern und Schafen hinaus. Nach einiger Zeit wäre es nicht mehr notwendig, zwei Männer für diese Arbeit einzusetzen, da die Rinder und Pferde, sobald sie sich an ihr neues Zuhause gewöhnt hatten, nie mehr weit wandern würden. Charley, Hubert und Terence sollten drei Ochsengespanne und die drei Pflüge nehmen und damit beginnen, das Land für die Bewirtschaftung in Besitz zu nehmen; Der als Anfang gewählte Boden lag unterhalb des Hauses in der Nähe des Flusses. Mr. Hardy, Hans und die beiden Landsleute sollten im Haus arbeiten, und Seth sollte den Brunnen fertigstellen, der zwar begonnen, aber wegen dringenderer Arbeiten gestoppt worden war, und das benötigte Wasser war aus dem Haus geholt worden Strom in einem Fass, das in einem Ochsenkarren platziert ist. Die Art und Weise, wie Lehm- oder Lehmhäuser gebaut werden, ist wie folgt: Der Lehm wird wie für die Ziegelherstellung vorbereitet; aber anstatt zu Ziegeln verarbeitet zu werden, wird es sofort zur Wand verarbeitet. Nachdem das Fundament ausgegraben und geebnet wurde, werden zwei Bretter im Abstand von achtzehn Zoll oder zwei Fuß auf die Kante gelegt. Diese werden durch zwei darüber genagelte Holzstücke an ihrem Platz gehalten. Der Raum zwischen diesen Brettern ist mit Schlamm gefüllt, in den gehacktes Heu und Binsen gemischt wurden, um ihn zusammenzuhalten. Die Bretter bleiben ein bis zwei Tage stehen, während die Bauarbeiter mit dem anderen Teil der Mauer fortfahren. Dann werden sie abgenommen, und die Hitze der Sonne trocknet die Wand bald zu einer Masse aus, die fast so hart ist wie ein Ziegelstein. Anschließend werden die Bretter weiter oben aufgesetzt und der Vorgang wiederholt, bis die Wände die gewünschte Höhe erreicht haben.

Innerhalb von vierzehn Tagen waren die Mauern fertig und die Ochsenkarren wurden nach Rosario geschickt, um Kalk zu holen, da Herr Hardy beschlossen hatte, die Innenwände zu verputzen, um den Staub fernzuhalten, der sich sonst ständig von den Lehmwänden löst. Zu diesem Zeitpunkt war ein beträchtlicher Teil des Landes umgepflügt und nun mit Mais, Yams- oder Süßkartoffeln und Kürbissen bepflanzt; ein kleiner Teil wurde versuchsweise auch mit Kartoffelsamen bepflanzt, aber das Klima ist fast zu warm damit die Kartoffel gedeiht.

Nach der Rückkehr der Karren mit dem Kalk wurden die Trennwände aus Ziegeln errichtet. Die Wände waren fertig, alle Hände machten sich an die Arbeit am Dach. Diesen hatte Mr. Hardy regelmäßig mit Stroh decken lassen wollen; aber bei seinem letzten Besuch in Rosario hatte er gehört, dass die Indianer bei ihren Angriffen häufig versuchten, die Dächer in Brand zu setzen, und beschloss daher, Ziegel zu verwenden. Die Karren mussten zwei Fahrten nach Rosario machen, um ausreichend Ziegel und Latten zu bekommen. Aber endlich war alles fertig; die Wände waren innen verputzt und außen weiß getüncht; Der Boden wurde geebnet, fest gestampft und mit einer Mischung aus Lehm und Kalk bedeckt, die zu einem festen, ebenen Boden aushärtete.

Genau zwei Monate nach ihrer Ankunft auf der Farm wurden die Türen aufgehängt und dem Haus der letzte Schliff verliehen, und alle freuten sich sehr, als sie dreimal für ihre neue Bleibe jubelten. Der Turm, da waren sich alle einig, sei eine Besonderheit. Es war bis zur Höhe der anderen Wände aus Lehm gebaut, aber das Obergeschoss war aus zwei dicken Ziegeln gebaut und mit Mörtel verlegt worden. Die Spitze war umkämpft; und die Jungen lachten und sagten, das Haus sehe genauso aus wie eine kleine Kapelle der Andersdenkenden zu Hause.

Es war ein freudiger Tag, als im Küchenkamin, der ebenso wie im Wohnzimmer mit Ziegeln ausgekleidet war, zum ersten Mal ein Feuer angezündet wurde; und die ganze Gesellschaft setzte sich zu einem Abendessen mit Hammelfleisch und Wildgeflügel in drei oder vier Sorten zusammen.

Am selben Abend teilte Mr. Hardy den Jungen mit, dass er am nächsten Tag damit beginnen sollte, ihre Mutter und die Mädchen großzuziehen, die alle schon ungeduldig darauf warteten, draußen in der Pampa zu sein. Er erklärte ihnen, dass er eiserne Bettgestelle mit Bettzeug anbringen sollte, dass er sich jedoch darauf verlassen würde, dass sie ihren Bestand an Tischen und Bänken vergrößern und Regale aufstellen würden, was genügen würde, bis normale Schränke und Wandschränke hergestellt werden könnten. Mr. Hardy meinte, dass er nicht länger als eine Woche weg sein sollte, da er am nächsten Tag durch eine lange Fahrt nach Rosario das Boot erreichen würde, das am nächsten Morgen nach Buenos Ayres abfuhr; und da er Herrn Thompson bereits geschrieben hatte, wann er voraussichtlich eintreffen würde, würde keine Zeit verloren gehen. Am nächsten Morgen machte er sich noch vor Tagesanbruch auf den Weg. Die letzten Worte der Jungen lauteten: „Sei sicher, Papa, bring die Moskitovorhänge für uns alle mit; es wird immer schlimmer. Wir haben die ganze letzte Nacht kaum ein Auge geschlossen."

Obwohl das Wetter jetzt heiß war, arbeiteten die Jungen die nächste Woche ununterbrochen an ihren Tischlerarbeiten und hatten am Ende die Genugtuung, im Wohnzimmer einen großen Tisch zum Essen und einen kleinen Tisch als Anrichte zu sehen. zwei lange Bänke und zwei kurze. Im Zimmer ihrer Mutter und ihrer Schwestern gab es einen Tisch und zwei Bänke sowie einen Tisch und eine lange Klappe, die als Kommode in der Küche diente. Außerdem hatten sie in jedem Schlafzimmer zwei lange Regale angebracht und an den Türen einige Nägel für Kleider. Am Ende der Woche waren sie sehr müde, blickten sich aber zufrieden um, denn sie wussten, dass sie ihr Bestes gegeben hatten. Am nächsten Morgen sollten sie nach Rosario fahren, um die Gruppe zu treffen. Die Karren waren an diesem Tag unter der Obhut von Terence losgefahren.

Es war tatsächlich eine freudige Begegnung, als Mr. und Mrs. Hardy und die Mädchen den Dampfer verließen; aber die erste Umarmung war kaum vorüber, als die Jungen gleichzeitig ausriefen: „Warum, Mädchen, was ist mit euren Gesichtern los? Ich hätte euch nicht kennen sollen."

„Oh, es sind diese schrecklichen Mücken. Letzte Nacht waren Millionen an Bord des Dampfers. Ich dachte wirklich, wir hätten aufgefressen werden sollen. Hast du nicht, Mama?"

„Nun, meine Liebe, ich dachte, dass sie vielleicht etwas von uns bis zum Morgen zurücklassen würden, aber ich fühlte mich fast geneigt, verrückt zu werden und über Bord zu springen. Es war eine schreckliche Nacht. Ich hoffe, dass es ihnen hier nicht so schlecht geht, Frank."

„Nein, Clara, sie sind nicht annähernd so schlimm wie letzte Nacht; aber da wir so nah am Fluss sind, werden sie zweifellos lästig sein, und ich frage mich, ob die Betten im Hotel Moskitovorhänge haben." ; aber wenn Sie meinen Rat befolgen und alle mit dem Laken über dem Kopf schlafen, wird es Ihnen ganz gut gelingen. Es ist besser, heiß zu sein, als am ganzen Körper gebissen zu werden."

Trotz der praktischen Hilfe der Laken verbrachte die ganze Gesellschaft eine schlechte Nacht und war bereit, noch vor Tagesanbruch aufzustehen, um zu ihrer Fahrt zu Mr. Percys Estancia aufzubrechen. Sie sollten alle mitfahren, mit Ausnahme von Sarah, die ihren Platz in einem der Ochsenkarren einnahm; und so würden sie die Estancia erreichen, bevor die Hitze des Tages richtig einsetzte. Nachdem Terenz erfahren hatte, dass Sarah reiten würde, hatte er einige Zweige geschnitten, mit denen er eine Art Laube über dem Karren baute, um sie vor der Sonne zu schützen – eine allgemeine Methode des Landes, über die Sarah sehr erfreut war. Der Gedanke, ohne ihre Herrin auszukommen, hatte sie zunächst ziemlich beunruhigt ; Aber Terence versicherte ihr: „Sicher, Miss, und ich selbst , Terence Kelly, werde für Sie sorgen; und Ihrem hübschen Gesicht wird überhaupt keine Gefahr in die Nähe kommen; Sie werden genauso sicher sein, als ob Sie es wären." im alten Land. Und was die Bastes betrifft, klar, und es sind die stillsten Bastes, die es gibt, und seit dem Tag ihrer Geburt haben sie nie daran gedacht, wegzulaufen."

Also nahm Sarah ohne Unbehagen ihren Platz ein, und die anderen begannen im Handgalopp auf Mr. Percys Estancia zuzugehen.

Während ihres Aufenthalts bei Mr. Thompson waren sowohl Mrs. Hardy als auch die Mädchen jeden Tag regelmäßig geritten, so dass sich alle auf ihren Pferden ganz wohl fühlten und ununterbrochen über alles reden konnten, was seit ihrem Abschied passiert war. Die einzige Warnung, die Mr. Hardy mit einem Seitenblick auf Charley aussprechen musste, war: „Achten Sie auf Gürteltierlöcher; denn ich habe Kerle erlebt, die wunderbar darin waren, auf ihren Pferden zu bleiben, und daran scheiterten."

Worüber Hubert lachte; und Charley sagte: „Oh, Papa!" und errötete und lachte, wie es seine Art war, wenn sein Vater ihn über seine kleinen Schwächen scherzte.

Sie hatten noch nicht mehr als die Hälfte der Strecke zurückgelegt, als sie Mr. Percy trafen, der bis hierher geritten war, um seine Gäste zu begrüßen, denn englische Damen sind in der Pampa sehr selten und werden entsprechend geehrt. Eine der ersten Fragen, die die Mädchen nach der ersten Begrüßung stellten, war: „Haben Sie viele Mücken auf Ihrer Estancia, Mr. Percy?"

„Nicht viele", sagte Mr. Percy; „Ich habe keinen Bach in der Nähe, und nur in der Nähe von Wasser sind sie so schlimm."

Nachdem sie während der Hitze des Tages bei Mr. Percy gewartet hatten, ritten die Jungen nach Hause, da Mr. Percy sechs Gäste insgesamt nicht mehr aufnehmen konnte.

Am nächsten Morgen standen die Jungen lange vor Tagesanbruch auf und gingen zum Bach hinunter, wo es ihnen bei Tagesanbruch gelang, einen Schwan und fünf Wildenten zu erschießen, mit denen sie zum Haus zurückkehrten. Dann fegten sie den Platz mit größter Sorgfalt, breiteten den Tisch aus, stellten die Bänke auf, richteten alles auf das Beste ein und widmeten dann ihre ganze Energie der Zubereitung eines sehr ausgezeichneten Frühstücks, auf das die Reisenden sicher vorbereitet sein würden ihre Ankunft. Dies war gerade fertig, als sie vom Aussichtspunkt auf dem Turm aus die Gruppe kommen sahen. Das Frühstück war zu wichtig, um es stehen zu lassen, und deshalb konnten sie nicht hinausreiten, um sich mit ihnen zu treffen. Sie waren jedoch am Tor, als sie hinauffritten.

„Hurra, hurra!" schrien sie, und die Mädchen jubelten im Gegenzug.

Die Männer rannten herbei, um die Pferde zu holen, und eine Minute später war die ganze Gruppe in ihrem neuen Zuhause. Die Mädchen rannten wild vor Freude umher, stiegen zum Aussichtspunkt, klatschten beim Anblick der Schafe und Rinder in die Hände und ließen sich kaum dazu bewegen, ihre Sachen auszuziehen und sich zum Frühstück zu setzen.

Mrs. Hardy lobte alles weniger laut, war aber sehr zufrieden mit ihrem neuen Zuhause, das viel fertiger und komfortabler war, als sie erwartet hatte.

„Das macht Spaß, Mama, nicht wahr?" Sagte Maud. „Es ist wie ein Picknick. Wie werden wir es genießen! Können wir uns gleich nach dem Frühstück auf den Weg machen und uns waschen?"

„Sicherlich, Maud. Sarah wird erst in zwei Stunden hier sein, und es ist gut, dass du sofort damit beginnst, dich nützlich zu machen. Wir müssen auch alle unseren Mut haben. Sehen Sie, wie gut die Jungs gekocht haben Das Frühstück. Diese Schnapphuhn-Enten sind ausgezeichnet, und die

Hammelkoteletts sind auf den Kopf gestellt. Sie werden uns sehr auslachen, wenn wir, die bekennenden Köche, es nicht mindestens genauso gut machen.“

„Ah, aber sieh dir die Übung an, die sie gemacht haben, Mama.“

„Ja, Maud“, sagte Hubert; „Und ich kann Ihnen sagen, es sind nur zwei oder drei Dinge, die wir gut machen können. So zubereitete Enten und Gänse sowie Koteletts und Steaks sind ungefähr die Grenzen. Wenn wir etwas anderes versuchten, haben wir eine schreckliche Sauerei daraus gemacht: als.“ Zu den Puddings haben wir sie nie probiert; und wir werden uns über etwas Brot sehr freuen, denn wir haben diese flachen, schlaffen Kuchen von ganzem Herzen satt.

„Warum hast du diese hohe Mittelwand nur auf halber Höhe weiß getüncht, Frank?“

„Erstens, mein Lieber, ist uns die Tünche nicht gelungen, und als nächstes machen wir uns sofort an die Arbeit, ein paar leichte Sparren quer zu legen, darunter Filz zu nageln und es so zu tünchen B. um eine Decke zu machen. Dadurch sehen die Räume weniger kahl aus und, was noch wichtiger ist, sie werden viel kühler.“

„Du bekommst Milch, hoffe ich?“

„Ja“, sagte Charley; „Zwei der Kühe der letzten Partie, die Papa gekauft hat, sind es gewohnt, gemolken zu werden, und Hubert und ich haben es bis jetzt getan; aber wir werden sie euch übergeben, und ihr Mädchen werdet es lernen müssen.“

Maud und Ethel sahen einander triumphierend an. „Vielleicht wissen wir mehr als Sie denken“, sagte Ethel.

„Ja“, sagte Mrs. Hardy; „Die Mädchen werden zwei sehr nützliche kleine Frauen sein. Ich werde euch ein Geheimnis verraten. Während ihr Jungs morgens bei der Arbeit wart, gingen die Mädchen, wie ihr wisst, oft zu Mr. Williams, dem Bauern, um etwas zu lernen so viel sie konnten über Geflügel, von dem er sehr viele hielt. Mrs. Williams sah, wie sehr sie darauf bedacht waren, nützlich zu sein, und bot ihnen daher an, ihnen das Melken beizubringen, eine Molkerei zu leiten und Butter und Käse herzustellen. Und sie arbeiteten regelmäßig, bis Mrs. Williams mir erzählte, dass sie glaubte, sie könnten genauso gut Butter herstellen wie sie. Es war ein großes Geheimnis, denn die Mädchen wollten nicht, dass nicht einmal ihr Papa davon erfuhr, damit es eine Überraschung wäre .“

„Sehr gut gemacht, kleine Mädchen“, sagte Mr. Hardy; „Es ist in der Tat eine Überraschung, und zwar eine höchst erfreuliche. Mama hat Ihr Geheimnis streng geheim gehalten und mir nie auch nur ein Wort darüber zugeflüstert.“

Auch die Jungen waren hocherfreut, denn sie hatten seit ihrer Ankunft keine Butter mehr geschmeckt und versprachen bereitwillig, mit der geringstmöglichen Verzögerung ein grobes Butterbutter zuzubereiten.

Um zehn Uhr trafen die Karren mit Sarah und dem Gepäck ein, und dann ging es für den Nachmittag an die Arbeit: die Bettgestelle aufstellen und alles in Ordnung bringen. Die Moskitovorhänge waren an den Betten angebracht, und alle freuten sich über den Gedanken, dass sie den kleinen Blutsaugern zum Trotz zum Trotz bereiten konnten. Der nächste Tag war Sonntag, an dem wie üblich keine Arbeit verrichtet werden sollte. Nach dem Frühstück wurden die Bänke aus den Schlafzimmern geholt, und die versammelten Männer lasen Gebete vor, in denen er ein besonderes Gebet für den Segen und Schutz Gottes für ihren Haushalt sprach. Danach wurden Frau Hardy und die Mädchen durch das Anwesen geführt und ihnen wurden das Lagerhaus, das Männerzelt, der Fluss und das neu bepflanzte Feld gezeigt.

„Der Boden brennt sehr stark ab, Papa“, sagte Charley. „Es war feucht genug, als wir die Feldfrüchte eingebracht haben, und sie gedeihen prächtig; aber ich fürchte, dass sie zu spät gesät wurden und verbrennen werden.“

„Ah, aber ich habe einen Plan, um das zu verhindern“, sagte Mr. Hardy. „Sehen Sie, ob Sie denken können, was es ist.“

Keiner der Jungen konnte es sich vorstellen.

„Als ich Ihnen den Ort zum ersten Mal beschrieb, sagte ich Ihnen, dass es einen Hauptfluss gibt, in den ein kleinerer Fluss mündet, und dass ich denke, dass letzterer sehr nützlich sein würde. Ich habe den Boden sehr sorgfältig untersucht und das gefunden Der kleine Bach fließt über eine gewisse Strecke zwischen zwei leichten Wellen, die knapp unterhalb des Hauses scharf aufeinander zulaufen. Jetzt finde ich, dass ein Damm von nicht mehr als fünfzig Fuß Breite und acht Fuß Höhe eine Art See von einem Viertel ergibt Eine Meile lang und durchschnittlich fünfzig Meter breit. Von hier aus fließt das Wasser über die gesamte Ebene am Fluss vor dem Haus und nach links weg, und wir werden in der Lage sein, mindestens drei- bis vierhundert Acres Land zu bewässern . Auf diesen werden wir in der Lage sein, vier bis fünf Feldfrüchte pro Jahr anzubauen, und insbesondere eine Feldfrucht, die Luzerne, eine Art Luzerne zur Mast des Viehs in Zeiten der Dürre, wenn das Gras ganz verdorrt ist. Damals Vieh normalerweise nur fünfzehn Dollar wert, kann, wenn es fett ist, für fünfundvierzig oder fünfzig Dollar verkauft werden. Ihr seht also , Jungs, vor uns liegt eine großartige Aussicht.“

Die Jungen waren begeistert von dem Plan, und die Gruppe machte sich sofort auf den Weg, um die Stelle zu inspizieren, die Mr. Hardy für den Damm vorgesehen hatte. Es wurde vereinbart, dass damit am nächsten Tag begonnen werden sollte; und Mr. Hardy sagte, dass er keinen Zweifel daran habe, dass das Wasser daran hindern würde, durchzudringen, wenn die Erde im nassen Zustand richtig mit Pfützen bedeckt oder gestampft sei.

Am Nachmittag machten Mrs. Hardy, Maud und Ethel einen Ausritt um das Anwesen und hatten das Glück, zur großen Freude der Mädchen einige Strauße zu sehen.

Beim Tee sagte Herr Hardy: „Es gibt einen sehr wichtigen Punkt im Zusammenhang mit unserem Ort, der bisher aus unerklärlichen Gründen vernachlässigt wurde. Weiß jemand von Ihnen, was das ist?"

Die Jungen und ihre Schwestern sahen einander voller Verwirrung an und versuchten vergeblich, an eine wichtige Auslassung zu denken.

„Ich meine", sagte ihr Vater schließlich, „der Ort hat keinen Namen. Ich schlage vor, dass wir uns sofort auf einen festlegen. Er ist im Regierungsplan nur als Grundstück 473 gekennzeichnet. Welchen Namen soll er nun haben?"

Es wurden unzählige Vorschläge gemacht, aber keiner fand allgemeine Zustimmung. Schließlich sagte Mrs. Hardy: „Ich habe in England von einem Ort namens Mount Pleasant gehört, obwohl ich gestehen muss, dass ich nicht weiß, wo er ist. Was sagen Sie nun zum Mount Pleasant? Es ist ein Berg, und wir meinen es ernst." ein sehr angenehmer Ort zu sein, bevor wir damit fertig sind.

Die Zustimmung zu dem Vorschlag war allgemein, und unter großem Applaus wurde beschlossen, dass das Haus und das Anwesen künftig den Namen „Mount Pleasant" tragen sollten.

Am Morgen arbeiteten die Jungen an zwei Schubkarren, für die Mr. Hardy Räder und Eisenwaren mitgebracht hatte; und Mr. Hardy und die Männer gingen zum Bach hinunter und begannen, den Rasen abzureißen und einen 25 Fuß breiten Streifen Land entlang der Linie auszuheben, an der der Damm entstehen sollte. Die Erde wurde dann nass und bildete Pfützen. Als die Schubkarren fertig waren , wurden sie in Betrieb genommen; und in zehn Tagen wurde ein Damm errichtet, der acht Fuß hoch, oben drei Fuß breit und unten fünfundzwanzig Fuß breit war. In der Mitte blieb ein Raum von zwei Fuß Breite frei, durch den derzeit der kleine Bach floss. Zwei Pfosten mit Rillen darin wurden eingetrieben, einer auf jeder Seite davon; und so wurde die Arbeit einige Tage lang aufgeschoben, damit die Sonne die Oberfläche ausbacken konnte, während die Männer einen Graben gruben, damit das Wasser zur Bewässerung auf den Boden fließen konnte.

Am Eingang wurde eine kleine Schleuse angebracht, um die Wassermenge zu regulieren, die fließen durfte, und alles war nun bereit, die letzte Arbeit zum Schließen des Damms abzuschließen. Zuerst wurde eine Menge Erde gesammelt , zu Pfützen geformt und oben auf dem Damm und auf den Böschungen an seiner Seite aufgetürmt, um sie griffbereit zu haben, und Mrs. Hardy und die Mädchen kamen herunter, um den Vorgang zu beobachten.

Zuerst wurden mehrere Bretter von zwei Fuß Länge, die passend zu den Rillen zugeschnitten waren, hineingeschoben und bildeten eine feste Mauer. Dann wurde auf der Oberseite dieser Bretter die Pfützenerde ins Wasser geworfen, während Terenz unten im Wasser stand Bach und hämmert mit einem Stampfer die Erde nieder. Der Erfolg war vollkommen: In ein paar Stunden war die Lücke im Damm gefüllt, und sie hatten die Genugtuung, zu sehen, wie der kleine Bach über die Ufer trat und sich nach oben ausdehnte, ohne dass ein Tropfen Wasser durch den Damm entwich Alter Kanal.

Während diese Arbeiten im Gange waren, waren die Jungen im Haus beschäftigt. Zuerst musste ein Butterfass gebaut werden, dann einige große Schränke und noch ein paar Regale aufgestellt werden, und die Ochsenkarren mussten nach Rosario geschickt werden, um frischen Nachschub an Brettern zu holen. Dies beschäftigte sie bis zur Fertigstellung des Damms. Die Mädchen hatten ihr erstes Butterexperiment ausprobiert und das Ergebnis war äußerst zufriedenstellend. Auch die Abendessen stellten eine enorme Verbesserung gegenüber dem alten Zustand dar.

Kurz nachdem der Damm fertiggestellt war, äußerte Hans, der schon zu lange unterwegs gewesen war, um sich niederzulassen, seinen Wunsch zu gehen; und da Mr. Hardy beschlossen hatte, seine Niederlassung zu verkleinern – da es nun, da die schwere Arbeit vorüber war, nicht mehr notwendig war, so viele Hände zu behalten –, erhob er keinen Einwand gegen sein Verlassen ohne die Ankündigung, zu der er sich bereit erklärt hatte. Die Löhne waren hoch, und Mr. Hardy wollte sein verbleibendes Kapital behalten, für den Fall, dass seine Schafe und Rinder von den Indianern vertrieben würden. Einer der Peons wurde ebenfalls entlassen, und es blieben nur Lopez, Seth, Terence und zwei Peons übrig.

KAPITEL VI.

EINE GESCHICHTE DES MEXIKANISCHEN KRIEGES.

Mr. Hardy war ziemlich überrascht darüber, dass Seth Harper, der Yankee, so lange in seinen Diensten geblieben war, da der Mann bei seiner ersten Verlobung deutlich erklärt hatte, dass er es wahrscheinlich für wahrscheinlich hielt, dass er sich, wie er es ausdrückte, nicht darauf festlegen sollte Viele Wochen blieb er jedoch dort und hatte offensichtlich Gefallen an den Jungen gefunden; und noch mehr interessierte er sich für die Mädchen, deren Reden und Verhalten für ihn nach so vielen Jahren der Wanderung als einsamer Mann seltsam und sehr angenehm gewesen sein müssen. Er war im Allgemeinen ein Mann der wenigen Worte, der Zeichen benutzte, wo Zeichen ausreichten, und seine Antworten, wenn er etwas sagen musste, so kurz wie möglich hielt. Diese Angewohnheit der Schweigsamkeit hat er sich zweifellos durch ein langes Leben angeeignet, das er allein oder inmitten von Gefahren verbrachte, bei denen ein unnötiger Laut ihn das Leben hätte kosten können. Den jungen Leuten gegenüber würde er jedoch von seinem gewohnten Schweigegebot abrücken. Eines Abends, wenn die Arbeit beendet war, gingen sie zu der Bank, die er vor seiner Hütte aufgestellt hatte, und baten ihn, ihnen Geschichten über seine Indianererlebnisse zu erzählen. Bei einer dieser Gelegenheiten sagte Charley zu ihm: „Aber welche von all den Beinahe-Fluchtversuchen, die Sie je hatten, war die gefährlichste?

Seth dachte eine Zeit lang schweigend nach, drehte seinen Tabakpfropfen im Mund, spuckte zwei- oder dreimal aus, wie es seine Gewohnheit war, wenn er nachdachte, und sagte dann: „Das ist keine ganz einfache Frage. Ich war so nah dran." hat so viele Male ausgelöscht, dass es gar nicht so einfach ist, zu sagen, wer am nächsten dran war. Wenn ich darüber nachdenke, komme ich manchmal zu dem Schluss, dass ein Versuch am nächsten war, manchmal ein anderer; das ist gar nicht so einfach Sagen Sie jetzt. Aber ich glaube, dass ich damals noch nie so sehr das Gefühl hatte, dass die Zeit für Seth Harpers Untergang gekommen sei, wie bei einer Affäre in der Nähe von San Louis.

„Und wie war das, Seth? Erzähl uns davon", sagte Maud.

„Das ist eine ziemlich lange Geschichte", sagte der Yankee.

„Umso besser, Seth", sagte Charley; „Zumindest umso besser für uns, wenn es Ihnen nichts ausmacht, es zu erzählen."

„Nein, es macht mir nichts aus, nein wie", antwortete Seth. „Ich werde einfach darüber nachdenken und sehen, wo ich anfangen soll."

Es herrschte ein paar Minuten lang Stille, und die jungen Hardys fanden es bequem, lange zu sitzen, und dann begann Seth Harper mit seiner Geschichte.

„Besser als vor fünf Jahren, im Jahr 1947, habe ich in Mexiko gekämpft. Wir hatten nicht viele regelmäßige Auf- und Ab-Kämpfe, obwohl wir auch einige harte Kämpfe hatten , aber es gab Scharmützel hier, Scharmützel dort, ein Auge behalten." immer offen, denn Mann, Frau und Kind hassten uns wie die Pionisten , und es war wenig Gnade, die ein Nachzügler erwarten konnte, wenn er von seinen Freunden erwischt wurde. Ihre Partisanenhäuptlinge , halb Soldat, halb Räuber, fügten uns mehr Schaden zu als die Stammgäste, und zwischen ihnen und uns wurde nie um Gnade gebeten oder um Gnade gebeten. Ich und Rube Pearson arbeiteten größtenteils zusammen. Wir hatten die Indianer jahrelang Seite an Seite in den Prärien „ausgerüstet", und als Onkel Sam wollte, dass Männer das lecken Als Mexikaner kamen wir zu dem Schluss, gemeinsam hineinzugehen. Wir wurden als Kundschafter in die „Rangers" aufgenommen, das heißt, wir einigten uns darauf, so viel zu kämpfen, wie wir kämpfen wollten, und als Kundschafter an der Spitze weiterzumachen, was wir auch wollten Manch ein kleiner Kampf auf eigene Faust; aber wir trugen keine Uniform und machten auch keinen Drill, was von uns nicht erwartet werden konnte. Als Stammsoldaten hätten wir keine schlechten Dienste leisten dürfen, und jeder wusste, dass es in der Armee keine besseren Späher gab als Rube Pearson und Seth Harper. Herrgott, was für ein Kumpel Rube war, gewiss! Ich bin kein Huhn", und der Yankee blickte auf seine eigenen knochigen Gliedmaßen herab, „aber ich war ein Baby an der Seite von Rube." Er war 1,80 m groß und so breit, dass er klein aussah, es sei denn, man sah ihn neben einem anderen Mann. Ich glaube wirklich, dass Rube Pearson der stärkste Mann der Welt war. „Ich habe gehört", fuhr Seth nachdenklich fort, „von einem Kerl namens Samson: Die Leute sagen, er sei ein starker Kerl gewesen." Ich bin nie jemandem begegnet , der ihn richtig kennengelernt hat, aber viele haben von ihm sprechen hören. Ich hätte ihn und Rube gerne in den Fängen gesehen. Ich gehe davon aus, dass Rube ihn in Erstaunen versetzt hätte , Rube kam aus Missouri – die meisten von ihnen sind sehr große Kerle. Ich sollte mich nicht wundern, wenn Simson das getan hat, obwohl ich es nie mit Sicherheit gehört habe.

Den jungen Hardys fiel es schwer, sich ein lautes Lachen über Seths Idee zum Thema Simson zu verkneifen. Charley brachte sich jedoch mit großer Mühe zu der Aussage zusammen: „Samson ist vor vielen Jahren gestorben, Seth. Seine Geschichte steht in der Bibel."

"Ist es trotzdem?" Sagte Seth sehr interessiert. „Nun, was hat er getan?"

„Er hat die Tore von Gaza auf seinem Rücken weggetragen, Seth."

Seth blieb einige Zeit nachdenklich. „Es hängt alles davon ab, wie groß die Tore waren", sagte er schließlich. „Das Tor da unten ist ziemlich schwer , aber Rube Pearson hätte zwei solcher Personen wegtragen können, und ich saß oben drauf. Was hat er sonst noch getan?"

„Er wurde in neue Fesseln gefesselt und er hat sie zerrissen, Seth.“

Seth schien dem keine große Bedeutung beizumessen und fragte: „Hat er sonst noch etwas getan?“

„Er hat dreihundert Männer mit dem Kieferknochen eines Esels getötet.“

„Er hat getötet …“, begann Seth und hielt dann vor purem Erstaunen inne. Dann blickte er sich scharf um: „Du machst dich über mich lustig, Junge.“

„Nein, in der Tat, Seth“, sagte Charley; „Es ist ganz wahr.“

„Was! Dass ein Mann dreihundert Männer mit dem Kieferknochen eines Esels getötet hat? Das kann nicht gewesen sein; es war schlicht unmöglich – es sei denn, sie würden alle schlafen, und selbst dann wäre es eine schreckliche Arbeit . “

„Ich weiß nicht, wie es war, Seth, aber die Bibel sagt es uns, und deshalb muss es wahr sein. Ich denke, es war eine Art Wunder.“

„Oh, es war ein Wunder!“ „Sagte Seth nachdenklich und schwieg dann, offenbar darüber nachdenkend, was ein Wunder ist, aber er wollte nicht danach fragen.“

„Es ist sehr lange her, Seth, und damals waren sie zweifellos ein anderes Volk.“

„War das schon sehr, sehr lange her?“ Fragte Seth.

„Ja, Seth; eine sehr, sehr, sehr lange Zeit.“

"Ah!" Seth sagte in einem nachdenklichen, aber zufriedeneren Tonfall: „Ich verstehe es jetzt. Ich gehe davon aus. Bei den Indianern ist es dasselbe: Sie haben Geschichten von Häuptlingen, die vor langer Zeit gestorben sind, die früher großartige Kerle waren – Traditionen, die sie haben.“ Nennen Sie sie . Ich glaube nicht, dass sie mutiger waren als jetzt; aber mit dem Alter wächst etwas, wie ein Baum. Gott segne sie ! Wenn sie jetzt solche Geschichten über einen Juden erzählen, was? Werden sie eines Tages etwas gegen Rube Pearson unternehmen?“

Die jungen Hardys hielten es nicht länger aus, sondern brachen in ein schallendes Gelächter aus, das selbst die überraschten und beleidigten Blicke des unwissenden und einfältigen, aber schlauen Yankee nicht unterdrücken konnten. Er war in der Tat so beleidigt, dass keine Bitten oder Erklärungen ausreichten, um ihn zu besänftigen, und die Geschichte wurde abrupt abgebrochen. Es dauerte zwei oder drei Tage, bis die Erklärung und Zusicherung der Jungen ausreichte; und als Charley ihm dann die ganze Geschichte Simsons erklärt hatte, sagte er:

„Ich habe keinen Zweifel, dass das alles wahr ist, und ich wünschte, ich könnte es selbst lesen. Ich kann mich nur daran erinnern, dass meine Mutter großen Wert auf ihre Bibel legte und sie das gute Buch nannte. Ich kann selbst nicht lesen, und ich hätte keine Zeit dazu, wenn ich könnte; also ist alles eins , soweit das geht. Ich bin nur ein Jäger und Indianerkämpfer, und ich weiß nicht, dass ich mich schon seit Jahren so lange unter einem Dach aufgehalten habe So wie ich es hier getan habe. Meine Religion ist die Religion der meisten von uns in der Prärie. Seien Sie ehrlich und halten Sie Ihr Wort. Halten Sie sich bis zum Tod an einen Freund und töten Sie niemals einen Menschen, außer in einem fairen Kampf. Das ist alles, und ich Ich hoffe, es klappt; auf jeden Fall ist es für mich zu spät, jetzt noch etwas Neues zu lernen. Sonntags höre ich mir die Lesung deines Vaters an und wünschte manchmal, ich hätte es gelernt; und doch ist es besser, so wie es ist. Ein Mann, der sich so verhält, würde einem rauen Leben in der Prärie nicht viel nützen, obwohl ich keinen Zweifel daran habe, dass es in den Siedlungen möglich wäre. Jetzt muss ich mit meiner Arbeit fortfahren. Wenn du und die anderen vorbeikommen Heute Abend gehe ich zur Hütte und ich werde mit dem Garn weitermachen, mit dem ich gerade angefangen habe.

Nach dem Tee gingen die jungen Hardys zur Hütte hinunter, wo Seth auf ihre Ankunft wartete. Sie saßen nun bequem und Seth fuhr ohne weitere Einführung fort.

„Eines Tages schickte unser Kapitän nach Rube und mir und sagte: ‚Ich habe einen Job für euch beiden, Scouts. Es ist gefährlich, aber das wird euch nicht schlechter gefallen, das weiß ich.'

„‚Nicht ein bisschen', sagte Rube lachend. Er war der unbeschwerteste Kerl, war Rube; immer fröhlich und fröhlich, und er hätte keinem Eichhörnchen wehgetan, außer im Stand-up-Kampf und aus geschäftlichen Gründen .

„‚Was ist los, Cap?' sagte ich; „du musst uns nur das Wort geben, und wir sind weg.“

„‚Ich habe eine Nachricht erhalten', sagte er, ‚von Colonel Cabra aus ihrem Dienst, dass er bereit ist, sich zum Verräter zu bekennen und uns Korrespondenz von Santa Anna auszuhändigen, von der er irgendwie Besitz ergriffen hat. Ein Verräter zu sein.“ , er wird niemandem trauen , und der einzige Plan, der uns einfällt, ist, dass er eine Reise nach San Miguel, dreißig Meilen nördlich davon, unternehmen soll, als wäre er geschäftlich unterwegs. Ich soll eine Expedition in diese Richtung machen, und soll ihn gefangen nehmen. Dann wird er die Papiere übergeben. Wir werden ihn hierher bringen und ihn, nachdem wir ihn eine Zeit lang festgehalten haben, auf Bewährung gehen lassen. Es wird daher in Zukunft kein Verdacht gegen ihn entstehen, der dort ist vielleicht, wenn wir uns auf andere Weise treffen würden. Die Papiere sind sehr wichtig, und die Angelegenheit darf nicht durchgehen. Das Land zwischen diesem und San Miguel ist recht friedlich, aber wir hören, dass die Bande von El Zeres irgendwo draußen ist in diese Richtung. Er hat ungefähr zweihundert eigene Halsabschneider bei sich, und es gibt Gerüchte, dass sich ihm auch andere Bands angeschlossen haben. Jetzt möchte ich, dass du morgen nach San Miguel weiterfährst. Gehen Sie dort nach Einbruch der Dunkelheit hinein und beziehen Sie an dieser Adresse Ihr Quartier. Es ist ein kleiner Weinladen in einer Straße abseits des Marktes. Steht als Mexikaner auf; es erfordert nur einen großen Umhang und einen Sombrero. Sie können beide gut genug Spanisch sprechen, um die Prüfung zu bestehen. Bleiben Sie den ganzen nächsten Tag und bis zum Tagesanbruch des nächsten Morgens und fahren Sie dann auf dieser Straße zurück. An erster Stelle erfahren Sie, ob Cabra angekommen ist, und an zweiter Stelle, ob El Zeres in der Nähe ist. Ich werde nur vierzig Mann mitbringen, da ich nicht den Eindruck erwecken möchte, dass ich mehr als eine bloße Erkundungsexpedition unternehme. Du verstehst?'

,,In Ordnung, Cap, wir machen es', sagte ich und wir gingen in unser Quartier.

,,Ich kann nicht sagen, dass mir der Job insgesamt gefallen hat. Es war weit vom Hauptquartier entfernt, und zwei Männer können, egal wie sie wollen, nicht mehr als, sagen wir, zehn oder ein Dutzend kämpfen. Ich war ziemlich überrascht, das zu sehen. " Rubes Gesicht zeigte, dass es ihm sehr gefiel; aber ich erfuhr erst spät in der Nacht, was ihm gefiel – dann kam die Wahrheit ans Licht.

,,Wir fangen besser früh an, Seth', sagte er, ,sagen wir bei Tagesanbruch.'

,,Wofür, Rube?' Ich sagte: ,,Der Cap sagte, wir sollten nach Einbruch der Dunkelheit hineingehen. Es sind nur dreißig Meilen; wir wollen nicht vor drei Uhr starten."

,,Rube lachte. ,Ich möchte nicht vor Einbruch der Dunkelheit dort sein, aber ich möchte bei Tagesanbruch anfangen, und ich werde dir sagen, warum. Erinnerst du dich an Pepita?'

,,So', sagte ich, ,wenn ich nicht denken würde, dass es etwas mit einer Frau zu tun hat. Du rennst immer jemandem hinterher, Rube. Irgendwann werden sie dich in Schwierigkeiten bringen .'

,,Rube lachte. ,Ich bin groß genug, um da rauszukommen, wenn es passiert, Seth; aber du weißt, ich fühlte mich Pepita gegenüber ungewöhnlich sanft und dachte wirklich daran, sie zu heiraten und nach Missouri zurückzubringen.'

,,Nur wollte sie nicht kommen, Rube?'

„„Genau so, Seth', sagte er lachend. Also kamen wir überein, dass wir die besten Freunde sein würden, und sie bat mich, sie zu besuchen, wenn ich jemals nach San Miguel fahre. Sie sagte, ihr Vater sei im Allgemeinen nicht da , aber würde mich freuen, mich zu sehen, wenn er da wäre. Sie lebt in einer kleinen Hacienda, eine Meile diesseits der Stadt.

„Ich sah, dass es keinen Sinn hatte zu streiten, aber es gefiel mir nicht. Die mexikanischen Frauen hassten uns mehr als die Männer, und das war nicht einfach; und viele unserer Kameraden waren nachher ermordet worden." Sie wurden von ihnen an abgelegene Orte gelockt. Dennoch sah ich im vorliegenden Fall nicht, dass das Mädchen hätte erwarten können, dass Rube dort sein würde, es sei denn, der Rest von uns wäre in der Nähe, und ich habe es auch nicht versucht sich Rubes Wünschen zu widersetzen."

„Also machten wir uns am nächsten Morgen auf den Weg, und um zehn Uhr ritten wir bis zur Tür des Ortes, von dem Rube sagte, er entspreche der Beschreibung, die Pepita ihm gegeben hatte. Es war ein hübscher Ort, mit Bäumen drumherum, und hätte es auch sein können die Residenz eines Kleinbesitzers, als den Pepita ihren Vater beschrieben hatte. Als wir zur Tür ritten, öffnete sie sich, und ich sah sofort, dass Rube recht hatte, denn ein dunkeläugiges mexikanisches Mädchen kam heraus und sah uns fragend an .

„„Was kann ich für Sie tun, meine Herren ?' Sie fragte.

„„Erinnerst du dich nicht an mich, Donna Pepita?' Sagte Rube lachend, als er den Sombrero hob, der sein Gesicht beschattet hatte.

„Das Mädchen zuckte heftig zusammen. ‚Ah, Signor Americano, sind Sie es? Ich hätte es tatsächlich wissen können', sagte sie lächelnd, ‚an Ihrer Größe, sogar eingepackt. Das ist natürlich Signor Seth – das sind Sie immer „Komm rein", sagte sie.

„„Wen hast du drin, Donna Pepita?' fragte Rube. „Ich weiß, dass ich dir vertrauen kann, aber ich kann anderen nicht vertrauen, und ich möchte nicht, dass bekannt wird, dass ich hier bin."

„„Das Haus ist leer', sagte Pepita. ‚Mein Vater ist nicht da. Zu Hause ist nur die alte Jacinta.'

„In diesem Moment erschien eine alte Frau an der Tür und auf ein Wort von Pepita nahm sie unsere Pferde, während Pepita uns ein Zeichen gab, einzutreten.

„„Entschuldigen Sie, Signora', sagte ich. ‚Wir gehen zuerst und schauen uns den Stall unserer Pferde an. Das ist unser Brauch; man weiß nie, wann er sie haben möchte.'

„Ich hatte den Eindruck, dass Pepita verärgert aussah, aber das war nur für einen Moment, und dann sagte sie etwas in einem der Landesdialekte zu der alten Frau. Sie nickte mit dem Kopf und ging zur Rückseite des Hauses, wir gingen voran Pferde und folgte ihr. Die Ställe waren, wie ich bemerkte, ungewöhnlich groß und gepflegt für ein Haus dieser Größe; aber zu meiner Überraschung ging die alte Frau, anstatt zu den langen Gebäudereihen zu gehen, zu einem kleinen Baracke."

„‚ Sind das nicht Ställe?‘ sagte ich.

„Sie schüttelte den Kopf und sagte auf Spanisch: ‚Das waren sie einmal, aber wir haben nur zwei Pferde. Jetzt werden sie als Getreidelager genutzt; der Meister hat den Schlüssel.‘

„Ich konnte ihr nicht widersprechen, obwohl ich glaubte, dass sie mir eine Lüge erzählte. Wir schnallten jedoch unsere Pferde im Schuppen an, steckten die Pistolen aus unseren Holstern in unsere Gürtel und betraten das Haus, unsere Gewehre in die Hand nehmend .

„Pepita empfing uns sehr herzlich und war damit beschäftigt, der alten Frau zu helfen, uns etwas zu essen zu besorgen. Danach begannen sie und Rube sich zu lieben, und es schien wirklich, als ob das Mädchen ihre Meinung ändern und mit Rube zurückkehren wollte Schließlich gab es nichts, was mein Unbehagen rechtfertigte, außer dass Pepita mir versprochen hatte, als ich das Haus betrat, der alten Frau nicht zu sagen, wer wir waren, ich aber davon überzeugt war, dass sie es inzwischen getan hatte Die alte Hexe warf uns hasserfüllte Blicke zu, wann immer sie das Zimmer betrat. Trotzdem war ich unruhig und fand kurz darauf einen Vorwand, das Zimmer zu verlassen und im Haus herumzuschlendern, um mich zu vergewissern, dass Pepita die Wahrheit gesagt hatte, als sie hatte gesagt, es sei niemand da außer der alten Frau und sich selbst. Ich fand nichts, was auch nur den geringsten Verdacht erregte, und begnügte mich daher damit, ins Zimmer zurückzukehren und mich in den Wachpausen träge hinzulegen und eine Siesta einzulegen Davon konnte ich hören, dass Pepita nachgegeben hatte und dass der erfreute Rube mit ihr vereinbarte, wie sie fliehen und sich ihm anschließen sollte, wenn die Armee sich zurückzog; denn natürlich hatten beide keine Ahnung, dass ihr Vater zustimmen würde, dass sie einen der verhassten Feinde seines Landes heiratete.

„Um drei Uhr wachte ich auf und kurz darauf kam die alte Frau mit etwas Limonade ins Zimmer. Ich bemerkte, dass Pepita ihre Farbe änderte, aber sie sagte nichts, und einen Moment später verließ sie unter irgendeiner Entschuldigung das Zimmer. Ich Ich wollte gerade mit Rube über das Thema sprechen, als das Fenster mit Männern verdunkelt war. Fünf oder sechs Schüsse wurden auf uns abgefeuert, und mit einem Schrei stürmte eine Menge Mexikaner in den Raum.

„Als sie auftauchten, sprang Rube mit dem Ausruf auf: ‚Gefangen vom Donner!' und dann fiel er flach auf den Rücken und wurde, wie ich glaubte, durch den Kopf geschossen.

„Ich eilte zu meinem Gewehr und ergriff es, aber bevor ich es an meine Schulter legen konnte, wurde es mir aus der Hand geschlagen. Ein halbes Dutzend Kerle warfen sich auf mich, und ich war ein Gefangener. Ich habe nicht versucht, Widerstand zu leisten, als sie es versuchten legte Hand an mich, weil ich wusste, dass ich sofort ein Messer in mir haben würde; und obwohl ich wusste, dass mein Leben den Kauf einer Stunde – nein, auch nicht fünf Minuten – nicht wert war, nachdem ich gefasst wurde, war es im Großen und Ganzen immer noch so Nun gut, diese fünf Minuten zu leben, da nicht.

„Anfangs herrschte so viel Trubel und Geschrei, dass ich kein Wort verstehen konnte, aber schließlich begriff ich, dass es sich um eine Gruppe der Bande von El Zeres handelte, die in der Nachbarschaft war und von einem abgeholt worden war Junge, den die Verräterin Pepita gleich nach unserer Ankunft zu ihnen geschickt hatte. Pepita selbst war die Frau eines der anderen Chefs der Bande. Der arme Rube und ich machten uns über unsere Werbung sehr lustig. Ich war wütend auf mich selbst, weil ich so dumm erwischt worden war . Ich konnte Rube nicht böse sein, weil er tot dalag, aber ich war wütend auf mich selbst, weil ich auf ihn gehört hatte. Ich hätte ihm nicht erlauben sollen, seinen Willen durchzusetzen. Ich war nicht verliebt , und Ich hätte wissen müssen, dass der Kopf eines Mannes, wenn er hinter einem Mädchen her ist, nicht mehr nützt als ein Kürbis. Während ich darüber nachdachte, hatte ich meinen Blick auf den armen Rube gerichtet, den niemand zu bemerken gedenkt, wenn Plötzlich zuckte ich zusammen, denn ich sah, wie er sich bewegte. Ich konnte sein Gesicht nicht sehen, aber ich sah eine Hand, die sich allmählich auf das Bein eines Mannes zubewegte, der in der Nähe stand . Dann gab es eine Pause und dann begann sich die andere Hand zu bewegen. Es war überhaupt nicht wie die ziellose Art und Weise, wie sich die Arme eines schwer getroffenen Mannes bewegen würden, und ich sah sofort, dass Rube die ganze Zeit „Possum" gespielt hatte.

„Was machst du, Seth?" fragte Ethel.

„Ich habe nur so getan, als wäre ich tot. Ich hielt den Atem an, denn ich sah, dass er zu dem Schluss gekommen war, dass er nicht mehr lange übersehen werden konnte, und dass er etwas unternehmen würde.

„Eine weitere Minute später ertönte ein Krachen und ein Schrei, als die beiden Männer zu Boden fielen, ihnen die Beine weggerissen, andere Männer packten und mit sich nach unten zogen. Mitten in der Verwirrung sprang Rube zu ihm Füße und stürmten zum Fenster; einen Mann schlug er mit einem Faustschlag nieder; einen anderen holte er auf, als wäre er ein Baby, schleuderte ihn gegen zwei andere, brachte sie zusammen auf den Boden und sprang dann hinüber Ihre Körper wurden durch das Fenster geschleudert, bevor sich die Mexikaner von ihrem Erstaunen erholt hatten. Ich hätte laut lachen können über den Schrei der Wut und des Erstaunens, mit dem sie sich auf die Verfolgung machten; aber zwei oder drei von ihnen blieben zurück, um mich und mich zu beschützen Ich hätte vielleicht ein Messer in die Rippen bekommen, also schwieg ich. Ich war einfach so froh, Rube am Leben zu sehen, dass ich mich kaum daran erinnerte, dass es unwahrscheinlich war, dass weder er noch ich so lange leben würden , denn das war nicht der Fall Erwarten Sie für einen Moment, dass ihm die Flucht gelingt. Die Chancen standen dagegen zu groß, besonders am helllichten Tag. Selbst zu Pferd wäre es nahezu unmöglich. Niemand außer Rube hätte so etwas versucht; Aber er hörte nie auf, über die Chancen und Chancen nachzudenken, wenn seine Laune hoch war. In kürzester Zeit hörte ich ein oder zwei Schüsse, dann herrschte eine Zeit lang Stille, dann ein Triumphschrei. Ich wusste, dass alles vorbei war und dass Rube wieder entführt wurde.

„Er erzählte mir später, dass er zum Stall gelaufen sei, wo er sieben oder acht Mexikaner gefunden habe, die sich um die Pferde kümmerten; dass er ein oder zwei, die ihm im Weg standen, niedergeschlagen habe, dass er auf das nächste Tier gesprungen sei, und war in Höchstgeschwindigkeit davongerannt, aber sofort waren ein Dutzend andere hinter ihm her; und als er sah, dass er mit dem Lasso gefangen und von seinem Pferd geworfen werden würde, hatte er angehalten und zum Zeichen der Kapitulation die Arme in die Höhe geworfen. Rubes Die Hände wurden fest auf dem Rücken gefesselt und er wurde zurück in den Raum geführt.

„Als er mich sah, lachte er laut: ‚Das war ein Jungentrick, nicht wahr, Seth? Aber ich hätte es nicht ändern können, wenn ich eine Minute später erschossen worden wäre. Da waren die Beine dieser Kerle, die sich bewegten.‘ Ich fühlte mich, als wäre ich ein Stück Holz. Der Gedanke kam mir in den Sinn: „Ein kräftiger, kräftiger Schlag über den Knöchel und darüber würdest du gehen.“ Und als ich einmal darüber nachgedacht hatte, war ich gezwungen, es zu tun. Aber es hat Spaß gemacht, Seth, nicht wahr?‘

„‚Es war, wie du sagst, Rube, ein Jungentrick, und im Moment ist kaum die Zeit dafür. Aber lass uns nichts sagen, was wir nicht belauschen wollen, Rube; einige dieser Kerle werden es vielleicht verstehen. '

„‚Du hast recht, Seth. Es tut mir wirklich leid, alter Mistkerl, dass ich dich in diese Situation gebracht habe, aber ich gehe davon aus, dass wir irgendwie wieder rauskommen. Ich glaube nicht, dass Rube Pearson schon ausgelöscht wird .

„Das habe ich auch gehofft. Ich war kein bisschen lebensmüde, aber ich sah keinen Ausweg daraus. Allerdings hatte ich einen Trost: Ich wusste, wenn zwei Männer aus einem hässlichen Schlamassel herauskommen könnten, dann diese beiden." Männer waren Rube und ich.

„Uns wurde nun gesagt, wir sollten uns in einer Ecke des Raumes auf den Boden setzen, während zwei Kerle an unserer Seite Platz nahmen. Dann gab es eine hitzige Diskussion über unser Schicksal, die nicht gerade angenehm anzuhören war. Einige waren es . " dafür, uns sofort aufzuhängen, aber die Mehrheit war dafür, uns zur Hauptmacht unter El Zeres selbst zu bringen, weil der Häuptling so froh wäre, uns in seiner Gewalt zu haben. Er hatte uns oft Rache geschworen, weil wir bekannt waren Er war der aktivste Späher der Armee und hatte viele Male Truppen bei seiner Verfolgung angeführt und war ein- oder zweimal kurz davor gewesen, ihn zu fangen. Er hatte seinem Schutzpatron feierlich geschworen, dass er uns in seine Hände fallen lassen würde, wenn wir ihm in die Hände fielen uns mit beispiellosen Folterungen zu Tode gebracht; und da El Zeres eher auf diese Weise gefeiert wurde – und es die Erwartung eines ungewöhnlichen Leckerbissens war, die die Mehrheit dazu bewog, uns zu reservieren –, war es nicht gerade angenehm, dem zuzuhören. Aber wir haben es geschafft Sie haben in dieser Angelegenheit gute Miene, denn es wäre nie angebracht gewesen, diesen mexikanischen Schädlingen klarzumachen, dass zwei Hinterwäldler, die sie immer wieder „angepasst" und geschlagen hatten, Angst hatten, zu sterben, wenn ihre Zeit gekommen war. Plötzlich herrschte ein wenig Aufregung, und Pepita kam ins Zimmer. Ich glaube eher, dass das Mädchen, obwohl es uns hasste wie ein Peiniger , nicht gern in den Raum kam, in dem einer von uns tot lag, dachte sie. Jetzt kam sie herein und sah, ich würde sagen, ungewöhnlich hübsch aus. Sie kam direkt auf uns zu und sah uns direkt ins Gesicht. Ich schenkte ihr keine Beachtung, aber Rube nickte recht fröhlich.

„,Nun, Signora, Sie haben uns also doch zum Narren gehalten! Nun, ich bin nicht der erste Kerl, der von einer hübschen Frau getäuscht wurde; das ist jedenfalls ein Trost. Ich nehme an, dass unsere Verlobung zu einem späteren Zeitpunkt in Betracht gezogen werden sollte Ende, was?' und er lachte.

„,Amerikanischer Hund!' Das Mädchen sagte mit vor Wut blitzenden Augen: „Hast du gedacht, dass du so gut aussiehst, dass die Frauen der Nation, die du betrittst, alle ihr Herz an dich verlieren? Wir sind Mexikaner und wir hassen dich!" und sie stampfte leidenschaftlich mit dem Fuß auf.

„Rube lachte unbekümmert. ‚Nun, Signora, nach dem, was Sie mir jetzt erlauben, Sie zu sehen, bin ich wirklich dankbar, dass Sie so freundlich und nachsichtig sind. Donner! Was für ein Schicksal wäre mein Schicksal gewesen, wenn Sie es sich in den Kopf gesetzt hätten.' mich heiraten!'

„Die Männer lachten allgemein über die kühle Art, mit der Rube das Mädchen behandelte, und die wütende Pepita schlug ihm eine Ohrfeige. Es war herzlich; aber Rubes Gesicht veränderte sich kaum und er sagte immer noch lächelnd :

„„Wir haben in den Staaten den Brauch, Pepita, dass ein Mädchen, wenn es einem Mann eine Ohrfeige verpasst, das Recht hat, ihr einen Kuss zu geben. Du drehst das um; ich hatte die Küsse heute Nachmittag, und jetzt habe ich die Box.“ am Ohr.'

„Es gab wieder brüllendes Gelächter unter den Mexikanern, und die wütende Frau zog ein Messer und hätte Rube ins Herz gestochen, wenn sie nicht von den Männern, die um sie herum standen, gepackt und aus dem Raum gezwungen worden wäre. Wir wurden darin festgehalten.“ Bis drei Uhr am nächsten Morgen wurden die Pferde gesattelt und wir machten uns bald auf den Weg, Rube und ich ritten mitten in der Gruppe Die Hände waren vor uns gefesselt, so dass wir gerade noch das Zaumzeug halten konnten. Aus dem Gespräch hatten wir herausgefunden, dass El Zeres mit seiner Bande etwa fünfundzwanzig Meilen entfernt war.

„Auf unserer Fahrt fand ich zum ersten Mal seit unserer Gefangennahme eine Gelegenheit für ein Gespräch mit Rube.

„„Was hältst du davon, Seth?'

„„Sieht schlecht aus, Rube', sagte ich. ‚Wenn wir El Zeres im Lager finden, gehe ich davon aus, dass er kurzen Prozess mit uns machen wird; wenn er weg ist , schätze ich, dass wir bis morgen früh Zeit haben. Wenn wir entkommen wollen überhaupt muss es heute Abend sein.'

"'Flucht!' Rube sagte spöttisch: „Natürlich werden wir fliehen. Die Frage ist: Welchen der uns zur Verfügung stehenden Wege sollen wir wählen?“ und er lachte fröhlich.

„„Ich sehe noch nicht alle Wege, Rube; aber wir werden sehen, an was für einem Ort wir heute Nacht gebracht werden, und dann können wir zu einer Schlussfolgerung kommen. Da kommt die Sonne.'

„Es war ungefähr neun Uhr, als wir in das Lager ritten; und als wir uns ihm näherten, wurde uns klar, dass es kaum einen besseren Ort gegen eine plötzliche Überraschung hätte wählen können. Das Gelände war kilometerweit flach, aber der Standort des Lagers stieg an in einem kleinen Hügel von fast kreisförmiger Form und vielleicht hundert Yards im Durchmesser; der mittlere Teil lag etwa dreißig Fuß über dem allgemeinen Niveau. Um ihn herum lagerte die Truppe von El Zeres. Rube und ich schätzten, dass sie vierhundert Mann stark waren . Dort war ein Versuch einer militärischen Ordnung, denn anhand der Bündel von Kleidungsstücken usw. war ersichtlich, dass die Männer um eine Reihe von Biwakfeuern schliefen, die sich kreisförmig um den Fuß des Hügels erstreckten. Innerhalb der Feuerlinie Pferde waren in zwei Reihen aufgestellt. In der Mitte des Kreises, auf dem höchsten Punkt der Anhöhe, befand sich ein kleines Haus. Als wir näher kamen, konnten wir eine Bewegung im Lager beobachten: Eine Gruppe Männer bestiegen ihre Pferde, als wollten sie eine Expedition.

„‚Ich hoffe, El Zeres ist im Begriff, irgendwo anzufangen, Rube‘, sagte ich, ‚und dass er es zu eilig hat, um anzuhalten, um sich mit uns zu vergnügen, wie er es angedroht hat: Es wird uns einen weiteren Tag bescheren.“

„‚Ich hoffe es‘, sagte Rube; ‚es ist schwer, wenn wir es nicht schaffen, Spuren zu hinterlassen, wenn wir 24 Stunden Zeit haben.‘

„Als wir das Lager erreichten, wurde uns befohlen auszusteigen; und als bekannt wurde, wer wir waren, erklangen so viele Triumphrufe, als wären wir Generäle gewesen.

„‚Wir sind ziemlich gefeierte Charaktere, Seth‘, sagte Rube mit seinem üblichen Lachen.

„‚Ah‘, sagte ich, ‚auf eine solche Berühmtheit könnten wir im Moment verzichten.‘

„‚Ich weiß es nicht‘, sagte Rube. ‚Wenn wir nur amerikanische Soldaten wären, würden sie uns sofort die Kehle durchschneiden. So wie es aussieht, könnten sie uns für eine zeremoniellere Tötung behalten.‘

„Während wir uns unterhielten, wurden wir zur zentralen Hütte hinaufgeführt, die offensichtlich die Wohnstätte des Häuptlings war. Er stand an der Tür und klopfte ungeduldig mit einer schweren Peitsche auf seinen Reitstiefel; ein Mann hielt sein Pferd bereit . Einer der anderen Anführer stand da und redete mit ihm: „ Jhoshophat !“ sagte ich, „er geht raus. Wir sind für eine Weile in Sicherheit .“

„El Zeres war ein schmächtiger, drahtiger Mann mit einem kleinen, böse aussehenden Auge, das einen zum Anstarren brachte , und einem dünnen Mund, der sich zu einem grausamen Lächeln verzog. Er war der wildeste und blutrünstigste von allen.“ Mexikanische Partisanen. Der Mann bei ihm war ein großer, dunkler, wild aussehender Bösewicht.

„El Zeres sah uns einige Zeit wortlos an. Dann sagte er: ‚Endlich habe ich dich; ich habe schon lange nach dir Ausschau gehalten.‘

„‚Es war nicht unsere Schuld, dass wir uns nicht schon einmal getroffen haben‘, sagte Rube; was durchaus wahr war, denn wir hatten ihm schon mehrere Male eine knappe Verfolgungsjagd geliefert. El Zeres lächelte nur böse, aber der andere Mexikaner schrie wütend auf „Du Hund, traust du dich

zu antworten?" und schlug Rube mit seiner schweren Peitsche mit aller Kraft
ins Gesicht.

„Rube wurde ganz weiß, und dann zerriss er mit ungeheurer Anstrengung
die Riemen aus Rindsleder, die seine Hände festhielten – wohlgemerkt kein
neues Seil, sondern Rindsleder –, als wäre es so viel Gras gewesen, und ging
direkt auf den Kerl zu, der es getan hatte schlug ihn. Die Mexikaner stießen
einen Schrei des Erstaunens aus und warfen sich auf Rube, während El Zeres
mit lauter Stimme schrie: „Zieh kein Messer, zieh kein Messer; ich werde
jeden Mann hängen, der verletzt." ihn.'

„Rube hatte den Kerl mit beiden Händen an der Kehle gepackt, und obwohl
die Menschenmenge, die sich auf ihn warf, ihn zu Boden zog, ließ er ihn nicht
los, sondern brachte den Mann auch zu Fall. Ich wusste, dass mit ihm alles
vorbei war Ich wollte unbedingt mitmachen und helfen, aber obwohl ich an
meinen Riemen zerrte und sie zerrte, bis sie direkt in meine Handgelenke
schnitten, gelang es mir nicht. Eine Zeit lang lagen sie in einer zappelnden
Masse auf dem Boden, und dann schüttelte sich Rube befreite sich für einen
Moment von ihnen und stand auf. Ein Dutzend Männer waren in einem
Moment über ihm her, aber er war blind vor Wut und es hätte ihm nichts
ausgemacht, wenn es tausend gewesen wären. Diejenigen, die vorn kamen,
gingen zu Boden, als ob Er wurde vor den Schlägen seiner Fäuste erschossen;
aber andere sprangen von hinten auf ihn zu, und dann begann der Kampf
von neuem. Ich habe so etwas noch nie zuvor gesehen und werde es auch
nie wieder tun. Es war geradezu schrecklich. Sie konnten seine Arme nicht
halten. Ihr Gewicht Immer wieder brachte er ihn auf den Boden, und immer
wieder stand er auf; aber seine Arme konnten sie irgendwie nicht halten, und
die Arbeit, die er mit ihnen verrichtete, war schrecklich. Alles, was er traf,
ging zu Boden, und als er nicht treffen konnte , packte er es. Es war wie ein
Terrier mit Ratten: Er packte sie an der Kehle, und als er es tat, war alles mit
ihnen erledigt. Einige von ihnen griffen nach ihren Messern, hatten aber
keine Zeit, sie zu benutzen. In einem Moment schien es, als würden ihre
Augen von ihren Köpfen ausgehen; und als er sie dann wegwarf, fielen sie zu
einem toten Klumpen zusammen.

Wie lange das dauerte, kann ich nicht sagen – einige Minuten allerdings –, als
ein Mexikaner das Lasso, das jeder Mexikaner bei sich trägt, aus dem Sattel
von El Zeres' Pferd riss und die Schlinge über Rubes Hals fallen ließ. Im
nächsten Moment lag er halb erdrosselt auf dem Boden und ein Dutzend
Hände fesselten seine Hände auf dem Rücken und seine Füße mit Riemen
aus Rindsleder. Dann standen sie da und sahen ihn an, als wäre er ein Teufel.
Und kein Wunder. Sieben Mexikaner lagen tot am Boden, viele weitere lagen
keuchend und blutend herum. Die Mexikaner sind eine aktive Männerrasse,
aber nicht stark – nichts wie ein durchschnittlicher Amerikaner – und Rube
war zu jeder Zeit selbst unter uns Pfadfindern ein Riese; und in seiner Wut

schien er das Zehnfache seiner natürlichen Kraft zu haben. El Zeres hatte sich nie bewegt; und außer seinen Männern zuzurufen, sie sollten ihre Messer nicht benutzen, hatte er sich überhaupt nicht daran beteiligt – er hatte den Kampf mit diesem grausamen Lächeln beobachtet, als wäre es nur ein Terrier gewesen, der von Ratten angegriffen worden wäre. Als es vorbei war, bestieg er sein Pferd und sagte zu einem seiner Leutnants, der in der Nähe stand: „Ich muss jetzt gehen." Ich überlasse diese Männer deiner Obhut, Pedro. Fesseln Sie die Hände desjenigen hinter sich; Dann bring sie hinein. Stellen Sie sie in den Innenraum. Räumen Sie meine Sachen aus. Nehmt zehn ausgewählte Männer und lasst niemanden rein oder raus, bis ich zurückkomme. Ich werde vor Tagesanbruch zurück sein. Ich werde mir heute damit amüsieren, darüber nachzudenken, wie ich die Nerven dieser Amerikaner auf die Probe stellen kann. Ich kann euch allen jedenfalls eine schöne Unterhaltung versprechen.' Und er ritt davon.

„Ich bin oft dem Tod ins Auge geblickt und habe keine Angst davor; aber das ruhige Gesicht und das grausame Lächeln dieses Mannes ließen mir eine Gänsehaut auf den Knochen werden, als ich daran dachte, was Rube und ich am nächsten Tag durchmachen mussten." . Und jetzt", sagte Seth und brach ab, „es wird schon spät, und ich habe seit Jahren nicht mehr so viel geredet. Ich werde mein Garn noch eine Nacht lang fertig machen."

Sehr herzlich bedankten sich die jungen Hardys bei Seth für diese spannende Geschichte aus eigener Erfahrung, und die Diskussion untereinander, wie die beiden Amerikaner möglicherweise aus ihrer schrecklichen misslichen Lage hätten entkommen können, war groß.

Kapitel VII.

SETH FORTSETZT SEINE ERZÄHLUNG DES MEXIKANISCHEN ABENTEUERS.

Am nächsten Abend nahmen die jungen Hardys wieder neben Seth Platz, und er fuhr ohne Verzögerung mit seiner Geschichte fort.

„Nachdem El Zeres losgeritten war, wählte der Leutnant Pedro zehn aus den Männern in der Umgebung aus – denn eigentlich hatte sich das ganze Lager um uns versammelt – und befahl ihnen zunächst, die Hängematte und andere Habseligkeiten aus dem Haus zu räumen von El Zeres , und als dies getan wurde, um Rube hineinzutragen. Obwohl er gefesselt und hilflos war, gab es bei den Männern eine sichtbare Abneigung, ihn zu berühren, so groß war die Angst, die seine enorme Kraft geweckt hatte. Sechs von ihnen hoben ihn auf und trugen ihn in die Hütte – denn es war kaum mehr – und warfen ihn wie einen Baumstamm in den Innenraum. Ich ging aus eigenem Antrieb hinein und setzte mich neben ihn auf den Boden. Ich hörte es Pedro gab einigen der Männer draußen den Befehl, die Leichen wegzutragen und zu begraben, und den übrigen, sie sollten zu ihren Lagerfeuern gehen. Dann betrat er mit seinen anderen vier Männern das Haus.

„Das Haus war nur eine gewöhnliche mexikanische Hütte. Es enthielt zwei Räume, oder besser gesagt, einen Raum, der teilweise in zwei Teile geteilt war, wobei der innere Raum das Schlafzimmer der Familie bildete. Es gab weder eine Tür zwischen den Räumen noch ein Fenster ; das Licht, das durch die weite Öffnung in den äußeren Raum eindringt. Der äußere Raum hatte keine regulären Fenster, nur einige Ritzen oder Schießscharten, durch die eine gewisse Menge Licht eindringen konnte; diese waren jedoch mit Stroh verschlossen, denn die Mexikaner sind ein kühle Menschen; und da die Tür immer offen stand, kam viel Licht herein. Das Haus war nicht aus Lehm gebaut, wie die meisten mexikanischen Hütten, sondern aus Steinen, wobei die Zwischenräume mit Lehm verputzt waren.

„Noch nie in meinem Leben hatte ich das Gefühl, dass das Spiel entschieden sei, so sehr, als ich mich dort hinsetzte und mich umsah. Die Männer saßen im Nebenraum auf dem Boden, gut sichtbar für uns, und ab und zu ging einer.“ Sie kamen herein, um uns anzusehen. So hilflos wir auch waren, sie hatten einen unruhigen Zweifel daran, was wir tun würden. Rube lag immer noch in voller Länge auf dem Boden. Eine Viertelstunde lang sprach ich nicht, weil ich es für das Beste hielt, es zu lassen Er kühlte ab und beruhigte sich ein wenig; und ich dachte und dachte, aber ich konnte mir beim besten Willen keinen Plan ausdenken, wie ich davonkommen könnte. Schließlich dachte ich, ich würde Rube aufrütteln.“

„Wie fühlst du dich, Rube?“

„Nun, ich fühle mich fast müde“, sagte Rube; „Genau so, als wäre ich hundert Meilen ohne Ende gelaufen.“ Ich war schon wieder ein Idiot, Seth, tatsächlich; Aber ich habe einigen von ihnen Trost gegeben , das ist ein Trost. Ich schlafe einfach ein paar Stunden und dann schauen wir uns die Angelegenheit an. 'Hallo!' er schrie auf Spanisch; 'Wasser.' Eine Zeit lang kümmerte sich niemand um ihn; aber er schrie weiter, und ich schloss mich ihm an, so dass die Männer im Nebenzimmer gezwungen waren, ihr Gespräch zu unterbrechen, um zu tun, was wir von ihnen wollten. Einer von ihnen stand auf, nahm eine große Kupferpfanne, füllte sie mit Wasser aus einem Schlauch und stellte sie zwischen uns ab. und dann versetzte er mir einen kräftigen Tritt – selbst dann wagte er es nicht, Rube zu treten – und ging zurück zu seinem Kissen. Es erforderte einige Mühe und viel Umdrehen, bis wir es schafften, den Mund zum Trinken über die Pfanne zu bringen. Als wir unseren Durst gestillt hatten, drehten wir uns wieder um, machten es uns unter den gegebenen Umständen so bequem wie möglich – was nicht viel aussagt – und schliefen nach kurzer Zeit beide ein, denn wir waren zwei Nächte lang erst vier Stunden im Bett gelegen . Ich war es ziemlich gewohnt, auf dem Boden zu schlafen, und ich schlief fast sieben Stunden lang, ohne aufzuwachen; denn als ich das tat, sah ich sofort, dass es fast Sonnenuntergang war. Ich kann nicht sagen, dass es ein angenehmes Aufwachen war; denn es kam mir vor, als ob meine Schultern verkrampft wären und ich zwei Bänder aus glühendem Eisen um meine Handgelenke trage. Mein erster Schritt bestand darin, mich umzudrehen und noch etwas zu trinken. Dann setzte ich mich auf und sah mich um. Rube saß aufrecht und sah mich an.

„ Du bist also wach, Seth?“

„Ja“, sagte ich. „Geht es dir jetzt gut, Rube?“

„So richtig wie möglich“, sagte Rube in seinem üblichen fröhlichen Ton; „Abgesehen davon, dass ich das Gefühl habe, als würde jemand mit einem stumpfen Messer an meinen Knöcheln und Handgelenken herumsägen.“

„Das entspricht ungefähr dem Zustand meiner Handgelenke“, sagte ich.

„Meine Handgelenke machen mir nicht so viel aus“, sagte er; „Es sind meine Füße, die mich stören.“ Ich werde so lange brauchen, bis ich laufen kann.‘

„Darüber brauchst du dich nicht zu kümmern, Rube“, sagte ich. „Es ist nicht viel mehr, als deine Füße zu gehen.“

„Ich hoffe, sie haben mehr zu tun als je zuvor, alter Mistkerl“, sagte Rube; „Jedenfalls haben sie heute Nacht noch gut dreißig Meilen vor sich.“

„Ist das dein Ernst, Rube?“ sagte ich.

„Nie mehr", sagte er. „Alles, was wir tun müssen, ist wegzukommen und es dann zu zertrampeln."

„Wie willst du entkommen, Rube?"

„Ganz einfach", sagte Rube nachlässig. „Befreien Sie sich zuerst von unseren Händen, dann von unseren Beinen, dann töten Sie diese Kerle und machen Sie Spuren."

Nun kommt es nicht mehr oft vor, dass ich ausschere . Ich glaube nicht, dass ich seit meiner Kindheit dreimal so richtig durchgeknallt bin ; Aber Rubes Coolness gekitzelte mich so sehr, dass ich wie eine Hyäne herumtollte . Als ich anfing, Rube, fing er an; und als er schwatzte, war es gewaltig. Ich glaube nicht, dass Rube wusste, was ich war larfin 'at; Aber hinterher erzählte er mir, dass er sich nur Mühe gegeben hätte , mich zu sehen , was er in der ganzen Zeit, in der wir zusammen waren, nicht gesehen hatte. Was uns noch schlimmer machte, war, dass die Mexikaner so erschrocken waren, dass sie ihre Gewehre ergriffen, zur Tür stürmten und uns ansahen, als wären wir wilde Tiere. Sie hielten die Waffen auf uns gerichtet, gingen sehr vorsichtig umher und betasteten unsere Seile, um zu sehen, ob es ihnen gut ging; und als sie feststellten, dass sie es waren, gingen sie zurück in den Nebenraum, wild und ziemlich verängstigt. Wie ich sehen konnte, bereitete ihnen unser Geplänkel ein furchtbares Unbehagen; Und sie kamen auf die Idee, dass wir uns nicht so austoben konnten, wenn wir nicht die Idee gehabt hätten, wegzukommen. Als wir fertig waren , sagte ich:

„Nun, Rube, sag mir, was du geplant hast, das heißt, wenn du wirklich in Arnest bist ."

„In Arnest !" sagt er, fast wütend; „Natürlich bin ich in Arnest ." Glaubst du, dass ich so dumm sein werde, hier anzuhalten und mich morgen von diesem El Zeres kraus und aufschlitzen zu lassen? „Nein, es ist genau so, wie ich es gesagt habe: Wir müssen unsere Hände frei bekommen; Wir müssen alle diese Kerle töten und verschwinden.'

„Aber wie bekommen wir unsere Hände frei, Rube?"

„Das ist der einzige Punkt, den ich nicht verstehen kann", sagte er. „Wenn diese Kerle uns in Ruhe lassen würden, wäre es ein Leichtes; wir könnten uns in zehn Minuten gegenseitig an den Riemen nagen; aber das werden sie uns nicht erlauben. Der Rest ist ganz einfach. „Überlege es dir einfach, Seth."

Ich habe darüber nachgedacht, aber ich sah keinen Weg, unsere Tangas loszuwerden. Nachdem das erledigt war, war der Rest möglich genug. Wenn wir uns ein paar Gewehre besorgen und sie überraschen könnten, um vier oder fünf auszuschalten, bevor sie sich einigermaßen auf die Beine stellen könnten, hätte ich kaum Zweifel, dass wir den Rest schaffen würden.

Zweifellos würden sie die Tür schließen, wenn es später wurde, und es war möglich, dass der Streit nicht zu hören war. Wenn das gelingen würde, könnten wir sicher durch die Schlangen kriechen und aussteigen. Ja, es wäre ganz einfach, wenn wir unsere Kabel loswerden könnten. Als ich darüber nachdachte, fiel mein Blick auf die Wasserschale. Mir kam eine Idee.

„Ich weiß nicht, Rube, ob es sie so weit dehnen würde, dass wir die Hände herausrutschen könnten, aber wenn wir diese Lederriemen durch Eintauchen in Wasser nass machen könnten, könnten wir sie trotzdem ein wenig dehnen und lockern."

„Das wäre jedenfalls was, Seth."

Wir schlurften der Reihe nach neben die Pfanne und lehnten uns zurück, sodass unsere Handgelenke einigermaßen im Wasser waren. Das Wasser linderte den Schmerz und ich spürte, wie die Riemen ein wenig nachgaben, aber es war nur ein wenig; Sie waren zu sorgfältig und zu gut gefesselt, als dass man sie hätte lösen können. Zu diesem Schluss kamen wir nach einer Stunde Anstrengung und unter nicht geringen Schmerzen. Wir waren uns einig, dass es keinen Zweck hatte, und saßen da und überlegten, was wir als nächstes tun sollten, und wechselten uns ab, um unsere Handgelenke abzukühlen. Wir gaben die Hoffnung nicht ganz auf, denn wir waren uns einig, dass wir in den kurzen Abständen zwischen den Besuchen der Mexikaner versuchen müssen, die Knoten der Seile des anderen mit unseren Zähnen zu lösen. Es war jedenfalls möglich, denn jetzt, da das Leder nass war, ließen sich die Knoten ziemlich leicht lösen. Plötzlich kam mir eine Idee. Ich drückte mich zurück an die Wand und lehnte mich dagegen.

„Es ist alles in Ordnung, Rube", sagte ich; „Unsere Schnüre sind so gut wie kaputt."
'Wie ist das?' sagte Rube. „Diese Mauer besteht aus rauen Steinen, Rube, und viele scharfe Kanten ragen aus dem Schlamm. Sie werden diese nassen Riemen wie Messer durchschneiden."

„Hurra!" schrie Rube mit lauter Stimme, mit einem Schrei, der die Mexikaner erneut von ihren Sitzen aufschreckte, und dann begann er, eines der Lieder zu singen, die die Soldaten auf dem Marsch zu singen pflegten. Mehrere Mexikaner kamen aus dem Lager angerannt und fragten, ob etwas los sei, als Rubes Geschrei sie zu Ohren drang. Ihnen wurde gesagt, dass es sich nur um diese verrückten Amerikaner handelte, die sich amüsierten, und unter vielen wütenden Drohungen, wie wir sie am nächsten Tag ausstoßen sollten, schlenderten sie wieder davon.

„Das ist ziemlich gut", sagte Rube zu mir, als er aufhörte, ein Geräusch zu machen. „Wenn irgendein Geräusch von der kleinen Schlägerei, die wir hier haben werden, das Lager erreicht, werden sie es darauf zurückführen, dass wir zu unserer Belustigung schreien."

Zu diesem Zeitpunkt war es völlig dunkel geworden und der Wärter zündete in der Mitte des Raumes, in dem sie saßen, ein Feuer an. Zu diesem Zweck war ein Stapel Holz herbeigebracht worden, und als der Rauch etwas nachgelassen hatte, wurde die Tür verschlossen und verriegelt. Alle drei oder vier Minuten nahm einer der Männer eine brennende Fackel und kam herein, um sicherzustellen, dass wir nicht in der Nähe waren und dass alles sicher war.

„Wann sollen wir anfangen, Seth?" fragte Rube.

„In einer weiteren Stunde oder so", sagte ich; 'um acht. Um neun Uhr werden sie am Feuer spielen und streiten; und das Gerede und der Lärm der Pferde werden sie daran hindern, hier etwas zu hören. Wir dürfen zwei Stunden später nicht daran denken, auszugehen, und selbst dann werden nicht alle schlafen; Aber wir wagen es nicht, es später aufzuschieben, denn El Zeres könnte früher zurückkommen, als er angekündigt hatte, und wenn er es tut, liegt alles bei uns. „Lasst uns unsere Pläne endgültig arrangieren", sagte ich, „und dann können wir uns alle in eine Ecke setzen und so tun, als würden wir schlafen gehen." Wenn ich meine Nabelschnur durchtrennen werde, werde ich ganz leicht husten, und dann tun Sie das Gleiche, wenn Sie frei sind. Das sollten wir am besten bald tun, denn es wird lange dauern, bis Sie ein Gefühl in Ihren Füßen bekommen. Reiben Sie sie so fest wie möglich; Aber das können Sie nicht tun, bis Sie Ihre Hände gebrauchen können. Wenn Sie bereit sind, schnarchen Sie sanft; Ich werde genauso antworten, wenn ich bereit bin. Dann werden wir schweigen, bis der Kerl wieder hereinkommt, und sobald er weg ist, lassen Sie uns beide weiterschleichen: Wählen Sie eine Zeit, in der das Feuer niedrig brennt. Du schleichst um deine Seite des Zimmers herum; Ich werde meins behalten, bis wir uns in der Ecke treffen, wo die Gewehre gestapelt sind. Dann müssen wir die Pfannen öffnen und das gesamte Pulver herausschütteln, und wenn das erledigt ist, greift jeder eines davon am Lauf und schlägt zu. Verstehen Sie das ganz und stimmen Sie ihm zu?'

„ Ganz recht , Seth. Gibt es noch etwas?'

„Ja", sagte ich; „Du nimmst die Tür, ich nehme die Ecke, wo die Arme sind." Wir müssen versuchen, sie davon abzuhalten, in Reichweite ihrer Messer zu kommen. aber wenn es einem von uns schwerfällt, muss er anrufen, und der andere muss zu ihm kommen.'

„Okay, alter Mistkerl, ich sehne mich danach, bei der Arbeit zu sein."

„Das tue ich auch", sagte ich. „Und jetzt lasst uns nicht mehr reden; Schließe deine Augen und sei still, bis ich huste.'

Die Männer waren jetzt damit beschäftigt, über die Taten zu reden, die sie begangen hatten, und die Gräueltaten, mit denen sie prahlten, waren so abscheulich und kaltblütig, dass ich mich nach der Zeit sehnte, in der Rube und ich über sie herfallen würden. Nach einer halben Stunde gab ich das Signal. Ich hatte einen scharfen Stein an einer geeigneten Stelle ausgewählt, und es dauerte keine Minute, bis ich spürte, wie sich die Schnurwicklung mit einem plötzlichen Ruck löste, und wusste, dass ich frei war. Ich stellte fest, dass meine Hände völlig taub waren und es lange dauerte, bis ich die Durchblutung wiederherstellen konnte. Es muss eine gute halbe Stunde gedauert haben, bis Rube das Zeichen gab, dass er die Fesseln, die seine Knöchel fesselten, gelockert hatte, denn natürlich konnte er damit nicht beginnen, bis er seine Hände frei benutzen konnte. Wie ich erwartet hatte, waren die Besuche unserer Wachen nun etwas seltener, da sie glaubten, wir schliefen. Zum Glück war der Lärm und das Gerede im Nebenzimmer jetzt laut und unaufhörlich, was es Rube ermöglichte, sich zu reiben und sogar ein wenig mit den Füßen zu stampfen. Nach einer halben Stunde hörte ich ein Schnarchen, worauf ich antwortete. Kaum war der nächste Besuch vorbei, kroch ich zur Tür und kroch dann, fast auf dem Bauch liegend, zu dem Ort, an dem die Gewehre gestapelt waren.

Das Feuer brannte schwach, und die Wachen saßen so dicht davor, dass der untere Teil des Raumes in schwarzem Schatten lag; Obwohl ich nach Rube Ausschau hielt, sah ich ihn erst, als er nahe genug war, um mich zu berühren. Es war eine heikle Aufgabe, alle Pfannen zu öffnen, aber wir machten es, ohne so viel Lärm zu machen, dass ein Reh erschrecken würde, und dann, jeder nahm ein Gewehr am Lauf, waren wir bereit. Pedro erzählte gerade eine Geschichte darüber, wie er einen alten Mann gezwungen hatte, zu sagen, wo sein Geld versteckt war , indem er seine Töchter vor seinen Augen folterte, und wie er sie, als er sein Geheimnis preisgab und an das Geld gelangt war, festschnürte auf und zündete das Haus an – eine Geschichte, die mit anerkennendem Gelächter aufgenommen wurde. Als er fertig war, traf Rubes Gewehrkolben mit einem lauten Geräusch auf seinen Kopf, während meiner das Gleiche auf den Kopf des nächsten Mannes tat. Einen Moment lang herrschte Erstaunen, denn niemand wusste genau, was passiert war; Dann gab es einen wilden Schrei der Überraschung und Angst, als unsere Gewehre mit einem krachenden Knall wieder zu Boden fielen. Alle sprangen auf, der Mann, auf den ich meinen nächsten Schlag richtete, rollte sich um und entkam ihm gerade noch. Rube hatte mehr Glück und erwischte seinen Mann gerade, als er aufstand.

„Hurra! „Seth", rief er, „fünf von elf."

Wir zogen uns nun wie vereinbart auf unsere Posten zurück, und die Mexikaner zogen ihre Messer und stürmten vorwärts. Sie sind keine Feiglinge, die Mexikaner – das sage ich für sie; und als diese Kerle merkten, dass sie wie Ratten in einer Falle gefangen waren, kämpften sie verzweifelt. Sie wussten, dass von Rube und mir keine Gnade zu erwarten war. Sie teilten sich und drei kamen auf jeden von uns zu. Zwei gingen zu Boden, als wären sie erschossen worden, und ich war gerade dabei, mein Gewehr für einen weiteren Schlag herumzuwirbeln, als ich ein Krachen hörte und dann einen Ruf von Rube:

„Hilfe, Seth!"

Ich sah sofort, was passiert war. Rubes Gewehr hatte, als er einen Schlag auf einen Mann ausführte, einen Balken über seinem Kopf getroffen, und der Stoß hatte dazu geführt, dass es aus seinen Händen durch den Raum flog. Im nächsten Augenblick waren die beiden Mexikaner mit ihren Messern über ihm her. Er schlug wild zu, erlitt aber im nächsten Moment eine Schnittwunde an der Stirn und eine weitere am Arm. Ich machte zwei Schritte durch die Hütte, und die Mexikaner, die mich angriffen, stürmten, anstatt zu versuchen, mich aufzuhalten, in die Ecke, wo ihre Gewehre lagen, die ich unbewacht gelassen hatte. Es war ein fataler Fehler. Meine Waffe landete krachend auf dem Kopf eines von Rubes Angreifern, bevor er von meiner Annäherung wusste, und eine weitere Minute dauerte es bis zum zweiten. Als ich mich von ihm abwandte, richteten sich die verbliebenen beiden Mexikaner auf Rube, der herübergeeilt war, um seine Waffe aufzuheben, und auf mich selbst und stießen einen Schrei aus, als die Feuersteine zu Boden fielen und es keinen Bericht gab. Ein oder zwei Minuten lang kämpften sie verzweifelt mit den Waffen; aber es hatte keinen Zweck, und es war bald vorbei, und wir standen als Hüttenherren da, mit elf toten Männern um uns herum. Denn sie alle waren tot, denn wir haben sie untersucht. Die Schäfte unserer Geschütze waren beim ersten Schlag zerbrochen, der Rest war mit dem Eisen abgegeben worden, und wir mussten auf keinen Fall zweimal zuschlagen. Ich sage nicht, dass es annähernd so war wie der Kieferknochen von Samson und dem Esel, von dem Sie mir erzählt haben, aber es war sehr treffend. Es war kaum vorbei, als wir mehrere Männer draußen anlaufen hörten.

„Ist irgendetwas los, Pedro? „Wir dachten, wir hätten einen Schrei gehört."

„Nein, nichts", sagte ich und imitierte Pedros schroffe Stimme, von der ich sicher war, dass sie sie durch die Tür nicht bemerken würden; „Es sind nur diese verrückten Amerikaner, die schreien."

Die Männer waren offenbar mit der Erklärung recht zufrieden, denn nach ein oder zwei Minuten hörten wir, wie ihre Stimmen verstummten, und dann wurde alles still. Dann öffneten wir die Tür und schauten hinaus. Viele der Feuer hatten begonnen, schwach zu brennen, aber um andere herum war immer noch Gelächter und Gesang zu hören.

„Noch eine Stunde“, sagte Rube, „und sie werden alle schlafen.“

Wir warfen noch etwas Holz ins Feuer, holten etwas Tabak und Zigarettenpapier aus der Tasche eines der Mexikaner und setzten uns gemütlich zum Rauchen hin. Wir waren beide furchtbar besorgt und konnten nicht so tun, als ob wir es nicht gewarnt hätten , denn jeden Moment könnte dieser Schuft El Zeres eintreffen, und dann wäre alles mit uns vorbei. Schließlich waren wir uns einig, dass wir es nicht länger aushalten konnten, und beschlossen, nach draußen zu gehen und uns an die Wand der Hütte zu setzen, bis wir sicher losfahren konnten, und dann, wenn wir in der Ferne Pferde hören hörten, wir könnte sofort etwas unternehmen. Jeder von uns nahm einen Hut und einen Umhang, ein Paar Pistolen und ein Gewehr und ging hinaus. Dort saßen wir noch eine Stunde, bis es im Lager ruhig genug wurde, um den Versuch zu wagen. Selbst dann hörten wir an den Gesprächen, dass viele der Männer noch wach waren, aber wir wagten nicht, länger zu warten, denn wir schätzten, dass es bereits gegen elf Uhr sein musste. Wir wählten einen Ort, an dem die Feuer am niedrigsten brannten und wo alles ruhig war, und krochen auf dem Boden entlang und waren bald unten bei den Pferden. Wir waren schon zu lange unter den Indianern, als dass wir Angst gehabt hätten, durch diese Kerle hindurchzukommen; und auf dem Gesicht liegend krochen wir entlang und berührten sie manchmal fast, denn sie lagen sehr dicht beieinander, machten aber nicht mehr Lärm als zwei große Schlangen. Nach einer Viertelstunde hatten wir sie hinter uns und waren weit genug draußen auf der Ebene, um aufstehen und einen großen Schritt machen zu können. Noch zehn Minuten, dann begannen wir zu rennen: Jetzt gab es keine Angst mehr, dass unsere Schritte gehört würden.

„Erledigt, beim Donner!“ Rube sagte; „Wird El Zeres nicht fluchen?“

Wir mochten anderthalb Meilen vom Lager entfernt gewesen sein, als wir in der ruhigen Nachtluft das Heulen eines Hundes hörten. Wir blieben beide stehen, als wären wir erschossen worden.

'Donner!' Rube rief wütend: „Wenn wir den Bluthund nicht vergessen haben.“

Ich wusste, was Rube meinte, denn es war eine wohlbekannte Prahlerei von El Zeres , dass niemand ihm jemals entkommen konnte, denn sein Bluthund würde sie bis zum Ende der Welt verfolgen.

„Es gibt nur eins zu tun“, sagte ich; „Wir müssen zurückgehen und dieses Tier töten.“

„Warte, Seth“, sagte Rube; „Wir wissen nicht, wo das verdammte Tier festgehalten wird.“ Er warnt nicht oben in der Hütte, und wir könnten eine Stunde damit verschwenden, ihn zu finden, und wenn wir es täten, ist er kein Lebewesen, das man wie ein Baby ausrotten kann .'

„Wir müssen es riskieren, Rube." Ich sagte . „Es liegt an uns, ob er uns einmal auf die Spur kommt." Rube gab keine Antwort und wir wandten uns dem Lager zu.

Wir waren noch keine zwanzig Meter weit, als Rube sagte: „Hör zu." Ich lauschte und tatsächlich konnte ich auf der Ebene vor mir ein leises Trampeln hören. Es bestand kein Bedarf für weitere Gespräche. Wir rannten so schnell wir konnten vorwärts und wichen ein wenig von unserem Kurs ab, um die heranrückenden Reiter an uns vorbeizulassen.

„In einer weiteren Viertelstunde werden sie alles darüber wissen, Rube. Sie werden noch viel länger brauchen, um sich vorzubereiten und den Hund auf die Fährte zu bringen. Es wird ihnen schwerfallen, ihn bei all dem Blut im Raum dazu zu bringen, unsere Witterung aufzunehmen. Ich würde sagen, wir können durchaus mit einer dreiviertel Stunde rechnen, bis sie das Lager verlassen haben.'

„Das ist alles", sagte Rube. „Sie müssen den Hund anbinden, damit er nicht in der Dunkelheit verloren geht." Sie werden uns in den nächsten zwei Stunden nicht so schnell erreichen; Zur Not können wir das beibehalten. Wenn wir danach nicht auf Wasser stoßen, sind wir erledigt.'

„Wir sind gestern an einem Bach vorbeigekommen, Rube; Wie weit war es zurück?'

„Etwa eine Stunde nach Tagesanbruch." Ja, fast drei Stunden vom Lager entfernt. Aber wir sind jetzt schneller als damals. „Wir sollten es in zwei Stunden schaffen."

„Danach sagten wir nichts mehr. Wir wollten unseren ganzen Atem. Es war gut für uns, dass wir beide unser halbes Leben lang getrampelt waren und dass unsere Beine uns mehr als einmal in der Prärie den Hals gerettet hatten. Wir waren beide." Wir waren ziemlich zuversichtlich, sechzehn Meilen in zwei Stunden laufen zu können. Aber wir wagten es nicht, geradeaus zu laufen. Wir wussten, dass sie, wenn sie merkten, dass wir eine Linie einhielten, den Hund in seinem besten Tempo gehen ließen und nebenher galoppierten; also mussten wir manchmal im Zickzack laufen Wir sind fast wieder auf unsere eigene Spur zurückgekehrt. Wir haben das nicht so oft gemacht, wie wir es hätten tun sollen, wenn wir mehr Zeit gehabt hätten."

„Aber woher wusstest du, welchen Weg du gehen musst, Seth", fragte Hubert.

„Wir haben uns an den Sternen orientiert", sagte Seth. „Es war einfacher, als es bei Tag gewesen wäre, denn wenn die Sonne direkt über uns steht, ist es nicht ganz einfach zu wissen, wie man unterwegs ist; aber für Kundschafter wie Rube und mich würde es dann keine Schwierigkeiten geben. Nun ja, Wir waren vielleicht anderthalb Stunden gelaufen, als wir weit hinter uns ein schwaches, kurzes Bellen hörten.

„Das Tier ist uns auf der Spur", sagte Rube. „Sie haben uns nicht so viel Auftrieb gegeben, wie ich erwartet hatte." Noch eine halbe Stunde und er wird uns ganz bestimmt auf den Fersen sein.'

Ich hatte das Gefühl, dass das stimmte, und fühlte mich eine Zeit lang sehr schlecht. Nach einer weiteren Viertelstunde war die Barke ein gutes Stück näher, und wir konnten nicht schneller gehen, als wir wollten. Plötzlich sagte ich zu Rube: „Rube, ich habe gehört, dass diese Hunde ihren Geruchssinn verlieren, wenn sie Blut schmecken. " Lass es uns versuchen; Es ist unsere einzige Chance. Hier, geben Sie mir eine Schnittwunde am Arm, ich kann sie besser verschonen als Sie; Du hast heute Abend durch diesen Schnitt viel verloren.'

Wir blieben eine Minute stehen. Ich riss den Ärmel meines Jagdhemdes ab, und dann versetzte mir Rube eine kleine Schnittwunde am Arm. Ich ließ das Blut laufen, bis der Ärmel durchnässt war und tropfte, dann riss Rube einen Streifen von seinem Hemd ab und verband meinen Arm fest. Wir rollten den Ärmel zu einer Kugel zusammen und warfen ihn nach unten, drehten uns dann um, machten ein oder zwei Zickzacklinien, um das Tier zu verwirren, und gingen dann wieder auf unsere Linie. Noch zehn Minuten lang konnten wir hören, wie das Bellen immer näher kam, dann hörte es plötzlich auf. Wir gingen weiter, und es dauerte noch einmal eine halbe Stunde, bis wir es hörten, und dann war es weit weg.

„Ich gehe davon aus, dass uns jetzt alles gut geht, Seth", sagte Rube.

„Das glaube ich", sagte ich; „Aber je früher wir auf Wasser stoßen, desto besser werde ich zufrieden sein."

Es war fast schon wieder eine halbe Stunde her, und wir waren beide fast fertig, als wir den Bach erreichten und der Hund kaum mehr als eine Meile entfernt gewesen sein konnte. Es war ungefähr fünf oder sechs Meter breit und in der Mitte ein oder zwei Fuß tief.

'Welche Richtung?' sagt Rube. „Nach oben ist unser nächster Weg, also sollten wir besser nach unten gehen."

„Nein, nein", sage ich; „Sie werden sicher vermuten, dass wir den falschen Weg einschlagen werden, um sie abzuschrecken, also lasst uns den richtigen Weg einschlagen."

Ohne ein weiteres Wort liefen wir flussaufwärts, so schnell wir konnten. Nach ein paar Minuten hörten wir, wie der Hund aufhörte zu bellen, als wir vielleicht eine halbe Meile flussaufwärts waren.

„Wir müssen da raus, Rube", sagte ich. „Wie auch immer sie es mit dem Hund versuchen, sie können ihre Reiter sicher in beide Richtungen schicken."

„Auf welche Seite sollen wir hinausgehen, Seth?"

„Das spielt keine Rolle", sagte ich; „Es ist alles eine Chance, auf welche Seite sie den Hund stellen." Nehmen wir unsere eigene Seite.'

Raus kamen wir; und wir waren noch keine Viertelmeile gelaufen , als wir das Trampeln von Pferden hörten, die am Bach entlangkamen. Wir blieben stehen und lauschten, denn wir wussten, dass wir so gut wie tot waren, wenn sie den Hund bei sich hatten und wenn er sich auf unserer Seite des Flusses befand.

„Wenn sie der Spur folgen, Seth", sagte Rube, „dann liegt alles bei uns." Lass uns nicht mehr rennen. Wir sind genug Männer, um die vier zuerst zu erschießen, die heraufkommen, und ich hoffe nur, dass einer von ihnen El Zeres sein könnte ; Dann bleibt uns jeweils eine Pistole übrig, die wir für uns behalten. Es ist besser, das zu tun, als sich mit heißen Zangen in Stücke reißen zu lassen.'

„Ein langer Weg, Rube", sagte ich. „Das ist also vereinbart. Wenn ich das Wort gebe, halte das Fass vor dein Auge und feuere; Das ist ein ziemlich sicherer Schuss.'

Als die Mexikaner an der Stelle ankamen, an der wir ausgestiegen waren, blieben wir stehen und hielten den Atem an. Es gab keine Pause – sie gingen weiter; noch eine Minute, und wir waren sicher, dass sie die Stelle passiert hatten.

„Gerettet durch den Donner!" Rube sagte; Wir machten kehrt und gingen in einem gleichmäßigen Trab davon, den wir stundenlang durchhalten konnten. „Glaubst du, wie lange wir noch brauchen, Seth?"

„Das hängt alles davon ab, wie lange sie flussabwärts folgen ." Sie können nicht sagen, wie weit wir voraus sind. Ich denke, sie werden zwei Meilen tief hinuntergehen; dann werden sie den Bach überqueren und zurückkommen; und wenn sie sich nicht zufällig auf der rechten Seite des Baches befinden, wenn sie dort vorbeikommen, wo wir ausgestiegen sind, werden sie noch zwei oder drei Meilen bergauf und fast ebenso viel bergab gehen, bevor sie auf den Pfad stoßen. Wir sind uns ziemlich sicher, dass wir eine halbe Stunde brauchen werden, und wenn wir Glück haben, schaffen wir es auch annähernd eine Stunde. Wir sind noch lange nicht sicher, Rube. Von Pepita's bis zum Camp sind es knapp dreißig Meilen. Wir haben sechzehn davon gut überstanden – achtzehn würde ich sagen; Wir haben noch zwölf weitere auf der Straße, und dann sind wir nicht mehr sicher. NEIN; Unsere einzige

Chance besteht darin, auf eine Hacienda zu stoßen und Pferde zu bekommen. Es gibt viele verstreut; Aber es ist so dunkel, dass wir vielleicht im Umkreis von fünfzig Metern vorbeikommen und es nicht sehen. Vor vier Uhr wird es keinen Tag hell werden, und es ist noch nicht zwei.'

„Nicht weit weg, Seth." Zu diesem Zeitpunkt hatten wir wieder Wind und beschleunigten den Schwung; Aber unsere Arbeit hatte uns zugesetzt, und wir konnten nicht viel mehr als sieben Meilen pro Stunde fahren. Während wir weitergingen, hörten wir mehrmals ein Trampeln im Dunkeln und wussten, dass wir einige Pferde erschreckt hatten; Aber obwohl wir ein Lasso dabei hatten, hätten wir genauso gut versuchen können, damit einen Vogel zu fangen. Nach einer Stunde hörten wir den Hund wieder, aber er war weit zurück. Es blieb uns nichts anderes übrig, als hart zu laufen, und wir waren immer noch sieben Meilen von der Straße entfernt, und selbst das bedeutete keine Sicherheit. Ich begann zu glauben, dass wir das Rennen schließlich verlieren würden. Eine weitere Viertelstunde später blieben wir plötzlich stehen.

'Donner!' sagte Rube; 'was ist das?' Ein Tier, das sich hingelegt hatte, stand direkt vor uns auf.

„Es ist ein Pferd! Dein Lasso, Rube!' Rube jedoch hatte einen gewaltigen Ansturm gemacht und war, bevor das Tier sich in einen Galopp strecken konnte, nahe herangekommen und hatte es an der Mähne gepackt.

„Es geht nicht", sagte Rube, als das Pferd einen Schritt nach vorne machte; „Er ist ein alter Mann, todlahm."

„Geh nicht weg, Rube", sagte ich. „Er wird für uns reichen." Er war ein erbärmliches altes Tier, aber ich hatte das Gefühl, dass er für uns genauso gut geeignet sein würde wie das beste Pferd der Welt. Rube verstand, was ich meinte, und in einer Minute saßen wir beide rittlings auf seinem Rücken. Er schwankte und ich dachte, er wäre auf den Kopf gefallen. Treten waren nicht nutzlos; Also holte ich mein Messer heraus und gab ihm einen Stoß, und los ging es. Es war nicht weit, etwa zweihundert Meter oder so, aber es war so, wie ich ihn wollte, direkt über die Linie, zu der wir wollten. Dann stürzte er nach unten.

„In Ordnung", sagte ich. „Du hast deine Arbeit getan, alter Mann; Aber du darfst nicht hier liegen, sonst könnten sie auf dich zukommen und erraten, was los ist.'

Also zogen wir ihn auf die Beine und gaben ihm einen weiteren Stoß, woraufhin er davonhumpelte; und wir setzten unseren Weg fort, überzeugt, dass wir endlich in Sicherheit waren, denn wir hatten den Bluthund völlig aus der Spur geworfen. Ungefähr eine Meile lang hielten wir uns sofort von unserem Kurs fern, aus Angst, sie könnten geradeaus weitermachen, und da wir die Witterung nicht bemerkten, führten wir den Hund über den Pfad und nahmen ihn so wieder auf; Dann drehten wir um und machten uns auf den Weg zur Straße.

„Ich glaube nicht, Rube", sagte ich nach einer Weile , „dass wir die Straße weit weg von der Stelle erreichen, an der wir sie bei Pepita zurückgelassen haben."

„Nein, das erwarte ich nicht, Seth. Wir sollten uns besser etwas weiter nach Süden halten, denn sie werden höchstwahrscheinlich nach Pepita's aufbrechen, und jetzt wird es bald Tag werden.'

„Wir machen uns lieber gar nicht erst auf den Weg, Rube; Wahrscheinlich werden sie ihm ein paar Meilen folgen, in der Hoffnung, uns aufzuspüren.'

„Das hoffe ich", sagte Rube; „Und das erwarte ich auch." Wäre das nicht ein Scherz?'

„Was meinst du, Rube?"

'Bedeuten? Warum hat uns der Cap nicht gesagt, wir sollten San Miguel vor Tagesanbruch verlassen und ihm entgegenreiten? Es ist unwahrscheinlich, dass er vorhatte, dass wir mehr als etwa zehn Meilen fahren sollten; so dass er eine Stunde nach Tagesanbruch in dieser Entfernung von San Miguel sein wird und eine halbe Stunde später bei Pepita sein wird. Wenn diese Kerle weiterreiten, laufen sie Gefahr, in eine ebenso schöne Falle zu tappen wie …"

„ Jhoshophat !" sagte ich. „Du hast recht, Rube." Lasst uns Spuren hinterlassen. Bis zur Straße dürfen es nicht mehr als vier oder fünf Meilen sein, und in einer halben Stunde bricht der Tag an."

„Für wie stark hältst du sie, Seth?"

„Fünfzig oder sechzig", sagte ich, „dem regelmäßigen Geräusch der Pferde nach zu urteilen."

„Das ist ungefähr das, was ich vermutet habe", sagte Rube. „Wir haben vierzig Leute, und sie werden frisch sein." Wir geben sie Goss .'

„Wir hörten schon lange nicht mehr das Bellen des Hundes, das am unangenehmsten deutlich zu hören war, als wir von dem alten Pferd abstiegen, das uns so gut getan hatte. Wir stellten auch sicher, dass wir für sie weit vorne waren Wir würden wahrscheinlich eine Stunde warten, bis wir versuchten, den Weg wieder aufzunehmen. Endlich wurde es hell, und als es hell genug war, um etwas sehen zu können, hielten wir an und warfen einen Blick von einer leichten Anhöhe aus, und dort, auf der anderen Seite der Ebene, konnten wir die Straße sehen Genau dort, wo wir es erwartet hatten. Nichts bewegte sich darauf, und im Rückblick konnten wir auch keine Spur der Mexikaner erkennen. Etwa eine Meile weiter links konnten wir eine Baumgruppe und so etwas wie das Dach eines Hauses sehen Wir hatten keinen Zweifel daran, dass es Pepitas Haus war. Ungefähr eine Meile weiter auf der anderen Seite der Straße befand sich ein großer Wald, durch den die Straße verlief.

„Lass uns zu diesem Wald gehen, Rube, und warten; Die Obergrenze wird in einer weiteren halben Stunde erreicht sein, und es ist unwahrscheinlich, dass die Mexikaner schon lange dabei sein werden. Sie werden wahrscheinlich bei Pepita's etwas trinken gehen.'

Nach weiteren zehn Minuten befanden wir uns im Wald und achteten darauf, nicht auf die Straße zu geraten, für den Fall, dass die Mexikaner mit dem Hund vor unseren Männern vorbeikämen. Wir waren noch keine zwanzig Minuten dort, als wir beide das Trampeln von Pferden hörten; aber es dauerte noch ein oder zwei Minuten, bis wir entscheiden konnten, in welche Richtung sie kamen. Zu unserem großen Trost stellten wir schließlich fest, dass es der richtige Weg war. Kurz bevor sie hochkamen, hatte ich die Idee, dass ich ein Geräusch von der anderen Seite gehört hätte, aber ich hätte nicht darauf schwören können. Wir lagen, bis die Truppe einigermaßen herangekommen war, als ob es sich um eine weitere Gruppe Mexikaner handeln könnte; aber es war alles in Ordnung, und wir sprangen jubelnd mitten hinein. Sie waren mächtig überrascht, uns zu Fuß und voller Staub und Schweiß zu sehen. Auch Rubes Gesicht war gefesselt; und insgesamt sahen wir nicht ganz wir selbst aus. Sie begannen alle gleichzeitig zu reden; aber ich hob dringend meine Hand, und als sie sahen, dass es sich um etwas Besonderes handelte, hielten sie den Mund, und ich sagte zum Cap: „Stellen Sie keine Fragen, Cap; Ich erzähle dir später alles . El Zeres wird mit etwa fünfzig seiner Männer in etwa drei Minuten hier sein, schätze ich. Sie sind dreißig Meilen geritten, und die Tiere sind nicht frisch; Es ist also deine eigene Schuld, wenn einer davonkommt.'

Der Cap verschwendete keinen Moment mit Worten. Er befahl der Hälfte seiner Männer, zweihundert Meter zurückzureiten und anzugreifen, als sie seinen Pfiff hörten; und er und die anderen gingen in den Wald, der sehr dicht war, und schützten sie vor jedem, der vorbeikam. Da Rube und ich keine Pferde hatten, waren wir für einen Angriff nicht zu gebrauchen; Also gingen wir weiter in den Wald hinein, so nah wir es erraten konnten, auf halber Strecke zwischen ihnen, um bereit zu sein, herauszuspringen und uns an der Auseinandersetzung zu beteiligen . Es dauert einige Zeit, alles zu erzählen, aber es dauerte keine zwei Minuten, und schon nach einer weiteren Minute konnten wir hören, wie die Mexikaner näher kamen. Sie kamen näher: Wir wussten jetzt, dass sie die Kappe passiert hatten, und wir hielten unsere Gewehre fest umklammert und spähten durch die Blätter hinaus. Sie kamen heran, und wir konnten El Zeres als Erstes reiten sehen, mit dem Bluthund, der neben seinem Pferd hertrabte. Gerade als er uns gegenüberstand , hörten wir einen lauten, schrillen Pfiff, und die Mexikaner blieben mit einem Ausdruck des Unbehagens stehen. Sie mussten sich nicht lange wundern, denn im nächsten Moment war das Trampeln von Pferden zu hören, und auf beiden Seiten stürzten unsere Kameraden herab. Kurz bevor sie aufstanden, traten wir mit erhobenen Gewehren vor.

„El Zeres !“ rief Rube und so erschrocken der Mexikaner auch war, blickte er sich um. Er hatte gerade noch Zeit zu erkennen, wer es war, als Rubes Ball ihn am Kopf traf und er tot wie ein Stein zu Boden ging. Der Hund drehte sich um und kam mit einem tiefen, wütenden Knurren direkt auf uns zu. Ich schickte einen Ball durch seine Brust und rollte ihn herum, und gerade als ich das tat, fielen unsere Kameraden auf die Mexikaner los. Es war ein erbitterter Kampf, denn die Mexikaner saßen in der Falle und wussten, dass es für sie keine Gnade gab. Rube und ich sprangen los und bezahlten viele von ihnen für den Schrecken, den sie uns eingejagt hatten. Wir haben sie bis zum letzten Mann ausgelöscht und selbst nur sechs verloren. Ich weiß es nicht, da ich mir jemals ein besseres Skrimmage vorstellen kann , solange es anhält. Als es vorüber war, bestiegen Rube und ich zwei ihrer Pferde und ritten mit den anderen weiter nach San Miguel; Doch bevor wir uns auf den Weg machten, erzählten wir dem Cap unsere Geschichte, und er schickte ein paar Männer mit einer Depesche an den General zurück und bat um fünfhundert Männer, um El Zeres ' Bande mit einem Schlag zu vernichten. Wir haben bei Pepita angehalten, und ich habe noch nie erlebt, dass ein Mädchen einen viel schlimmeren Schrecken hatte als wir. Sie vergewisserte sich, dass es El Zeres war , und rannte hinaus, um zu sehen, ob er uns erwischt hatte; und als sie feststellte, dass sie den Rangers in die Hände gefallen war und wir unter ihnen waren, war sie in einer Minute weiß wie ein Hemd. Sie war jedoch mutig genug; denn sobald sie ihre Zunge herausbekam , verfluchte sie uns wie eine wilde Frau. Ich gehe davon aus, dass sie dafür gesorgt hat, dass wir sie wegen ihres Verrats hätten erschießen sollen — und viele unserer Banden hätten das sofort getan —, aber die Rangers haben nie Frauen berührt. Allerdings warnt sie davor, ungeschoren davonzukommen ; Also machten wir Feuer und steckten das Haus und den Stall in Brand.

Als wir losfuhren, rief Rube: „Wenn du deine Meinung, mit mir nach Missouri zu kommen, noch einmal änderst, schreib mir einfach eine Nachricht, Pepita.“

„Als ich sie ansah, dachte ich, es sei ein Glück für Rube, dass sie kein Gewehr in der Hand hatte; sie hätte ihn erschossen, wenn sie eine Minute später dafür gehängt worden wäre. Wir fuhren weiter nach San Miguel, nahmen Oberst Cabra wurde mit seinen Papieren gefangen genommen und schickte ihn unter einer Eskorte zurück. In der Abenddämmerung desselben Tages bestiegen wir unsere Pferde und ritten dorthin zurück, wo Pepitas Haus gestanden hatte und wo unser Kapitän die Truppen erwartete, nach denen er geschickt hatte. In zwei Hälften Eine Stunde lang kamen sie herauf. Sie hatten ein paar Stunden Zeit, um ihre Pferde auszuruhen, und dann führten Rube und ich sie direkt zum mexikanischen Lager. Zweifellos hörten sie uns kommen, als wir in der Nähe waren, stellten aber sicher, dass es El Zeres war , und Sie störten sich also nicht, und erst nachdem wir uns umgedreht hatten und sie einigermaßen umzingelt hatten, rochen sie eine Ratte. Aber dann war es zu spät, denn eine Minute später waren wir schon bei ihnen, und ich glaube es nicht Zwanzig von allen kamen davon. Es war insgesamt eines der erfolgreichsten Unternehmen im gesamten Krieg. Und ich denke, das ist auch schon die ganze Geschichte."

„Oh, vielen Dank, Seth. Es ist eine äußerst aufregende Geschichte. Und was ist aus Rube geworden?"

„Rube heiratete ein Jahr nach unserer Rückkehr in die Staaten, ließ sich auf einer Lichtung nieder und ließ sich nieder. Da fühlte ich mich einsam und entschloss mich, für eine Weile in den Süden zu gehen. Ich versprach Rube, dass ich gehen und mich niederlassen würde . " Nach einer Weile bin ich bei ihm angekommen, und ich bin zu dem Schluss gekommen, dass es an der Zeit ist, dies zu tun. Ich habe hier draußen ein paar hundert Dollar gespart und werde morgen früh bei Tagesanbruch aufbrechen, um den Dampfer in Rosario zu erreichen. I Ich werde direkt von Buenos Ayres nach New Orleans fahren, und ein Dampfer wird mich in drei Tagen den Fluss hinauf zu Rubes Aufenthaltsort bringen. Auf Wiedersehen euch allen. Ich habe es eurem Vater heute Nachmittag gesagt.

Es gab einen herzlichen Abschied und viele Bedauern über seinen Weggang; und nach einem Handschlag und vielen guten Wünschen gingen die jungen Hardys zum Haus hinauf, es tat ihnen wirklich leid, sich von ihrem Yankee-Freund trennen zu müssen.

KAPITEL VIII.

Landwirtschaftliche Arbeit und Unterhaltung.

Obwohl erst zwei Monate vergangen waren, seit der Boden umgepflügt und bepflanzt worden war, waren die Fortschritte bei der Ernte von Mais und Kürbissen überraschend: Vor allem ersterer war jetzt fast zwei Meter hoch. Dieses schnelle Wachstum war das Ergebnis der extremen Fruchtbarkeit des jungfräulichen Bodens, unterstützt durch die späte reichliche Wasserversorgung und die Hitze der Sonne. Der Mais hatte ihnen allen viel zu tun gegeben; denn als es etwa sechs Zoll hoch war, musste es ausgedünnt werden, so dass die Pflanzen einen Abstand von neun bis zehn Zoll hatten. Dies war der vereinten Kraft der Gruppe zu verdanken: Mr. Hardy und die Jungen arbeiteten jeden Morgen zwei Stunden und abends noch einmal so viel. Auch die Mädchen hatten mitgeholfen, und die Knechte hatten den ganzen Tag gearbeitet, außer von elf bis drei, da war die Hitze selbst für sie zu groß. Viele Hände leisten leichte Arbeit, und so wurde der gesamte Maisanbauboden in etwas mehr als einer Woche ausgedünnt. In letzter Zeit war der Mais so schnell gewachsen, dass die Jungen erklärten, sie könnten ihn fast wachsen sehen, und zwei Monate nach der Aussaat blühte alles. Der Mais oder Mais ähnelt in seinem Aussehen stark der Wasserbinse, und auch die gefiederten Blüten ähneln denen der Binse. Indischer Mais ist das Hauptnahrungsmittel in Südamerika und in allen außer den nördlichen Staaten Nordamerikas. Es ist in Indien und in anderen tropischen Ländern gleichermaßen nützlich und verbreitet.

In Italien und anderen Teilen Südeuropas wird es kaum weniger verwendet. Es wurde erstmals aus dem Osten von der großen Familie Polenta nach Europa eingeführt, die fast zweihundert Jahre lang die wichtige Stadt Ravenna regierte. Gemahlener Mais wird in ganz Italien immer noch Polenta genannt; und die große Familie wird im Namen des nützlichen Getreides leben, das sie eingeführt haben, wenn alle Erinnerung an ihre kriegerischen Taten außer den Gelehrten verloren geht.

Eines Abends, als Mr. Hardy mit seiner Frau und seinen Kindern in der Kühle des Abends hinunterspazierte, um voller Freude das leuchtende Grün ihrer gesunden und wertvollen Ernte zu betrachten, sagte Hubert:

„Sind nicht Mais, Papa, die großen gelben Köpfe, die mit kornähnlichen Perlen bedeckt sind, die man in den Läden der Maishändler in England sieht?"

„Ja, Hubert."

„Nun, wenn dem so ist, kann ich mir nicht vorstellen, wie diese langen, zarten Stängel das Gewicht tragen können. Sie biegen sich wie Mais bei jedem

Windstoß. Es scheint nicht möglich, dass sie ein Viertel des Gewichts ihrer Schwerkraft tragen könnten." gelbe Köpfe."

„Das konnten sie auch nicht, Hubert; aber die Natur hat für diese Schwierigkeit eine weise und sehr außergewöhnliche Vorkehrung getroffen. Alle anderen Pflanzen und Bäume, die ich kenne, haben ihre Früchte oder Samen dort, wo zuvor die Blüte wuchs. Bei Mais wird sie in eine Gänze gelegt." In sehr kurzer Zeit werden Sie sehen – tatsächlich können Sie es jetzt bei den meisten Pflanzen sehen –, dass der Stengel in einer Höhe von 30 bis 30 cm über dem Boden beginnt, sich zu verdicken, und nach kurzer Zeit wird er platzen; Und der Maiskolben, der so von Blättern umhüllt ist, dass er wie ein bloßer Haufen aussieht, wird hervorkommen. Er wird eine Zeit lang größer und größer werden, und dann wird die Pflanze verdorren und bis zu der Stelle absterben, aus der der Kopf entspringt . Der verbleibende Teil wird vertrocknen, bis das Feld mit toten Baumstümpfen bedeckt erscheint, mit Büscheln toter Blätter an der Spitze. Dann ist es bereit für die Ernte."

„Was für eine seltsame Pflanze, Papa! Ich sehne mich schon sehr nach der Zeit, wenn die Köpfe herauskommen. Was wirst du auf dem Stück Land pflanzen, das du jetzt zur Aussaat vorbereitet hast? Es sind etwa sechs Hektar."

„Ich habe vor, dort Baumwolle anzupflanzen, Hubert. Ich habe nach Buenos Ayres geschickt, um Samen für das sogenannte Carolina Upland zu holen, und ich erwarte sie in ein paar Tagen hier."

„Aber es erfordert viel Arbeit, nicht wahr, Papa?"

„Die Berechnung in den Nordstaaten, Hubert, ist, dass ein Mann acht Hektar Baumwolle anbauen kann, unterstützt von seiner Frau und seinen Kindern zu bestimmten Zeiten; und da seine Arbeit nicht immer erforderlich ist, kann er mit seiner Familie weitere acht Hektar anbauen zehn Acres anderer Produkte; so dass etwa die Hälfte der Arbeit eines Landarbeiters erforderlich sein wird, und beim Hacken und Pflücken können wir alle helfen."

„Sind keine Maschinen erforderlich, um die Samen von der Baumwolle zu trennen?"
fragte Charley.

„Es ist nicht unbedingt notwendig, Charley, obwohl es natürlich wirtschaftlich ist, wenn der Anbau in großem Maßstab durchgeführt wird. Die Sorte, die ich probieren werde, wird manchmal „gebeugte" Carolina genannt, weil sie früher durch Platzieren gereinigt wurde an einer Reihe sehr straff gespannter Schnüre, die mit einer Art Bogen angeschlagen wurden, und die Vibration bewirkte, dass sich der Samen von der Baumwolle löste. Ich habe eine Zeichnung einer dieser Vorrichtungen in einem Buch oben im Haus, und als die Die Zeit ist gekommen , ihr Jungs sollt mich zu einem machen. Es wird eine Arbeit für uns sein, die wir drinnen erledigen müssen, wenn das Wetter zu heiß ist, um draußen zu sein. Natürlich werde ich, wenn ich finde, dass es gelingt und sich gut auszahlt, mehr Hände annehmen und ordentlich arbeiten Maschinen und die Ausweitung des Anbaus. Ich beabsichtige, die Reihen eher weit auseinander zu pflanzen, um den leichten Pflug mit den Dammbrettern dazwischen zu verwenden, anstatt zu hacken, um Arbeit zu sparen."

„Wie viel Baumwolle bekommen sie pro Hektar?" Fragte Frau Hardy.

„In den Südstaaten erwartet man zwölfhundert Pfund auf neuem Boden – das heißt zwölfhundert Pfund Schoten, was etwa dreihundert gereinigte Baumwolle ergibt. Wenn ich die Baumwolle einigermaßen im Boden habe Ich habe vor, als Experiment ein oder zwei Hektar Tabak und die gleiche Menge Zuckerrohr anzupflanzen. Aber bevor ich das tue , müssen wir am Haus einen Garten anlegen: Das ist wirklich dringend nötig.

„Könnten wir hier nicht Reis anbauen, Papa?"

„Zweifellos könnten wir das, Hubert; aber ich habe nicht vor, es zu versuchen. Um mit Reis erfolgreich zu sein, müssten wir den Boden, auf dem er wächst, in einem Sumpfzustand halten, was sehr ungesund wäre. Deshalb tue ich es." Bewässern Sie die Felder nicht öfter als unbedingt nötig. Alles, was sich in einem solchen Klima sumpfigen oder sogar feuchten Gebieten nähert, würde mit ziemlicher Sicherheit Malaria hervorrufen. Außerdem würden wir bei lebendigem Leibe von Mücken gefressen werden. Nein, ich werde es auf keinen Fall versuchen Reis. Andere tropische Produkte werde ich eines Tages ausprobieren. Ingwer, Vanille und andere Dinge würden hier zweifellos gedeihen. Ich glaube nicht, dass irgendeines von ihnen eine außergewöhnliche Profitrate bringen würde, denn obwohl Land billig ist, ist Arbeitskraft billig ist knapp. Trotzdem wäre es interessant und würde ein wenig Abwechslung und Unterhaltung in unsere Arbeit bringen, was immer ein wichtiger Punkt ist, und zweifellos würde es im Allgemeinen einen gewissen Gewinn bringen, obwohl wir gelegentlich einen völligen Misserfolg erleiden könnten.

Sehr oft gingen die Mädchen bei Tagesanbruch mit ihren Brüdern zum Fluss hinunter und beobachteten die Wasservögel auf seiner Oberfläche; Sie waren so amüsant, als sie im Wasser planschten und spielten, ohne sich der Gefahr bewusst zu sein. Ihre Favoriten waren jedoch die wunderschönen scharlachroten Flamingos mit ihren schlanken Beinen und ihren langen, anmutigen Hälsen, deren Hauptaufgabe darin zu bestehen schien, ruhig im Wasser zu stehen, wo es nur fünf bis sieben Zentimeter tief war, und sich zu putzen ihre glänzend roten Federn. Immer wieder wünschten sich die Mädchen, sie könnten ein paar Wasservögel, vor allem Flamingos, dazu bringen, sie zu zähmen, damit sie auf dem Dammteich schwimmen und gefüttert werden könnten; und die Jungen führten mehrere Gespräche miteinander darüber, wie man einige von ihnen am besten einfangen könnte. Schließlich dachten sie daran, eine Art Gehege aus leichten Ästen zu bauen, mit einem Eingang, durch den Vögel leicht hindurchgehen, durch den sie aber nicht leicht zurückkehren konnten, und Getreide bis in das Gehege zu streuen, um die Vögel zum Betreten zu locken . Als er Mr. Hardy diesen Plan erklärte, sagte er, dass er keinen Zweifel daran habe, dass es gelingen würde, Vögel zu fangen, dass es aber unmöglich sei, ausgewachsene Wildvögel zu zähmen, wenn sie gefangen würden, und dass der einzige Plan darin bestünde, sie zu finden Nester und nehmen Sie die Eier oder sehr junge Vögel. Sie beschlossen, dies zu tun; Und da die Büsche in der Nähe des Flusses zu dicht waren, um sie vom Ufer aus untersuchen zu können, machten sie sich eines Morgens früh auf den Weg, stiegen zum Fluss hinab, betraten ihn und wateten eine beträchtliche Strecke entlang. Sie entdeckten zwei Schwanennester und mehrere unterschiedliche Beschreibungen von Enten. In einigen Fällen saßen die Vögel auf ihren Eiern, in anderen waren die Jungvögel gerade erst geschlüpft und verzogen sich zusammen mit den Elternvögeln in die Büsche, als sie gestört wurden.

Charley und Hubert äußerten sich beim Frühstück nicht zum Erfolg ihrer Expedition; aber als Charley zwei Tage später nach Rosario ging, besorgte er sich von Mr. Percy, der eine Menge Hühner hielt, zwei sitzende Hühner. Diese wurden mit ihren Nestern im Ochsenkarren in einem Korb untergebracht; und Mrs. Hardy, die keine Ahnung hatte, welchen Zweck sie erfüllen sollten, war bei ihrer Ankunft in Mount Pleasant sehr erfreut über diesen Zusatz zum Hühnerstall. Tatsächlich war man sich schon lange darüber einig, dass man Hühner halten würde, sobald der Mais reif sei. Am nächsten Morgen gingen die Jungen wieder hin und brachten zwanzig Eier verschiedener Arten von Wildenten mit, darunter vier Schwaneneier – um sie zu erhalten, mussten sie die Elternvögel abschießen, die tagelang die Speisekammer bildeten – und diese unter die Hühner legen anstelle ihrer eigenen Eier, und dann nahmen sie die Mädchen triumphierend mit, um den Beginn ihres zahmen Entenprojekts zu sehen. Die kleinen Mädchen waren entzückt und es war ihnen eine große Freude, ständig nach unten zu gehen, um zu sehen, ob die Eier geschlüpft waren, da natürlich niemand sagen konnte, wie lange sie schon gesessen hatten, bevor sie entnommen wurden. Sie hatten bemerkt, dass vier der Eier viel größer waren als die anderen, hatten aber keine Ahnung, dass es Schwäne waren . Im Laufe weniger Tage waren sechs der jungen Entenküken geschlüpft, und die Hennen waren beide so unglücklich darüber, dass es ihnen schwer fiel, weiterzusitzen, während sie sich um ihre Jungen, diese eine Henne und alle anderen Kleinen, kümmern mussten Die Eier wurden in einiger Entfernung vom Nest der anderen Henne entfernt und die gesamten Eier unter die verbleibende Henne gelegt. Die vier Schwäne und fünf weitere Enten waren sicher geschlüpft, als die

Henne sich weigerte, länger zu sitzen, und die restlichen Eier verloren gingen. Nachdem die Schwäne nun sicher geschlüpft waren, erzählten die Jungen ihren Schwestern, was sie wirklich waren, und ihre Freude war groß.

In wenigen Tagen wurden sie alle zum Damm gebracht und fanden bald den Weg ins Wasser, zum großen Kummer ihrer Pflegemutter, die vergeblich am Ufer stehen und rufen musste, bis die Kleinen kommen wollten an Land. Bald wurde aus einer alten Kiste ein Hühnerstall zusammengezimmert und in der Nähe des Damms aufgestellt, und schon bald gewöhnten sich die Hühner an die Lust ihrer Schützlinge an das Wasser und gingen umher und sammelten Insekten, während die Kleinen weiter schwammen der Teich. Zweimal am Tag gingen die Mädchen hinunter, um sie mit Getreide und gekochten Kürbisstücken zu füttern – denn die Kürbisse begannen bald zu wachsen – und die Entenküken und Schwanenküken, die derzeit nur wenig größer waren als die anderen, schwammen schnell darauf zu sie, wenn sie sie sahen, und ernährten sich gierig von ihren Händen.

Erst einige Wochen später wurde der Wunsch nach jungen Flamingos befriedigt. Die Jungen waren auf einem Ausritt gewesen, und als sie auf den Fluss stießen, wo er breit war und flache Sandbänke hatte, um die das Holz wuchs, beschlossen sie, ihre Pferde anzubinden und in den Bach zu gehen, um zu sehen, ob sie noch mehr davon holen könnten Eier. Mit einiger Mühe bahnten sie sich ihren Weg durch die Büsche, gelangten ins Wasser und wateten weiter, bis sie durch eine Biegung des Flusses das flache Ufer in Sichtweite bekamen. Es waren etwa zwanzig oder dreißig Flamingos darauf, denn diese Vögel sind sehr gesellig. Einige standen wie immer im Wasser, aber die Jungen konnten nicht erkennen, was die anderen taten. An dem flachen Ufer lagen mehrere Erdhaufen, und gegenüber saßen offenbar einige Vögel mit gespreizten Beinen. Ihr Aussehen war so komisch, dass die Jungen in Gelächter ausbrachen, was die Flamingos so erschreckte, dass sie alle sofort die Flucht ergriffen. Die Jungen wateten nun bis zur Stelle und gingen dann an Land, um zu sehen, wozu diese seltsamen Haufen dienten. Zu ihrer großen Freude stellten sie fest, dass es sich um Nester handelte, und auf mehreren von ihnen lagen acht oder neun sorgfältig angeordnete Eier. Die Beine des Flamingos sind so lang, dass der Vogel sie nicht zusammenfalten und wie gewohnt auf seinem Nest sitzen kann. Der Hühnervogel kratzt deshalb einen Erdhaufen zusammen, auf den er seine Eier legt, und setzt sich dann rittlings darauf, um sie warm zu halten. Die Jungen stritten sich darüber, ob sie zwei ganze Nester wegnehmen sollten oder ob sie aus jedem Nest ein paar Eier nehmen sollten; aber sie entschieden sich für den ersteren Plan, damit jede der jungen Bruten gleichzeitig ausgebrütet werden konnte. Als die Jungen mit ihrem Schatz nach Hause kamen, war die Freude ihrer Schwestern grenzenlos, und die Hühner wurden bald ihren neuen

Schützlingen übergeben, und da beide gute Hüter waren, nahmen sie sie ohne große Schwierigkeiten an.

Als die jungen Bruten schlüpften, waren die Mädchen sehr enttäuscht über das Erscheinen kleiner gräulicher, flauschiger Kugeln anstelle der schönen roten Dinger, die sie erwartet hatten, und sie waren keineswegs getröstet, als ihr Vater ihnen sagte, dass es drei oder vier Jahre dauern würde Sie haben ihre schöne Farbe erhalten. Sie wurden jedoch zu großartigen Haustieren und waren mit ihren langen Beinen, den schlanken Hälsen und den großen gebogenen Schnäbeln sehr lustig. Sie wurden äußerst zahm und folgten nach einiger Zeit den Mädchen und stolzierten aus eigenem Antrieb zum Haus, um gefüttert zu werden, wobei ihr Futter immer ins Wasser gestellt wurde, da sie z was in der Tat aufgrund der eigentümlichen Konstruktion ihres Schnabels völlig unpassend ist. Sie hatten keinerlei Angst vor den Hunden, die ihrerseits zu gut trainiert waren, um sie zu berühren; und ihre lustige Art und ihre extreme Zahmheit sorgten für ständigen Spaß bei der ganzen Familie.

Aber wir müssen jetzt unsere Schritte zurückverfolgen. Nach der wichtigen Arbeit, eine bestimmte Menge Land kultivierbar zu machen, war die Anlage eines Gartens die nächstwichtigste Angelegenheit. Das Land innerhalb der Einzäunung um das Haus wurde zunächst umgepflügt und dann von Hand umgegraben, wobei der Rasen vor dem Haus als Rasenfläche belassen wurde. Der Rest wurde mit Samen bepflanzt, die aus England mitgebracht wurden – Erbsen, Bohnen, Tomaten, Zucchini, Gurken, Melonen und viele andere, von denen einige aus warmen Klimazonen stammten, während andere versuchsweise in kleinen Beeten gepflanzt wurden. Glücklicherweise lieferte der Brunnen reichlich Wasser, dessen einziger Nachteil darin bestand, dass es, wie das meiste Wasser in der Pampa, einen starken Salzgeschmack hatte, der den Hardys, bis sie sich daran gewöhnt hatten, sehr unangenehm war. Da der Brunnen in der Nähe des Hauses am höchsten Teil des Abhangs gegraben worden war, wurde das Wasser von der Pumpe durch kleine Kanäle durch den ganzen Garten geleitet; und das Wachstum der verschiedenen Gemüsesorten war überraschend. Aber lange bevor diese zum Tragen kamen, sorgten Yamswurzeln und Mais für einen willkommenen Nachschub. Die Yamswurzeln ähneln einer Süßkartoffel; und wenn der Mais grün geerntet wird und die kleinen Körner abgeknabbert, gekocht und mit etwas Butter vermischt werden, ähneln sie genau den zartesten und köstlichsten jungen Erbsen.

Auch die jungen Kartoffeln waren angekommen, so dass sie nun über reichlich Gemüse verfügten, der einzige Punkt, an dem sie zuvor Mangel gehabt hatten. Ihr Getränk war *Mate* , das als Nationalgetränk Paraguays, Brasiliens und der Argentinischen Republik bezeichnet werden kann. Es wird aus den Blättern des *Mate Yule hergestellt* , einer Pflanze, die in Paraguay und

Brasilien wächst. Die Eingeborenen trinken es im Allgemeinen ohne Zucker oder Milch und saugen es durch ein kleines Röhrchen aus dem Gefäß, in dem es zubereitet wird. Es wird jedoch durch die Zugabe von Zucker und Milch, oder besser noch Sahne, deutlich verbessert. Dadurch wird der bittere Geschmack, der ihn auszeichnet, deutlich gemildert. Zuerst gefiel es niemandem aus der Gruppe; Da ihnen aber von den Landbewohnern versichert wurde, dass es ihnen schmecken würde, wenn sie sich daran gewöhnt hätten, beharrten sie darauf, und nach einer Weile zogen alle es sogar dem Tee vor.

Gelegentlich fuhr der eine oder andere der Jungen mit dem Karren nach Rosario, und Mr. Hardy kaufte einige Hundert junge Obstbäume – Äpfel, Birnen, Pflaumen, Aprikosen und Pfirsiche –, von denen einige im Garten an den Seiten gepflanzt wurden hinter dem Haus, andere im Freien dahinter und rundherum; Ein leichter Zaun mit einem Draht wurde aufgestellt, um das Vieh am Eindringen zu hindern. Zur künftigen Verschönerung des Ortes wurden auch Gruppen junger Palmen, Bananen und anderer tropischer Bäume und Sträucher gepflanzt. Um das Ackerland herum wurden Zäune errichtet und eine Einzäunung angelegt, in die das Vieh nachts getrieben wurde. Diese Zäune waren einfach und kostengünstig herzustellen. Der Draht kostete in Rosario kaum mehr als in England, und die größte Schwierigkeit bestand darin, die aus Algarobaholz gefertigten Pfosten aus der Stadt zu holen. Dieser Wald wächst reichlich am Oberlauf des Flusses und wird dort abgeholzt und in großen Flößen nach Rosario hinabgeschwemmt. Es ist ein zähes Holz, das leicht spaltet und daher hervorragend für Pfosten geeignet ist. Es hat eine rötliche Farbe und weist beim Polieren eine hübsche Maserung auf. Alle Möbel waren daraus gefertigt; und dieses glänzte nun durch das ständige Reiben durch Sarah und die Mädchen hell und hatte eine sehr gute Wirkung.

Die Zimmer wurden nun mit Decken versehen, wodurch ihr Aussehen erheblich verbessert wurde, und der Temperaturunterschied war sehr deutlich. Schon kurze Zeit nach dem Fang der Wildgeflügeleier war man sich einig, dass Hühner unverzichtbar seien, und baute dementsprechend einen großen Hühnerstall in geringer Entfernung vom Damm, da man davon ausging, dass es dort keine Gebäude geben sollte , mit Ausnahme der Männerhütte, in der Nähe des Hauses. Der Hühnerstall war schnell gebaut, da es sich lediglich um ein mit Filz bedecktes Gerüst handelte, auf dem sich Gitterstäbe befanden, auf denen sich die Hühner niederlassen konnten.

Der Boden bestand wie der des Hauses aus hart gestampftem Kalk und Lehm; und am Damm wurde ein kleiner Einschnitt gemacht, durch den Wasser nach Belieben über den Boden fließen konnte, um ihn sauber und ordentlich zu halten. Als der Karren das nächste Mal nach Rosario fuhr, brachte er fünfzig Hühner zurück, die nur ein paar Dollar gekostet hatten.

Von nun an gehörten Eier und Omeletts zum festen Bestandteil des Frühstücks, und die Puddings wurden deutlich verbessert.

Die Hühner machten kaum Probleme, da sie selbst auf Nahrungssuche gingen, überall eine Fülle von Insekten fanden und zusätzlich jeden Morgen ein paar Töpfe Mais bekamen. Maud und Ethel wechselten sich jede Woche ab und übernahmen die Leitung des Hühnerstalls; und es war ihnen eine große Freude, die zahlreichen Bruten junger Hühner zu beobachten und die Eier zu jagen, die die Hühner trotz der verlockend für sie vorbereiteten Nester oft noch lange Zeit darauf beharrten, in ihre eigenen Nester zu legen Gras.

Die Hühner hatten jedoch zahlreiche Feinde, die ihren jungen Herrinnen große Probleme bereiteten. Dies waren die Stinktiere, ein Tier des Wieselstammes, das jedoch im Aussehen sehr Eichhörnchen ähnelte und einen höchst abscheulichen Geruch besaß; so sehr, dass die Hunde, die fast alles angreifen würden, vor ihnen davonlaufen würden. Anfangs kamen sie sehr häufig vor und richteten bei den Hühnern schreckliche Schäden an. Die Mädchen waren verzweifelt und riefen ihre Brüder zu Hilfe. Die Jungen schossen ziemlich viele, denn die Tiere waren sehr zahm und furchtlos; aber ihre Zahl war so groß, dass diese Zerstörungsmethode kaum von Nutzen war. Dann bereiteten sie Fallen verschiedener Art vor – einige bestanden aus einem nach unten gebogenen elastischen Stock mit einer Schlinge am Ende und wurden an einem kleinen Eingang platziert, der absichtlich im Hühnerstall belassen wurde, damit das Stinktier ihn berührte, wenn er hinein wollte Eine Feder und der losgelassene Stock flogen in die Luft und trugen das Tier mit der Schlinge um den Hals; andere Fallen ließen ein schweres Stück Holz fallen, das den Eindringling zerschmetterte; und auf diese Weise wurden die Stinktiere ziemlich gut beseitigt, wobei die unangenehmste Arbeit darin bestand, den Körper aus der Falle zu entfernen. Dies musste dadurch erreicht werden, dass man ihn mit zwei Holzstücken festhielt, denn der Geruch war so stark, dass der Geruch bei Berührung des Körpers tagelang an den Händen blieb.

Sie hatten ihren Bestand nun um eine weitere Haustierart erweitert, aber das war die Aufgabe der Jungen. Als die Kürbisse zu reifen begannen, kaufte Mr. Hardy sechs Schweine. Sie machten ihnen kaum Probleme, denn obwohl ein Stall für sie gebaut wurde, durften sie tagsüber umherwandern, wie es ihnen gefiel, und ein weiterer Draht wurde an den Zaun um das bebaute Land angebracht, um sie vom unbefugten Betreten abzuhalten. Die Kürbisernte war enorm; und Mr. Hardy beschloss, dass achtzehn Monate lang keine Schweine getötet werden sollten; bis dahin würde es eine ziemlich große Herde von Schweinen geben, da sich diese Tiere schnell vermehren.

Obwohl in den vier Monaten nach der Fertigstellung des Hauses und der Ankunft von Mrs. Hardy und ihren Töchtern eine enorme Menge harter Arbeit geleistet wurde, darf nicht davon ausgegangen werden, dass diese nicht mit viel Entspannung und Vergnügen verbunden war.

Es gab wenige Tage, an denen der eine oder andere der Jungen eine Stunde lang weder vor Sonnenaufgang noch nach Sonnenuntergang mit seinem Gewehr hinausging und es selten versäumte, ein oder zwei Wildgeflügel der einen oder anderen Art nach Hause zu bringen. Und manchmal machten sie an einem Nachmittag einen Ausritt mit ihren Schwestern und jagten einen Strauß oder jagten den Graufüchsen hinterher, die es in großer Zahl gab und die unter den jungen Lämmern sehr zerstörerisch waren. Ein- oder zweimal während dieser Fahrten brachten die Jungen einen Puma zum Zapfen; aber da sie immer eine Kugel in einem ihrer Läufe trugen, erledigten sie mit diesen und ihren Revolvern bald ihre unwillkommenen Besucher.

Sie hatten einen Apparat mit Riemen und einer Art kleiner Tasche erfunden, in die die Mündung des Gewehrs passte, so dass es vom Sattel herab vor ihrem Bein hing; Der Schaft der Waffe war mit einem Riemen am Sattelknauf befestigt, auf dessen anderer Seite sich das Revolverholster befand. Dies war in mancher Hinsicht eine unbequeme Art, die Waffe zu tragen, da der Riemen gelöst werden musste, um an die Waffe zu gelangen, und die Chance auf einen Schuss dadurch verloren ging; aber sie hielten es für besser als die Art, die sie zunächst gewählt hatten, nämlich mit hinter dem Rücken hängenden Waffen zu reiten. Dies gaben sie auf, weil sie bei größter Vorsicht gelegentlich beim Galoppieren aus den Gürteltierlöchern stürzten und der Schock durch das Gewicht des Gewehrs erheblich verstärkt wurde, abgesehen von der Gefahr für jeden, der in der Nähe reitet die Waffe explodiert. Wenn sie ruhig ritten und nach Wild Ausschau hielten, trugen sie das Gewehr bereit auf ihren Armen.

Nach einem dieser Ausritte, als Hubert einen Schwan, der sich auf dem Weg zu seinem Bett im Fluss befand, mit einer Kugel erschossen hatte, sagte Maud beim Tee:

„Ich wünschte, wir könnten auch schießen. Es wäre ein großer Spaß, und ich würde meine Fahrten viel mehr genießen, wenn ich wüsste, dass ich schießen könnte, falls ein Löwe oder ein Reh herauskäme."

„Nun, Mädels", sagte Mr. Hardy, „ich hatte immer vor, dass ihr schießen lernt. Wir hatten so viel zu tun, seit ihr hierhergekommen seid, dass ich nicht daran gedacht habe, und ich hatte außerdem vor, bis dahin zu warten." Einer von Ihnen äußerte den Wunsch zu lernen. Ich habe extra für Sie und Ihre Mutter drei leichte Türkengewehre mitgebracht, und Sie können morgen früh damit beginnen, wenn Sie möchten."

„Oh, danke, Papa, vielen, vielen Dank, das wird schön!" riefen beide Mädchen und klatschten vor Aufregung in die Hände.

„Und was sagst du, Mama?" fragte Mr. Hardy.

„Nein, danke", sagte Mrs. Hardy; „Ich habe viel zu tun, und da ich einen Mann und zwei Söhne und zwei Töchter habe, die mich verteidigen, halte ich es nicht für wesentlich. Aber ich denke, dass es eine schöne Unterhaltung für die Mädchen sein wird."

Und so übten die Mädchen am nächsten Morgen, und fast jeden Morgen danach, mit dem leichten Gewehr auf ein bestimmtes Ziel, bis ihre Hände mit der Zeit so ruhig wurden, dass sie ihre Brüder, die beide wirklich gut waren, auf kurze Distanzen von sechzig oder siebzig Metern schlagen konnten Schüsse. Dies lag vor allem daran, dass die in diesen Gewehren verwendete Pulverladung so gering war, dass es kaum einen Rückstoß gab, der das Zielen störte. Es dauerte einige Zeit, bis es ihnen gelang, irgendetwas Fliegendes zu treffen; Aber sie waren sehr stolz, als eines Abends, nachdem sie lange mit den Jungen draußen gewesen waren, eine dicke Gans über ihnen vorbeikam und die Mädchen gleichzeitig feuerten und er mit beiden Kugeln im Körper zu Boden ging. Danach trugen auch sie auf ihren Ausritten ihre Gewehre mit sich.

Jeder , der Maud und Ethel Hardy zu Hause gekannt hatte, hätte sie jetzt kaum wiedererkannt an den sonnenverbrannt aussehenden Mädchen, die auf ihren Pferden saßen, als hätten sie noch nie in ihrem Leben einen anderen Sitz gekannt. Auch ihre Kleidung wäre für englische Augen höchst merkwürdig gewesen. Sie trugen breite Strohhüte und darüber einen weißen Schal, der sie vor der Hitze schützte. Ihre Kleider waren sehr kurz und aus braunem Holland gefertigt, mit einem Garibaldi aus blauem Flanell. Sie trugen rote Flanell-Knickerbocker und Gamaschen, die bis über das Knie reichten, aus sehr weichem, flexiblem Leder aus Hirschleder. Diese Gamaschen waren eine absolute Notwendigkeit, denn hier wimmelte es buchstäblich von Schlangen, und sie fanden sie ständig im Garten, wenn sie zum Gemüsesammeln gingen. Die meisten dieser Schlangen waren harmlos; aber da einige von ihnen sehr tödlich waren, war der Schutz durch Gamaschen durchaus notwendig. Den Mädchen gefielen sie zunächst nicht, vor allem weil ihre Brüder nicht anders konnten, als ein wenig darüber zu scherzen, und Hubert sagte, dass sie ihn an zwei Rebhühner mit gelben Beinen erinnerten. Sie gewöhnten sich jedoch schnell an sie und fühlten sich danach so viel wohler im Umgang mit Schlangen, dass sie sie auf keinen Fall aufgegeben hätten.

Die Jungen trugen aus dem gleichen Grund immer hohe Stiefel und hatten keinerlei Angst vor den Schlangen; aber Mr. Hardy bestand darauf, dass jeder von ihnen immer in einer kleinen Innentasche seines Mantels ein Fläschchen mit Ammoniakalkohol, ein kleines chirurgisches Messer und ein Stück Peitschenschnur bei sich tragen sollte; die gleichen Artikel werden immer im Haus bereitgehalten. Seine Anweisungen lauteten, dass sie im Falle eines Bisses zuerst die Wunde aussaugen, dann die Peitschenschnur um das Glied über der Bissstelle binden sollten und dass sie dann quer tief in die Wunde einschneiden, sie so weit wie möglich öffnen und gießen sollten in einigen Spirituosen Ammoniak; dass sie dann den Rest des Ammoniaks in ihre Wasserflasche, die sie immer über der Schulter trugen, schütteten und austrinken sollten. Wenn diese Anweisungen sofort und gründlich befolgt würden, hätte Mr. Hardy kaum Angst davor, dass der Biss selbst der tödlichsten Schlange tödlich sein würde. Außerdem ordnete er an, dass sie, falls sie sich in der Nähe ihres Zuhauses aufhielten, bei ihrer Ankunft gezwungen werden sollten, rohen Schnaps zu trinken, bis sie es nicht mehr aushalten konnten, und dass derjenige, der gebissen wurde, wenn sie weit weg von zu Hause waren und zusammen waren sollte sich hinlegen, während der andere in Höchstgeschwindigkeit galoppierte, um eine Flasche Brandy mitzunehmen und anzuordnen, dass Hilfe geschickt wird. Dieses Mittel ist in ganz Indien bekannt. Wer von einer Giftschlange gebissen wird, muss Spirituosen trinken, was er in außerordentlichem Maße tun kann, ohne von ihnen beeinflusst zu werden; ein Mann, der in gewöhnlichen Zeiten kaum ein starkes Glas Spirituosen und Wasser vertragen konnte und der, wenn er angebissen wurde, eine Flasche reinen Brandys trinken konnte, ohne im geringsten davon betroffen zu sein. Wenn der Geist endlich zu wirken beginnt und der Patient Anzeichen von Trunkenheit zeigt, gilt er als in Sicherheit, da das Gift des Geistes das Gift der Schlange überwunden hat.

KAPITEL IX.

NACHBARSCHAFTSBESUCHE UND BERATUNG.

Es darf nicht angenommen werden, dass die Hardys während dieser ganzen Zeit ein völlig einsames Leben führten. Im Gegenteil, sie hatten viel geselliges Miteinander. Im Umkreis von zehn Meilen befanden sich außer dem ihres ersten Freundes Mr. Percy nicht weniger als vier Estancias im Besitz von Engländern. Eine Fahrt von zwanzig Meilen ist in der Pampa nichts Besonderes. Das Anwesen unmittelbar hinter ihrem eigenen Anwesen gehörte dem Einheimischen Senor Jaqueras . Das Grundstück östlich seines Grundstücks gehörte drei jungen Engländern, deren Namen Herries , Cooper und Farquhar waren. Sie waren alle in der Armee gewesen, hatten sich aber verkauft und waren übereingekommen, herauszukommen und sich gemeinsam niederzulassen.

Die südwestliche Ecke ihres Grundstücks reichte bis zum Fluss, genau gegenüber dem Teil, wo die nordöstliche Ecke des Mount Pleasant sie berührte: Ihr Haus lag etwa vier Meilen von den Hardys entfernt. Westlich von Senor Jaqueras gehörte das Anwesen zwei Schotten, Brüdern namens Jamieson: Ihre Estancia war neun Meilen entfernt. Im hinteren Teil des Anwesens von Senor Jaqueras und neben dem von Mr. Percy befanden sich die Besitztümer der Herren Williams und Markham: Sie waren beide etwa zehn Meilen von Mount Pleasant entfernt. Diese Herren waren alle wenige Tage nach Mr. Hardys erster Ankunft herübergeritten, um die Neuankömmlinge aufzusuchen, und hatten jede in ihrer Macht stehende Hilfe angeboten.

Die Hardys waren sehr zufrieden mit ihren Besuchern, bei denen es sich allesamt um junge Männer mit der offenen, herzlichen Art handelte, die Männern eigen ist, die frei von den Zwängen des zivilisierten Lebens sind. Die Besuche waren nach kurzer Zeit erwidert worden, und dann war für eine Weile jegliche Kommunikation mit den entfernteren Besuchern eingestellt worden, denn die Hardys waren zu beschäftigt, um sich Zeit für Fernfahrten zu nehmen. Der eine oder andere aus der Gruppe in Canterbury, wie die drei Engländer ihre Estancia genannt hatten, kam sehr häufig zu einem Gespräch vorbei, und Mr. Hardy und die Jungen fuhren oft dorthin, wenn die Arbeit erledigt war. Canterbury war auch eine junge Siedlung – allerdings noch jung tatsächlich vier oder fünf Monate älter als Mount Pleasant – so dass seine Besitzer, wie sie selbst, alle Hände voll Arbeit hatten; aber manchmal, wenn sie wussten, dass die Hardys besonders hart arbeiteten, kamen ein oder zwei von ihnen bei Tagesanbruch vorbei und halfen. Während der letzten Arbeitswoche, insbesondere kurz vor Mrs. Hardys Ankunft, kamen alle drei vorbei und leisteten ihre Hilfe, ebenso wie die Jamiesons.

Sobald Mrs. Hardy angekommen war, kamen alle Nachbarn vorbei, um vorbeizuschauen, und es entwickelte sich schnell ein sehr freundschaftlicher Verkehr zwischen ihnen. Da es in Mount Pleasant kein freies Schlafzimmer gab, wurden einige Hängematten angefertigt und Haken in die Wände des Wohnzimmers gesteckt, damit die Hängematten nachts aufgehängt und morgens abgebaut werden konnten. Die englische Gruppe ritt immer zurück nach Canterbury, da die Entfernung so kurz war, und die Jamiesons taten im Allgemeinen dasselbe; aber die Herren Percy, Williams und Markham kamen gewöhnlich am Nachmittag vorbei und ritten am nächsten Morgen wieder zurück.

Wenn der Arbeitsdruck vorbei war, galoppierten die Jungen und ihre Schwestern oft zum Tee nach Canterbury und manchmal, aber seltener, zur Estancia der Jamiesons. Die unbeschwerten jungen Engländer gefielen ihnen natürlich besser als die ruhigen und nachdenklichen Schotten. Letztere wurden jedoch von Mr. und Mrs. Hardy sehr geschätzt, die in ihnen einen Fundus an gesundem Menschenverstand und Ernsthaftigkeit erkannten.

Am Sonntagmorgen hatte Mr. Hardy den Gottesdienst, zu dem im Allgemeinen alle ihre Freunde kamen. Es fand früh statt, damit die Jamiesons und die Engländer vor der Hitze des Tages zu ihren Häusern zurückkreiten konnten, während die anderen drei zum Essen blieben und in der Kühle des Abends zurückkehrten. Canterbury war ausschließlich eine Schaf- und Rinderfarm. Die Besitzer hatten fünftausend Schafe und einige Hundert Rinder; Sie hatten jedoch vergleichsweise viel Zeit zur Verfügung, da die Vieh- und Schafhaltung nicht so viel persönliche Betreuung und Aufsicht erfordert wie landwirtschaftliche Betriebe. Die Jamiesons hingegen waren ausschließlich mit der Ackerbearbeitung beschäftigt: Sie hatten keine Schafe und nur ein paar Stück Vieh.

Mr. Hardy äußerte sich eines Tages zu Mr. Percy darüber, und dieser antwortete: „Ah, die armen Kerle sind sehr unglücklich. Sie brachten ein ordentliches Kapital heraus und hatten einen ebenso großen Bestand an Schafen und Rindern wie die Canterbury-Partei." Ungefähr sechs Monate vor Ihrer Ankunft – ja, es ist jetzt erst ein Jahr – überfielen die Indianer sie und raubten jedes Tier, das sie hatten. Sie griffen das Haus an, aber die Jamiesons verteidigten sich gut, und die Indianer waren besorgt Sie wollten mit ihrer Beute davonkommen, und so machten sie sich auf den Rückzug. Die Verfolgung war aussichtslos; jedes Pferd war vertrieben worden, und sie mussten sechs Meilen bis zur nächsten Hacienda laufen, um die Nachricht zu überbringen; und lange bevor eine Gruppe zusammenkommen konnte Die Indianer konnten nicht mehr verfolgt werden. Zwei- oder dreihundert Schafe und ein oder zwei Dutzend Ochsen fanden ihren Weg zurück, und diese und ihr Land waren alles, was den Jamiesons ihrer Hauptstadt übrig blieb, denn sie hatten alles investiert, was sie hatten Sie sahen den Geschäften jedoch mannhaft ins Gesicht, verkauften ihre Tiere, kauften ein paar Pflüge und Zugochsen, heuerten ein oder zwei Lakaien an und machten sich mit einem Testament an die Arbeit. Sie werden eine Zeit lang nur langsam vorankommen; aber ich habe keinen Zweifel daran, dass es ihnen im Laufe einiger Jahre gut gehen wird. Männer mit Mut und Ausdauer werden mit Sicherheit weiterkommen. Das erinnert mich, Hardy, an eine Angelegenheit, über die ich mit Ihnen sprechen wollte. Wir kommen gerade erst zu der Jahreszeit, in der es am wahrscheinlichsten zu indischen Angriffen kommt. Manchmal sind sie ein oder zwei Jahre lang ruhig, dann sind sie wieder sehr lästig. Vor fünf oder sechs Jahren, kurz nachdem ich mich geoutet hatte, hatten wir schreckliche Zeiten mit ihnen. Riesige Mengen an Rindern wurden vertrieben. Die Schafe nehmen sie seltener mit, weil sie nicht so schnell reisen können, aber manchmal vertreiben sie sie doch. Zahlreiche Hirten wurden getötet, zwei oder drei Estancias eingenommen und niedergebrannt und die Bewohner ermordet. Sie sind jetzt der am weitesten entfernte Siedler und damit der am stärksten gefährdete. Ihre Estancia ist stark und gut gebaut, und Sie sind alle gut bewaffnet und haben gute Schüsse. Ich denke, in dieser Hinsicht sind Sie in Sicherheit, außer vor einer plötzlichen Überraschung. Die Hunde werden bestimmt Alarm schlagen; Dennoch sollte ich mit allem bereit schlafen.

„Vielen Dank, Percy. Ich werde deinen Rat beherzigen. Ich hatte es von dem erwartet, was ich gehört hatte, als ich das Haus kaufte; aber da ich die ganze Zeit nichts von Indianern gehört hatte, hatte ich es fast vergessen. Ich werde mich ohne Verlust auf die Verteidigung vorbereiten." eines Tages. Das Haus hat nur einen verletzlichen Punkt – die Türen und Fensterläden. Ich werde sie heute Nachmittag messen und Sie bitten, einen Brief zu übernehmen und ihn bei der ersten Gelegenheit an Rosario weiterzuleiten, damit er ein paar dünne Eisenbleche bekommt bedecke sie damit.

Herr Percy versprach, den Brief gleich am nächsten Tag mit einem Ochsenkarren, den er einschicken wollte, weiterzuleiten und dass derselbe Karren sie auch zurückbringen würde. Er sagte, wenn in zwei Tagen ein Transportmittel für sie hergeschickt würde , stünden sie bei ihm bereit.

Dieses Gespräch bereitete Mr. Hardy großes Unbehagen. Es war eine Möglichkeit, auf die er durchaus vorbereitet war; aber er konnte nicht spüren, dass die Gefahr wirklich drohte, ohne ein ängstliches Gefühl zu verspüren. Seine tausend Schafe hatten ihn zwölfhundertfünfzig Dollar gekostet und sein Vieh noch viel mehr. Die Lammzeit war vorbei und die Schafherde hatte sich verdoppelt. Auch das Vieh hatte stark zugenommen, und die Schafe waren fast zum Scheren bereit. Insgesamt betrug der Wert der Aktie über fünftausend Dollar. Der Verlust würde nicht den völligen Ruin bedeuten, da er noch dreitausend Dollar seines ursprünglichen Kapitals auf der Bank in Buenos Ayres hatte; aber es wäre ein sehr schwerer Verlust.

Mr. Hardy war mit Mr. Percy allein gewesen, als das Gespräch stattfand; aber er beschloss sofort, die Jungen voll und ganz ins Vertrauen zu ziehen. Deshalb rief er sie zu einem Spaziergang zum Damm hinunter und erzählte ihnen Wort für Wort, was Mr. Percy ihm erzählt hatte.

Charleys Augen leuchteten bei dem Gedanken an die Aufregung eines Kampfes mit Indianern, nach dem er sich vor achtzehn Monaten in England gesehnt hatte; und seine Finger schlossen sich fester um seine Waffe, als er sagte: „Gut, Papa, lass sie kommen." Huberts Gesicht wurde etwas blasser, denn er war von Natur aus nicht so mutig und kämpferisch wie sein Bruder. Er sagte jedoch nur: „Nun, Papa, wenn sie kommen , werden wir alle unser Bestes geben."

„Das wirst du bestimmt, mein Junge", sagte sein Vater freundlich. „Aber es gibt keine Angst, wenn es zum Kämpfen kommt. Wir drei können mit unseren Armen hundert von ihnen verprügeln. Ich denke an unser Vieh und nicht an uns selbst. Wir werden uns vor einer plötzlichen Überraschung gut hüten; und es geht um mehr." als ein ganzer Stamm tun könnte, um Mount Pleasant einzunehmen, wenn wir darauf vorbereitet wären."

„Willst du es Mama und den Mädchen erzählen, Papa?"

„Ich möchte ihnen sagen, dass es notwendig ist, eine Zeit lang auf der Hut zu sein, dass die Mädchen es auf keinen Fall wagen dürfen, alleine hinauszureiten, und dass sie sich nicht einmal bis zur Henne aus dem Gehege bewegen dürfen." Wir müssen dafür sorgen, dass in Zukunft die Schafe, Rinder und Pferde alle nachts in ihre Drahtgehege getrieben werden – wir waren nicht sehr zufrieden Besonders wegen des Viehs in letzter Zeit – und dass die Tore nachts befestigt und mit Vorhängeschlössern verschlossen sind. Es wird ihnen ein Rätsel sein, sie herauszuholen. Unsere eigenen drei Pferde werde ich in Zukunft in unserem eigenen Gehege behalten, damit sie immer zur Hand sind, Tag und Nacht. Ich habe sie mit besonderem Augenmerk auf Indianer gekauft; sie sind alle bemerkenswert schnell; und ob wir weglaufen oder verfolgen, darauf kann man sich verlassen. Und jetzt, Jungs, kommt zum Haus hinauf, und ich werde das Geheimnis öffnen Kasten."

Die Kiste, von der Mr. Hardy sprach, war ein langer Koffer, der seit ihrer Ankunft nie geöffnet worden war. Keine Bitten seiner Kinder konnten Mr. Hardy dazu bewegen, den Inhalt zu sagen, und die Kleinen hatten sich oft gefragt und darüber nachgedacht, was das sein könnte. Daher wurde es in der Familie als die geheimnisvolle Kiste bekannt.

Mit großer Neugier gingen die Jungen nun auf das Haus zu; Aber es gab eine kleine Verzögerung, denn als sie sich näherten, kamen Maud und Ethel ihnen entgegengerannt.

„Ist irgendetwas mit dem Damm los, Papa? Wir haben beobachtet, wie du so lange mit den Jungs geredet hast. Worum geht es?"

Mr. Hardy erzählte ihnen nun alles, was er über den Stand der Dinge für richtig hielt, und gab ihnen ihre Anweisungen. Die Mädchen, die keine Ahnung hatten, dass eine wirkliche Gefahr bestand, und die darüber hinaus uneingeschränktes Vertrauen zu ihrem Vater und ihren Brüdern hatten, waren geneigt, es als Spaß zu betrachten, und Mr. Hardy musste ziemlich ernst sprechen, um sicherzustellen, dass seine Befehle befolgt wurden würde strikt beachtet werden. Die Jungen teilten ihnen dann mit, dass die geheimnisvolle Kiste geöffnet werden sollte, und die ganze Gruppe ging zum Haus hinauf.

Die Kiste war im Lagerraum im Obergeschoss des Turms abgestellt worden, und die Jungen griffen zu Schraubenziehern und Hämmern, um sie zu öffnen. Die letztgenannten Werkzeuge waren nicht notwendig, da das Gehäuse sehr sorgfältig verschraubt war; und als man den Deckel abnahm, stellte man fest, dass sich darin ein verlötetes Zinngehäuse befand. Während die Jungen dies durchschnitten, äußerten sie ihre Meinung, dass der Inhalt aufgrund der äußersten Sorgfalt sehr wertvoll sein müsse. Dennoch wollte Mr. Hardy keine Auskunft geben ; und als der Fall schließlich geöffnet wurde, war das Erstaunen aller grenzenlos, als er feststellte, dass er vier Dutzend große Raketen und ein Dutzend Blaulichter enthielt. Ein Dutzend dieser Raketen waren gewöhnliche Signalraketen, der Rest war mit starken Blechhülsen abgedeckt.

"Feuerwerk!" riefen sie alle voller Überraschung. „Warum hast du das Feuerwerk den ganzen Weg mitgebracht, Papa?"

„Ich werde es euch sagen, meine Lieben. Ich wusste, dass die Indianer der Pampa Pferdeindianer waren, und mir kam der Gedanke, dass sie, da sie niemals Raketen hätten sehen können, nachts schreckliche Angst davor haben würden. Raketen, wissen Sie, werden im Krieg verwendet; und selbst wenn die Reiter keine Angst hätten, wäre es ganz sicher, dass die Pferde schreckliche Angst bekommen würden, wenn ein oder zwei dieser feurigen Dinger in ihre Mitte stürmen. Ich habe sie daher von einem Pyrotechniker speziell für mich anfertigen lassen in London. Ein Dutzend sind, wie Sie sehen, gewöhnliche Raketen der größten Größe; sie enthalten farbige Kugeln, die ein äußerst strahlendes Licht abgeben. Eine davon wird in die Luft geworfen, sogar dort, wo wir annehmen, dass sich Indianer aufhalten Erleuchten Sie die Ebene und geben Sie uns einen schönen Blick auf sie. Die anderen drei Dutzend sind mit Crackern beladen. Wie Sie sehen, habe ich eine starke Kiste aus Zinn über die gewöhnliche Kiste legen lassen; und einer von ihnen, der einen Mann trifft, wird es sicherlich tun Stoßen Sie ihn von seinem Pferd und töten Sie ihn wahrscheinlich. Das Brüllen, der Ansturm, der Feuerzug und schließlich die Explosion und die Salve von Crackern in ihrer Mitte würden ausreichen, um ihre Pferde völlig außer Kontrolle zu bringen. Was haltet Ihr von meiner Idee?"

„Kapital, Kapital!" sie alle weinten.

„Aber wie, Papa", fragte Hubert, „schaffst du es, deine Raketen direkt auf die Indianer zu schießen? Alle Raketen, die ich je gesehen habe, sind direkt in die Luft geschossen."

„Ja, Hubert, weil sie nach oben gerichtet waren. Eine Rakete fliegt in jede Richtung, in die sie zeigt. Raketen im Krieg werden durch ein Rohr oder aus einem Trog abgefeuert Trog etwa vier Fuß lang, ohne Enden. Er muss auf Beinen stehen, die hoch genug sind, um ihn über das Niveau der Mauer rund um die Spitze des Turms zu heben. Es sollen zwei Beine am vorderen Ende und ein Bein hinten sein; und dieses Bein Die Rückseite muss ein Scharnier haben, damit sie, wenn sie aufrecht steht, 15 bis 20 cm höher ist als die Vorderseite, für den Fall, dass wir auf etwas in der Nähe schießen wollen. Wenn wir den Kopf der Rakete zum Abfeuern anheben wollen Bei etwas Abstand ziehen wir das Hinterbein nach hinten, sodass dieses Ende tiefer als das Vorderbein ist. Setzen Sie einen Dorn am Ende des Beins ein, damit es einen festen Halt auf dem Boden hat.

Charley dachte einen Moment nach und sagte dann: „Ich denke, Papa, es wäre fester und leichter zu handhaben, wenn wir hinten zwei Beine machen würden, mit einem weiteren, das zwischen ihnen auf und ab gleitet, und mit Löchern darin, damit es passt." lässt sich nach Belieben auf- und abstecken."

„Das wäre sicherlich besser, Charley. Schreiben Sie Ihre Idee zu Papier und lassen Sie mich genau sehen, was Sie meinen, bevor Sie beginnen."

Charley tat es, und Mr. Hardy erklärte es für ausgezeichnet; und bei Nacht war der Trog fertig und oben auf dem Aussichtspunkt aufgestellt.

Im Laufe des Abends erklärte Mr. Hardy seiner Frau, dass es möglich sei, dass die Indianer einen Ansturm wagten, um einen Teil des Viehs zu stehlen, und dass er daher den Mädchen befohlen habe, auf der Hut zu sein und beim Auszug alle Vorsichtsmaßnahmen zu treffen. Er fügte ihnen eine Ergänzung zu seinen früheren Anweisungen hinzu, nämlich, dass sie nicht nur vor dem Verlassen der Umzäunung Ausschau halten sollten, sondern auch, dass, wenn einer ausginge, der andere jede Viertelstunde auf die Spitze des Turms steigen sollte Stellen Sie sicher, dass noch alles klar ist und dass Sarah dasselbe tun sollte, wenn beide draußen wären. Die Jungen brauchten keine Anweisungen, um ihre Karabiner zu laden, und die Pistolen und eine doppelläufige Waffe wurden sowohl Lopez als auch Terence übergeben, mit der Anweisung, sie immer bei sich zu tragen. Lopez benötigte diesbezüglich keine Befehle. Er wusste, was Indianer waren, und hatte eine absolute Abscheu vor ihnen. Ihre

Freunde in Canterbury wurden ebenfalls auf der Hut sein, da ihre Ländereien ebenfalls sehr exponiert waren. Drei Tage vergingen, dann kamen die leichten Eisenplatten für die Tür- und Fensterläden. Bevor sie festgenagelt wurden, wurden große Löcher zum Durchfeuern in sie geschnitten und entsprechende Schlitze in das Holzwerk geschnitten. Als sie an ihren Plätzen befestigt waren, hatten alle das Gefühl, dass Mount Pleasant jeder Anzahl von Angreifern trotzen konnte.

Terenz erhielt den Befehl, dass sich die Bewohner der Hütte sofort ins Haus zurückziehen sollten, falls die Hunde nachts Alarm schlagen sollten; worauf er charakteristisch antwortete:

„Klar, Euer Ehren, ich schätze, ich werde vielleicht eine Weile anhalten und die Schurken aufpeitschen, bis sie in meine Nähe kommen."

„Überhaupt nicht, Terence; du sollst dich sofort ins Haus zurückziehen. Wenn wir einmal alle zusammen sind , werden wir entsprechend der Zahl der Feinde entscheiden können, ob wir einen Ausfall machen und sie beschießen, oder in der Defensive stehen.

Und so ging es, nachdem jeder seine Anweisungen für den Notfall erhalten hatte, im Großen und Ganzen weiter wie zuvor.

KAPITEL X.

DAS VERLORENE VIEH.

Vierzehn Tage vergingen ohne den geringsten Vorfall oder Alarm. Die von Herrn Hardy aufgestellten Regeln wurden strikt eingehalten. Die Schafe und Rinder wurden nachts sorgfältig gesichert; zwei oder drei der einheimischen Hunde waren oben und unten an der Hürde angebunden; einer der Mastiffs wurde in der Männerhütte gehalten, während der Zwinger des anderen beim Haus aufgestellt war; Die Retriever schlafen wie immer drinnen. Auf dem Aussichtspunkt wurde ein Fahnenmast mit einer roten Fahne aufgestellt, die bereit war, hochgezogen zu werden, um diejenigen zu rufen, die sich möglicherweise in der Ebene aufhielten, und eine Waffe wurde geladen, um auf das Signal aufmerksam zu machen. Wenn die Jungen ihre Ausritte machten, trugen sie ihre Karabiner statt ihrer Waffen. Die Mädchen erfüllten die Pflichten der Wachen und gingen jede halbe Stunde vom Morgengrauen bis zur Abenddämmerung hinauf; und der Ruf „Schwester Anne, sehen Sie Reiter?" wurde ausnahmslos verneint. Eines Tages jedoch war Herr Hardy nach Canterbury geritten, um mit seinen Freunden die Anstellung von Scherern aus Rosario für die vereinten Herden zu vereinbaren. Die Jungen und Terence waren eine halbe Meile vom Haus entfernt auf dem Feld und pflügten, als sie durch das Geräusch einer Waffe erschreckt wurden. Als sie sich umsahen, sahen sie beide Mädchen auf dem Turm stehen: Maud hatte gerade die Waffe abgefeuert und Ethel zog die Flagge hoch.

„Seien Sie Quatsch! Und die Indianer sind endlich da!" rief Terence aus und alle drei rannten los. Maud drehte sich um und winkte ihnen zu, dann blickten sie und Ethel weiter über die Ebene. In diesem Moment kamen Mrs. Hardy und Sarah zu ihnen auf den Turm.

„Es ist alles in Ordnung", sagte Charley, der ein unaufgeregtes Temperament hatte. „Die Indianer müssen weit weg sein, sonst würden uns die Mädchen zuwinken, dass wir uns beeilen sollen. Seien Sie ruhig, wir sollten unsere Hände ruhig halten."

So brachen sie von der rasanten Geschwindigkeit, mit der sie begonnen hatten, in einen stetigen Trab ab, der sie in fünf Minuten zum Haus brachte.

"Was ist es?" riefen sie, als sie die Spitze des Turms erreichten.

„Oh, mein Gott, oh, mein Gott!" Sagte Ethel. „Sie haben alle Tiere."

„Und ich fürchte, sie haben Gomez und Pedro getötet", fügte Frau Hardy hinzu.

Es war zu offensichtlich wahr. In einer Entfernung von sechs Meilen konnten die Jungen eine dunkle Masse sehen, die sich schnell zurückzog, und zahlreiche einzelne Flecken waren um sie herum schweben zu sehen. Zwei Meilen vom Haus entfernt galoppierte ein einzelner Reiter wild. Die Mädchen hatten ihn bereits für Lopez gehalten.

Die Jungen und Terence standen vor Bestürzung sprachlos da. Der Ire war der Erste, der seine Sprache fand.

„Ach, die donnernden Schurken!" er rief aus; „die heidnischen Diebe! Und zu denken, dass keiner von uns da war, um ihnen eine Tracht Prügel zu verpassen ."

„Was wird Papa sagen?" Hubert stieß einen Ausruf aus.

Charley sagte nichts, blickte aber stirnrunzelnd mit fest geschlossenen Lippen der fernen Masse nach, während sich seine Hände um seinen Karabiner schlossen. „Wie war es, Maud?" fragte er ausführlich.

„Ich war unten", sagte Maud, „als Ethel, die gerade hinaufgegangen war, nach unten rief: ‚Komm hoch, Maud, schnell; ich glaube, dass etwas nicht stimmt.' Ich rannte die Stufen hinauf und sah unsere Tiere in weiter Entfernung, fast vier Meilen, und ich sah eine schwarze Masse von etwas, das von links schnell auf sie zukam. Sie waren uns etwas näher als das Vieh und waren es auch an einem der Abhänge des Bodens, so dass sie von niemandem gesehen worden wären, der mit dem Vieh zusammen war; dann, als sie ganz in die Nähe der Tiere kamen, sah ich eine plötzliche Bewegung. Die Tiere begannen davonzugaloppieren, und drei Schwarze Flecken – bei denen es sich vermutlich um die Männer handelte – lösten sich von ihnen und flogen seitwärts davon. Einer schien die beiden anderen zu überholen. Diese wurden von der schwarzen Masse abgeschnitten, und ich sah nichts mehr von ihnen. Lopez entkam; und obwohl einige der anderen etwa eine Meile hinter ihm her ritten, konnten sie ihn nicht überholen. Als ich sah, was es war, hob ich die Waffe auf und feuerte, und Ethel lief die Flagge hoch. Das war alles, was ich sah ."

Ethel bestätigte den Bericht ihrer Schwester und fügte lediglich hinzu, dass sie, als sie die beiden Körper in der Ferne sah, von denen einer sehr schnell auf den anderen zulief, vermutete, dass etwas nicht stimmte, und sogleich Maud rief.

Die Tiere waren nun außer Sichtweite und die ganze Gruppe ging hinunter, um Lopez zu treffen, der gerade zum Gehege ritt. Er war sehr blass und sein Pferd war mit Schaum bedeckt.

„Sind die Peons getötet, Lopez?" war Mrs. Hardys erste Frage.

„Ich weiß es nicht, Signora; aber ich glaube es. Die Indianer haben sie gefangen; ich habe einen Schrei gehört", und der Mann schauderte. „Santa

Virgine" – und er bekreuzigte sich fromm – „was für eine Flucht! Ich werde zwanzig Pfund Kerzen auf deinem Altar anzünden."

„Wie kam es, dass du überrascht warst, Lopez?" fragte Charley. „Dir wurde so ausdrücklich befohlen, gut Ausschau zu halten."

„Nun, Signor Charles, ich habe gut Ausschau gehalten, und es ist ein Glück, dass ich das getan habe. Ich war weiter weg, als ich hätte sein sollen – das weiß ich, denn der Signor sagte mir, ich solle nicht weit gehen; aber das wusste ich." Die Anhöhe, zu der ich sie brachte, war die höchste in dieser Richtung und ich konnte kilometerweit in das Indianerland hineinsehen. Also ging ich dorthin, und Pedro und Gomez hatten die Schafe und Rinder alle gut zusammengebracht, und da war es Keine Angst, dass sie verirren, denn das Gras dort ist sehr gut. Also legten sich die Männer für ihre Siesta nieder, und ich stand neben meinem Pferd und schaute über den Campo. Einige der Tiere schienen unruhig zu sein, und ich dachte, dass es da sein musste Irgendwo in der Nähe eines Löwen. Also stieg ich auf mein Pferd, und gerade als ich das tat, hörte ich ein Geräusch; und als ich nach hinten schaute, wo ich nie von ihnen geträumt hatte, sah ich viele Indianer im vollen Galopp aus der Senke heraufkommen. Die Im selben Moment raste das Vieh los, und ich schrie die Männer an und steckte meine Sporen in Carlos. Es war knapp, und sie machten mir auf der ersten Meile eine harte Verfolgungsjagd; Aber mein Pferd war frischer als ihres, und sie gaben es auf.

„Wie viele Indianer gab es?" fragte Charley.

„Ich weiß es nicht, Signor Charles. Es waren nur die, die vor mir waren, die ich sah, und nachdem ich losgefahren war, schaute ich mich nie mehr um. Einige von ihnen hatten Schusswaffen, denn acht oder zehn von ihnen feuerten hinter mir her, als ich davonging und der Pfeil fiel um mich herum.

„Was denkt ihr, Mädels, über die Zahl?"

Die Mädchen schwiegen, und dann sagte Ethel: „Sie waren alle in einem Klumpen, Charley. Man konnte sie nicht einzeln sehen."

„Der Klumpen schien ungefähr so groß zu sein wie unsere Rinder, wenn sie im gleichen Abstand nahe beieinander stehen. Glaubst du nicht, Ethel?" Sagte Maud.

„Ja", dachte Ethel.

„Dann   müssen   es   hundert   bis   hundertfünfzig   sein", sagte Charley.

„Ich frage mich, was Papa tun wird! Einer von uns sollte besser sofort losfahren und ihn holen."

„Ich werde gehen", sagte Hubert und entfernte sich, um sein Pferd zu satteln.

„Hör auf, Hubert", sagte Charley; „Ich denke, du solltest besser Lopez' Pferd nehmen. Ich weiß nicht, wozu sich Papa entschließen wird, und es ist besser, dein Pferd ganz frisch zu haben."

Hubert stimmte sofort zu und stieg gerade auf, als Maud sagte: „Warte einen Moment, Hubert, ich werde zum Aussichtspunkt rennen. Vielleicht sehe ich Papa; es ist fast Zeit für ihn, nach Hause zu kommen."

Hubert hielt inne, während Maud zum Haus rannte und eine Minute später oben auf dem Turm erschien. Sie stand einen Moment da und schaute über den Bach nach Canterbury, dann hob sie die Hand. „Ich kann ihn sehen", rief sie. „Er ist noch weit weg, aber er kommt."

Hubert wollte gerade wieder aussteigen, als Mrs. Hardy sagte: „Du solltest besser zu deinem Papa fahren, Hubert. Er wird sehr beunruhigt sein, wenn er die Flagge sieht, und es wird für ihn eine große Genugtuung sein, zu wissen, dass wir." Zumindest sind alle sicher.

Hubert galoppierte sofort davon, während Maud weiterhin ihren Vater beobachtete. Er war etwa zwei Meilen entfernt und ritt ruhig. Dann verlor sie ihn für eine Weile aus den Augen. Als er die nächste Anhöhe erreichte, sah sie, wie er plötzlich sein Pferd anhielt. Sie vermutete, dass er auf den Fahnenmast starrte, denn es wehte kein Windhauch, und die Fahne hing direkt am Mast herab, so dass man sie aus der Ferne nur schwer erkennen konnte. Dann war sie sicher, dass er es geschafft hatte, denn er kam in rasendem Galopp heran; und als er näher kam , konnte sie sehen, dass er seine Waffe von ihrem Platz genommen hatte und sie in Bereitschaft zum sofortigen Einsatz über dem Arm trug. Ein paar Minuten später traf ihn Hubert, und nach einer kurzen Pause ritten die beiden im Galopp zurück zum Haus.

Mr. Hardy blieb an der Männerhütte stehen, um Lopez eine herzliche Anerkennung für seinen Ungehorsam gegenüber Befehlen zu geben, weil er so weit hinaus in die Ebene gegangen war. Dann kam er zum Haus. „Das ist eine schlimme Angelegenheit, meine Liebe", sagte er fröhlich; „Aber solange wir alle in Sicherheit sind, können wir Gott danken, dass es nicht schlimmer ist. Wir werden einige unserer Tiere noch zurückbekommen, sonst irre ich mich. Ethel, lauf zu Terence und sag ihm, er soll die heruntergekommenen Ochsen treiben." mit den Pflügen in ihr Gehege und um das Tor hinter ihnen zu schließen. Maud, gib allen Pferden Futter aus Mais und etwas Wasser. Jungs, sagt Sarah, sie soll etwas Aufschnitt und Brot in eure Jagdtaschen packen. Ladet den Ersatz Kammern eurer Karabiner und achtet darauf, dass eure Wasserkürbisse voll sind.

Mr. Hardy zog sich dann mit seiner Frau – die ängstlich zugesehen hatte, während diese Befehle erteilt wurden – in ihr eigenes Zimmer zurück, wo sie etwa zehn Minuten blieben. Als sie ins Wohnzimmer zurückkamen, war Mrs. Hardy blass, aber gefasst, und die Kinder konnten sehen, dass sie geweint hatte.

„Eure Mama und ich haben die Sache besprochen, Jungs, und ich habe ihr gesagt, dass ich mein Bestes tun muss, um zumindest einige unserer Tiere zurückzubekommen. Ich werde mit euch baden gehen. Es ist bedauerlich, dass zwei Einer unserer Freunde in Canterbury ist heute Morgen früh zu Mr. Percy geritten und wird erst spät in der Nacht zurück sein. Wären sie zu Hause gewesen, wären sie, wie ich weiß, zu uns gekommen. Zuerst dachte ich darüber nach, rüberzuschicken für Mr. Farquhar, der zu Hause ist, aber ich verliere nicht gerne die Zeit. Ich werde Lopez mit einer Nachricht rüberschicken und ihn bitten, heute Nacht hierher zu kommen und zu schlafen. Wir werden erst morgen zurück sein. Dort Ich habe heute keine Angst vor einem weiteren Alarm. Trotzdem werde ich mich wohler fühlen, wenn ich weiß, dass jemand bei euch ist. Geht nicht über das Gehege hinaus, Mädels, bis wir zurückkommen. Auch Terence soll drinnen bleiben und kann das auch Schlafen Sie heute Nacht im Haus; das kann auch Lopez. Sie werden also gut beschützt sein. Lass uns etwas essen, und in zehn Minuten sitzen wir dann im Sattel. Charley, hol drei Blaulichter, zwei Signal Raketen und zwei der Zinnraketen. Maud, fülle unsere Taschenflaschen mit Brandy. Hubert, jeder von euch Jungs wird seinen Karabiner und einen Revolver mitnehmen; Ich werde mein langes Gewehr und die anderen beiden Colts tragen.“ Nach zehn Minuten waren sie zum Aufsitzen bereit, und nach einer letzten Umarmung und vielen „Passt auf euch auf!“ von ihrer Mutter und ihren Schwestern machten sie sich auf den Weg in langem, gleichmäßigem Galopp über die Ebene.

„Sie haben nur eine Stunde Vorsprung, Jungs“, sagte Mr. Hardy. „Deine Mutter sagte, dass vom ersten Alarm bis zu meiner Ankunft genau eine halbe Stunde vergangen sei, und ich war ein oder zwei Minuten weniger als diese Zeit im Haus. Es ist jetzt ungefähr halb eins.“

„Es ist ein großes Glück, Papa, dass wir unsere Pferde sicher im Haus hatten.“

„Ja, Jungs. Wenn wir gezwungen gewesen wären, mit dem Start bis morgen früh zu warten, wäre unsere Chance, hochzukommen, sehr gering gewesen. So wie es aussieht, werden wir in drei oder vier Stunden bei ihnen sein. Die Schafe können nicht wirklich gehen. “ schnell mehr als zwölf oder fünfzehn Meilen, besonders mit ihren schweren Vliesen.

Eine halbstündige Fahrt führte sie zum Tatort. Als sie sich ihm näherten , sahen sie zwei Gestalten im Gras liegen. Es gab keinen Anlass, näher zu kommen: Die steife und verzerrte Haltung reichte aus, um zu zeigen, dass sie tot waren.

Mr. Hardy vermied es absichtlich, in ihre Nähe zu reiten, da er wusste, dass der schockierende Anblick von Männern, die einen gewaltsamen Tod erlitten haben, die Nerven eines jeden erschüttern kann, der an einen solchen Anblick nicht gewöhnt ist, so mutig er auch sein mag.

„Sie sind offensichtlich tot, die armen Kerle!" er sagte. „Es hat keinen Zweck, wenn wir aufhören."

Charley betrachtete die Leichen mit grimmigem Stirnrunzeln und murmelte vor sich hin. „Wir zahlen sie für euch aus, ihr feigen Schurken."

Hubert warf ihnen nicht einmal einen Blick zu. Er war ein sanftmütiger Junge und er spürte, wie sein Gesicht blass wurde und ein seltsames Gefühl der Übelkeit ihn überkam, selbst bei dem kurzen Blick, den er zunächst auf die starren Gestalten geworfen hatte.

„Ich nehme an, du willst sie erst in der Nacht angreifen, Papa?" fragte Charley.

„Nun, Jungs, ich habe über die Sache nachgedacht und bin zu dem Schluss gekommen, dass es besser ist, dies gleich zu tun, wenn wir bei ihnen ankommen."

„Und denkst du, Papa, dass wir drei in der Lage sein werden, sie alle zu verprügeln? Sie müssen eine arme, elende Gruppe von Feiglingen sein."

„Nein, Charley; ich glaube nicht, dass wir, wie du sagst, in der Lage sein werden, das Ganze zu verprügeln; aber mit unseren Waffen werden wir in der Lage sein, ihnen eine schreckliche Lektion zu erteilen. Wenn wir nachts angreifen, werden sie bald herausfinden, wie . " Wir sind nur wenige, und da sie keine besondere Angst vor unseren Waffen haben, könnten sie auf uns losstürzen und uns trotzdem überwältigen. Eine andere Sache, Jungs, ist, ich möchte ihnen eine Lektion erteilen. Sie müssen wissen, dass sie es nicht tun werden Kommen Sie und morden und stehlen Sie ungestraft bei uns."

In der nächsten Stunde wurde kaum ein Wort gewechselt. In einem langen, gleichmäßigen Galopp sausten sie dahin. Es bereitete keine Schwierigkeiten, der Spur zu folgen, denn das hohe Gras wurde in einer breiten Schneise zertrampelt. Auch mehrmals brachen bei den Jungen Wutschreie aus, als sie auf ein totes Schaf stießen, das offenbar von den Wilden aufgespießt worden war, weil es nicht mit den anderen mithalten konnte. Nachdem er an mehreren von ihnen vorbeigekommen war, rief Mr. Hardy den Jungen zu, sie sollten anhalten, während er neben einem der Schafe von seinem Pferd sprang und seine Hand an dessen Körper und in sein Maul legte.

„Es ist ziemlich tot, nicht wahr, Papa?" sagte Hubert.

„ Ganz recht , Hubert; ich hätte nie gedacht, dass es lebt." Und Mr. Hardy sprang wieder auf sein Pferd. „Ich wollte sehen, wie warm der Körper war. Wenn wir es eine Stunde später noch einmal versuchen, werden wir anhand der erhöhten Körperwärme beurteilen können, wie viel wir gegenüber den Indianern gewonnen haben und ob sie es auch sind." weit voraus. Seht ihr, Jungs, als ich ein junger Mann war, war ich viele Male in Texas gegen die Comanchen und Apachen , die ganz andere Feinde sind als diese feigen Indianer hier. Für sie musste man dort die Augen offen halten waren genauso mutig wie wir. Dränge nicht so schnell voran, Charley. Schone dein Pferd; du wirst alles wollen, was in ihm steckt, bevor du es getan hast. Ich denke, dass wir ihnen jetzt sehr schnell aufholen müssen. Du Sehen Sie, wie die toten Schafe etwa alle hundert Meter liegen, statt alle Viertelmeile. Die Indianer wissen genau, dass es am Rande der Siedlungen einen ganzen Tag dauern würde, um ein Dutzend Männer zur Verfolgung zu sammeln, und hätten keine Ich glaube nicht, dass drei Männer alleine aufbrechen würden; daher erwarte ich, dass sie jetzt ihr Tempo etwas verlangsamt haben, um den Schafen eine Verschnaufpause zu geben.

Nach weiteren zehn Minuten Fahrt stieg Mr. Hardy wieder aus und stellte eine deutlich spürbare Zunahme der Wärme in den Körpern der Schafe fest. „Ich glaube nicht, dass sie schon seit mehr als einer Viertelstunde tot sind. Haltet gut Ausschau, Jungs, vielleicht sehen wir sie oben auf der nächsten Anhöhe."

In den nächsten Minuten wurde kein Wort gesprochen. Zwei oder drei leichte Wellen wurden ohne Anzeichen des Feindes überquert; und dann, als sie eine etwas höhere Anhöhe als gewöhnlich überquerten, sahen sie in der Ferne eine Masse sich bewegender Wesen.

"Halt!" Schrie Mr. Hardy und die Jungen zogen sofort die Zügel an. „Springt ab, Jungs. Nur unsere Köpfe sind gegen den Himmel zu sehen. Sie können sie kaum bemerkt haben. Da, haltet mein Pferd; lockert auch die Sattelgurte eures, und lasst sie frei atmen. Nimmt ihnen die Zügel aus dem Maul." . Als ich einen flüchtigen Blick auf unsere Feinde erhaschte, kam es mir so vor, als ob sie einfach stehen blieben. Ich werde dafür sorgen, dass sie sich vergewissern."

Mit diesen Worten ging Mr. Hardy erneut ein kurzes Stück vorwärts und ging dabei auf Händen und Knien auf die Kuppe der Anhöhe, damit sein Kopf nicht über dem hohen Gras hervorschaute. Als er dort ankam , erkannte er sofort, dass sein erster Eindruck richtig gewesen war. In einer Entfernung von etwas mehr als einer Meile versammelte sich eine Menge Tiere, und um sie herum waren eine Reihe von Pferden verstreut, während sich zwischen ihnen Gestalten von Menschen bewegten.

„Es ist so, wie ich es mir gedacht habe, Jungs", sagte er, als er zu seinen Söhnen zurückkehrte. „Sie haben für eine Weile angehalten . Die Tiere müssen alle völlig fertig sein; sie dürfen nicht weniger als dreißig Meilen zurückgelegt haben und werden mindestens drei oder vier Stunden Ruhe benötigen, bevor sie wieder reisefähig sind. Eine Stunde wird es sein." Tun Sie es für unsere Pferde. Spülen Sie ihnen das Maul mit etwas Wasser aus und lassen Sie sie grasen, wenn sie entsorgt werden. In einer halben Stunde werden wir ihnen jedem eine doppelte Handvoll Mais geben.

Nachdem sie sich um ihre Pferde gekümmert hatten, die sie humpelten, um sie am Weglaufen zu hindern, setzten sich Mr. Hardy und die Jungen hin und bereiteten eine kleine Mahlzeit zu. Keiner von ihnen verspürte großen Hunger, da die Aufregung über den bevorstehenden Angriff den großen Appetit verdrängt hatte, den sie sonst durch die Fahrt gewonnen hätten; aber Mr. Hardy bat die Jungen, sich zu bemühen, etwas zu essen, da sie später sicher den Mangel an Essen verspüren würden.

Nach dem Essen zündete sich Mr. Hardy seine Lieblingspfeife an, während die Jungen vorsichtig den Hügel hinaufgingen, um die Gegend zu erkunden. Es gab keine Veränderung; Die meisten Tiere lagen im Liegen und es gab kaum Anzeichen von Bewegung. Zwei oder drei Indianer standen jedoch regungslos und starr neben ihren Pferden und fungierten offenbar als Wachposten. Die Jungen hielten diese Stunde für die längste, die sie je verbracht hatten. Doch schließlich schaute ihr Vater auf die Uhr, schüttelte die Asche aus seiner Pfeife und steckte sie in die Tasche. „Jetzt, Jungs, es ist fünf Minuten vor der Stunde. Untersuchen Sie Ihre Karabiner und Revolver, stellen Sie sicher, dass alles in Ordnung ist und dass es keine Probleme gibt. Ziehen Sie die Sattelgurte fest und überprüfen Sie die Schnallen. Überprüfen Sie, ob Ihre Munition und Ihr Ersatzkarabiner vorhanden sind Kammern stehen bereit."

Nach weiteren fünf Minuten saß die Gruppe im Sattel.

„Nun, Jungs, meine letzten Worte. Reitet nicht voraus oder bleibt nicht zurück: Passt eure Geschwindigkeit an meine an. Haltet Ausschau nach Gürteltierlöchern – sie sind gefährlicher als die Indianer. Erinnert euch an meine Befehle: Benutzt auf keinen Fall die zweite Kammer von Ihre Karabiner, es sei denn, es liegt große Dringlichkeit vor. Wechseln Sie die Patronenlager, sobald Sie sie geleert haben, aber geben Sie keinen Schuss ab, bis die Ersatzpatronen wieder geladen sind. Nun, Jungs, hurra für das alte England!"

"Hurra!" riefen beide Jungen, als sie im Galopp die Anhöhe hinaufstiegen. Als sie die Indianer erblickten, war alles ruhig wie zuvor; Doch im nächsten Moment sahen sie, wie sich die Wachmänner auf den Rücken ihrer Pferde warfen, Gestalten aus dem Gras sprangen und auf ihre Pferde zuliefen, und in etwas mehr als einer Minute war das Ganze in Bewegung.

„Sicherlich werden sie nicht vor drei Männern davonlaufen!" Sagte Charley angewidert.

„Sie werden nicht weit rennen, Charley", sagte Mr. Hardy leise. „Bis wir auf halbem Weg sind, werden sie sehen, dass wir niemanden bei uns haben können, und dann werden sie schnell genug vorrücken."

Es war, wie Mr. Hardy sagte. Obwohl die Indianer glaubten, dass keine Verfolgertruppe ihnen nachjagen könne, war die Wache der Indianer noch so streng, aber es dauerte nur eine kurze Zeit, bis sie die müden Tiere auf die Beine und in Bewegung bringen konnten; und trotz des leichten Galopps, mit dem Mr. Hardy sich ihnen näherte, hatte er sich ihnen bis auf eine halbe Meile genähert, bevor sie ziemlich weit davon entfernt waren. Eine kleine Gruppe trieb die Tiere nur weiter, und der Rest der Indianer drehte sich scharf um und stieß einen wilden Kriegsschrei aus, um in vollem Galopp auf die Weißen zuzugehen.

„Halt, Jungs, haltet euch fest, steigt ab: Nehmt ruhig eure Positionen ein. Feuert nicht, bis ich euch das Wort gebe. Ich werde es zuerst mit meinem Gewehr versuchen."

Die gut trainierten Pferde, die es gewohnt waren, dass ihre Herren von ihrem Rücken aus feuerten, standen so ruhig da, als wären sie in Stein gemeißelt, ihre Köpfe wandten sich fragend der brüllenden Menge der Reiter zu, die sich näherten. Mr. Hardy und die Jungen waren beide abgestiegen, sodass die Pferde zwischen ihnen und den Indianern standen und die Sättel als Ablagen für ihre Schusswaffen dienten.

„Fünfhundert Meter, Charley?" fragte sein Vater leise.

„Etwas älter, Papa; fast sechs, würde ich sagen."

Mr. Hardy wartete noch zehn Sekunden, dann krachte sein Gewehr; und ein Schrei des Erstaunens und der Wut brach aus den Indianern, als einer ihrer Häuptlinge, auffällig an einem alten Dragonerhelm, den er sich wahrscheinlich bei einem Gefecht mit den Soldaten abgenommen hatte, von seinem Pferd fiel.

"Hurra!" Charley weinte. „Sollen wir jetzt schießen, Papa?"

„Nein, Charley", sagte Mr. Hardy, während er sein Gewehr nachlud; „Warten Sie, bis sie vierhundert Meter entfernt sind, und schießen Sie dann langsam. Zählen Sie zwischen jedem Schuss zehn und zielen Sie so ruhig wie möglich. Jetzt! Gut gemacht, noch zwei Schurken am Boden. Ruhig, Hubert, diese Zeit hast du verpasst: dort, das ist besser.

Die Indianer schrien vor Wut und Erstaunen, als ein Mann nach dem anderen vor dem stetigen und für sie geheimnisvollen Feuer niedersank, das auf sie gerichtet war. Dennoch ließen sie die Geschwindigkeit ihres Angriffs nicht nach.

„Fertig, Papa", sagte Charley, als die beiden Jungen gleichzeitig ihren letzten Schuss abfeuerten, als die führenden Indianer etwa zweihundertfünfzig Meter entfernt waren.

„Wechseln Sie Ihre Kammern und steigen Sie auf", sagte Mr. Hardy, als er erneut mit seinem Gewehr zielte.

Der Feind war noch nicht mehr als hundertfünfzig Meter entfernt, als er in die Sättel sprang und in Galopp lief.

„Seid ruhig, Jungs, haltet eure Pferde gut unter Kontrolle. Kümmert euch nicht um ihre Bälle; sie könnten einen Mann aus dieser Entfernung vom Rücken eines Pferdes genauso wenig treffen, wie sie fliegen könnten. Es besteht keine Chance, dass sie uns fangen; es wird nicht passieren." „Es werden nicht viele Pferde schneller sein als unsere, und unsere sind um einiges frischer. Halten Sie gut Ausschau nach Löchern."

Sowohl die Verfolger als auch die Verfolgten bewegten sich nun mit enormer Geschwindigkeit über den Boden. Die Indianer hatten aufgehört zu schießen, denn die meisten von denen, die Waffen hatten, hatten sie abgefeuert, als Mr. Hardy und seine Söhne aufgestiegen waren, und es war unmöglich, mit der Geschwindigkeit zu laden, mit der sie unterwegs waren.

Während der ersten Meile der Verfolgungsjagd hatte Mr. Hardy sich mehrmals umgeschaut und jedes Mal gesagt: „Wir halten uns, Jungs; sie sind gut hundert Yards zurück; haltet eure Pferde unter Kontrolle."

Am Ende einer weiteren Meile hellte sich sein Gesicht auf, als er sich umsah. „In Ordnung, Jungs, sie lassen schnell nach. Drei Viertel von ihnen haben bereits angehalten. Es gibt nicht mehr als ein Dutzend der Besten, die irgendwo in unserer Nähe beritten sind. Noch eine Meile und wir werden ihnen eine Lektion erteilen."

Die Meile war bald zurückgelegt, und Mr. Hardy sah, dass nur etwa zwölf Indianer ihren Abstand eingehalten hatten.

[Illustration: ANSATZ DER INDIANER.]

„Jetzt ist die Zeit gekommen, Jungs. Wenn ich „Halt" sage, stellt euch auf und springt ab, aber zielt immer genau auf den nächstgelegenen Punkt. Wirft keinen Schuss weg. Sie sind nur hundert Meter entfernt, und die Revolver werden es zeigen . Versuchen Sie nicht, die zweite Kammer zu benutzen;

dafür ist keine Zeit. Benutzen Sie Ihre Pistolen, wenn Sie Ihre Karabiner geleert haben. Halt!"

Es vergingen keine fünf Sekunden, nachdem das Wort gesprochen worden war, als Charleys Karabiner ertönte. Dann ertönten dicht hintereinander die scharfen Knallgeräusche der Karabiner und Pistolen. Die Indianer zögerten angesichts des gewaltigen Feuers, das auf sie eröffnet wurde, und blieben dann stehen. Die Verzögerung war für sie fatal. In etwas mehr als einer halben Minute waren die achtzehn Schüsse abgefeuert worden. Fünf Indianer lagen auf der Ebene; ein anderer, offenbar ein Häuptling, war über den Sattel eines seiner Anhänger hinweggetragen worden, der abgesprungen war, als er ihn fallen sah; und zwei weitere wurden offensichtlich verwundet und hatten Schwierigkeiten, ihre Plätze zu behalten.

„Jetzt, Jungs, wechselt eure Patronenlager und feuert ein oder zwei Schüsse hinterher", sagte Mr. Hardy, während er sein Gewehr erneut nachlud.

Als die Jungen jedoch bereit waren, stellten sie fest, dass die fliegenden Indianer keine faire Chance mehr hatten, sie zu treffen; Doch ihr Vater zielte lange und sicher mit seinem tödlichen Gewehr, und auf den Knall hin gingen ein Pferd und ein Mann zu Boden. Aber der Reiter war im Nu wieder auf den Beinen, fing bald eines der reiterlosen Pferde ein, das mit seinen Gefährten davongaloppiert war, und folgte seinen Kameraden.

„Gut gemacht, Jungs", sagte Mr. Hardy und klopfte ihnen herzlich auf die Schulter. „Sie haben sich im ersten Kampf tapfer geschlagen, und ich bin stolz auf Sie."

Beide Jungs malten mit Vergnügen.

„Wie viele haben wir getötet?"

„Ich glaube, sieben sind bei unserem ersten Angriff gefallen, Papa, und sechs hier, wenn man den einen mitzählt, den sie erbeutet haben, abgesehen von den Verwundeten."

„Dreizehn. Es reicht aus, dass sie sich von ganzem Herzen zurück wünschen. Jetzt lassen wir die Pferde zehn Minuten ruhen, und dann werden wir sie wieder aufrütteln. Wir dürfen keine Zeit verlieren, in weiteren drei Vierteln wird es Sonnenuntergang sein eine Stunde."

Ein halbstündiger Ritt brachte sie erneut zu den Indianern, die nur eine Meile von ihrem früheren Rastplatz entfernt angehalten hatten.

„Der Mond wird um ein Uhr aufgehen, Jungs, und bis dahin wollen sie dort bleiben, wo sie sind. Seht ihr die Mulde, die genau auf dieser Seite von ihrem Aufenthaltsort verläuft? Zweifellos gibt es dort einen kleinen Bach."

Diesmal machten die Indianer keine Anstalten, sich weiter zurückzuziehen. Sie wussten jetzt, dass es nur drei Angreifer gab. Sie waren tatsächlich mit Waffen bewaffnet, die in ihrer schrecklichen Feuergeschwindigkeit alles übertrafen, was sie bisher gesehen hatten; aber in der Dunkelheit würden diese gegen einen plötzlichen Ansturm nutzlos sein.

Aber wenn die Indianer nicht flohen, griffen sie auch nicht wie zuvor ihre Angreifer an. Ihre Pferde waren in die Mitte des Viehs gestellt worden, und ein paar Indianer standen daneben, um sie zum Schweigen zu bringen. Der Rest der Indianer war nicht zu sehen, aber Mr. Hardy vermutete, dass sie im hohen Gras lagen oder sich zwischen den Tieren versteckten.

„Die Schurken haben einen schlauen Anführer unter sich, Jungs. Außer dem halben Dutzend Köpfen, die wir über den Rücken der Pferde sehen, ist nichts von ihnen zu sehen. Sie wissen, dass sie uns mit ihren Waffen erschießen können, wenn wir ihnen nahe kommen . “ und Pfeil und Bogen, ohne uns auch nur einen einzigen fairen Schuss auf sie zu geben. Geht nicht näher heran, Jungs; zweifellos sind viele ihrer besten Schüsse im Gras versteckt.“

„Wir könnten das Vieh mit einer Rakete zerstreuen, Papa.“

„Ja, das könnten wir, Hubert, aber wir würden dadurch nichts gewinnen; sie haben Männer bei ihren Pferden und würden die Herde bald wieder zusammenbringen. Nein, das behalten wir für die Nacht. Hallo! nach rechts, Jungs.“ , für dein Leben.“

Keinen Moment zu früh erkannte Mr. Hardy die Gefahr. Der Häuptling der Indianer, der einen weiteren Angriff erwartete, hatte zwanzig seiner besten berittenen Männer befohlen, sich von der Hauptmasse zu trennen und sich in einer Bodensenke nahe der Stelle zu verstecken, wo der erste Angriff stattgefunden hatte. Sie sollten die Weißen passieren lassen und ihnen dann ruhig folgen und plötzlich über sie herfallen.

Das Manöver war ein voller Erfolg; und es war ein Glück, dass die Gruppe keine Schusswaffen hatte, da diese zusammen mit dem Vieh unter der Hauptmasse verteilt worden waren, denn sie befanden sich weniger als vierzig Yards von Mr. Hardy entfernt, bevor sie gesehen wurden. Es war tatsächlich eine Wiederholung des Manövers, das sich bei ihrem Angriff auf das Vieh als so erfolgreich erwiesen hatte.

Sie befanden sich nicht unmittelbar hinter Mr. Hardy, sondern eher links. Als Mr. Hardy und seine Söhne sich umdrehten, um zu fliehen, sprangen mehrere Indianer aus dem Gras auf und feuerten eine Salve von Gewehren und Pfeilen auf sie ab. Glücklicherweise war die Entfernung beträchtlich. Einer ihrer Pfeile traf jedoch Mr. Hardys Pferd in der Schulter, während ein anderer im Arm des Reiters stecken blieb. Ein anderer ging durch die Wade von Huberts Bein und blieb im Sattellappen stecken.

Es gab keine Zeit für Worte oder Beschwerden. Sie vergruben ihre Sporen in den Seiten ihrer Pferde, und die tapferen Tiere, die das Gefühl hatten, dass die Gelegenheit dringend sei, schienen fast zu fliegen. Nach einer Meile konnten sie in einen gleichmäßigen Galopp übergehen, wobei der Feind nun siebzig oder achtzig Meter hinter ihnen war. Mr. Hardy hatte den Pfeil bereits aus seinem Arm gezogen, und Hubert zog nun seinen heraus. Als er sich dazu bückte, sah sein Vater, der nicht bemerkt hatte, dass er verwundet war, was er tat.

„Tut es sehr weh, alter Mann?"

„Nicht viel", sagte Hubert; aber es tat trotzdem sehr weh.

„Ich möchte unsere Pferde nicht noch mehr ermüden, Jungs", sagte Mr. Hardy;
„Ich werde versuchen, diese Schurken mit einem meiner Revolver aufzuhalten."

Mit diesen Worten zog er eine seiner Pistolen aus dem Holster, drehte sich im Sattel um, zielte fest und feuerte.

Im selben Moment jedoch trat sein Pferd in ein Loch und stürzte, wobei Mr. Hardy mit ungeheurer Wucht über den Kopf geschleudert wurde. Die Jungen zügelten ihre Pferde fest, und Hubert stieß einen lauten Schrei aus, als er sah, dass sein Vater steif und regungslos am Boden lag. Die Indianer stießen einen wilden Triumphschrei aus.

„Halt dich fest, Hubert. Spring ab. Nimm Papas Pistole. Ordne die Pferde in einem Dreieck um ihn herum an. Genau. Jetzt wirf keinen Schuss weg."

Der nächste Indianer war kaum dreißig Meter entfernt, als Charleys Kugel in sein Gehirn einschlug. Die drei, die ihm unmittelbar folgten, fielen in schneller Folge, der Arm eines anderen Häuptlings sank nutzlos an seine Seite, während das Pferd eines anderen stürzte und durch das Gehirn schoß.

Beide Jungen waren blass, aber ihre Hände waren so ruhig wie Eisen. Sie hatten das Gefühl, als könnten sie nichts verfehlen, während ihr Vater regungslos unter ihrem Schutz lag.

Die Zerstörung, die das anhaltende Feuer unter den Anführern anrichtete, war so schrecklich, dass die anderen instinktiv die Geschwindigkeit ihrer Pferde bremsten, als sie sich der kleinen Gruppe näherten, aus der Feuer und Kugeln zu strömen schienen, und begannen, Pfeile auf die festgehaltenen Jungen abzufeuern die andere Seite ihrer Pferde, damit ihre Feinde sie nicht sehen konnten, ein beliebtes Manöver der Indianer. Als die Jungen ihre letzten Läufe abfeuerten, zogen sie ihre Revolver aus den Holstern und zielten, während die Indianer einen Kopf oder einen Arm unter dem Hals oder über dem Rücken ihrer Pferde zeigten, und fügten ihre zwölf Läufe zu den über den Boden verstreuten Indianern hinzu.

„Jetzt, Hubert, gib mir die beiden letzten Revolver und stecke die beiden neuen Patronenlager in die Karabiner."

Da die Indianer nur einen ihrer Gegner in der Verteidigung sahen, stürmten sie erneut nach vorne. Charley schoss zuerst mit einem Revolver auf die beiden, aber die anderen griffen an, und er bückte sich einen Moment, um einem Speer auszuweichen, richtete sich ein wenig auf einer Seite auf und feuerte mit beiden Händen seine Pistolen auf die Indianer ab, die jetzt nahe waren. „Schnell, Hubert", sagte er, als er mit seinem letzten Lauf einen Indianer erschoss, der gerade seinen Speer in das Herz von Mr. Hardys Pferd getrieben hatte.

Das Tier fiel tot um, als es dastand, und die Indianer stürmten mit einem Schrei auf die Öffnung zu, aber als sie das taten, drückte Hubert seinem Bruder einen Karabiner in die Hand, und die beiden schütteten erneut das tödliche Feuer hinein, das den Vormarsch der Indianer so aufgehalten hatte
.

Die Fortsetzung des Feuers entsetzte die Indianer und die sieben Überlebenden drehten sich um und flohen.

„Ich werde laden, Hubert", sagte Charley und versuchte, ruhig zu sprechen. „Kümmere dich sofort um Papa. Gib ihm einen der Wasserkürbisse ins Gesicht und auf den Kopf."

Hubert blickte mit einem kalten Schauder nach unten. Keiner der Jungen hatte während dieses kurzen Kampfes gewagt, nachzudenken. Sie waren zuvor schon oft auf dem weichen Rasen der Pampa gestürzt, hatten aber keinen Schaden davongetragen, und beide fürchteten sich mehr vor der Gefühllosigkeit ihres Vaters als vor der Indianerhorde, die nur so wenig entfernt war und zweifellos zurückkehren würde in wenigen Minuten mit überwältigender Kraft.

Groß war also Huberts Freude, als er sich umsah und sah, dass Mr. Hardy sich mit den Armen erhoben hatte.

"Was ist passiert?" sagte er verwirrt.

„Bist du verletzt, Papa?" fragte Hubert, während ihm Freudentränen übers Gesicht liefen; „Du hast uns beide so schrecklich erschreckt. Bitte trink ein wenig Wasser, und ich werde dir etwas über dein Gesicht gießen."

Mr. Hardy trank etwas Wasser und Hubert schüttete ihm noch etwas ins Gesicht. „Das reicht, Hubert", sagte er lächelnd; „Du wirst mich ertränken.

So, jetzt geht es mir gut. Ich war wohl fassungslos. Da bist du ja", und er stand auf; „Sie sehen, ich bin nicht verletzt. Und jetzt, wo sind die Indianer?"

„Da, Papa", sagten die Jungen mit verzeihlichem Triumph, als sie auf dreizehn tote Indianer zeigten.

Ihr Vater konnte nicht sprechen. Er ergriff warm ihre Hände. Er erkannte, wie groß die Gefahr gewesen sein musste und wie tapfer sich seine Jungen verhalten hatten.

„Vielleicht sind die Indianer in ein paar Minuten zurück, Papa. Dein Pferd ist tot, aber einer der Indianer steht neben seinem toten Herrn. Lass uns ihn fangen und den Sattel verschieben." Als sie sich ihm näherten, machte das Tier keine Anstalten, zu fliehen, und sie sahen, dass sich der Fuß seines Herrn beim Fallen im Lasso verfangen hatte und das wohlerzogene Tier reglos dastand. In drei Minuten waren die Sättel umgehängt und die Gruppe wieder kampf- oder fluchtbereit.

„Was kommt als Nächstes, Papa?"

„Als wir aufbrachen, wandten wir uns nach rechts und eher nach Hause; der Rastplatz der Indianer liegt also südöstlich von uns, nicht wahr?"

„Ja, Papa, so nah wie möglich", sagte Charley und konnte mit einiger Mühe die Punkte auf dem Taschenkompass erkennen, den jeder von ihnen bei sich trug, denn die Gefahr, sich auf der weglosen Pampa zu verirren, ist sehr groß.

„Wir waren etwa zwei Meilen geritten, als ich gestürzt bin, also sind wir eine Meile westlich ihres Lagers. Wir werden jetzt ein paar Meilen genau nach Norden reiten. Die Indianer werden sicher einen Späher aussenden, um zu sehen, ob wir es geschafft haben." Wir sind nach Hause zurückgekehrt, und unsere Spur wird sie glauben machen, dass wir es getan haben. Es ist jetzt Abenddämmerung. Wir werden uns drei Stunden ausruhen, bevor wir umziehen müssen.

Es war völlig dunkel, bevor sie ihren Rastplatz erreichten. Die Sättel wurden wieder gelockert, ein wenig Mais, mit Wasser angefeuchtet, den Pferden gegeben und eine weitere leichte Mahlzeit eingenommen. Die Jungen legten sich dann auf Befehl von Mr. Hardy, wenn auch zutiefst gegen ihren eigenen Willen, hin, um ein paar Stunden zu schlafen; während Mr. Hardy etwa hundert Yards auf dem Pfad zurückging, den sie bei ihrer Ankunft gemacht hatten, drehte er sich dann zur Seite und setzte sich in ein paar Yards Entfernung hin, um zu beobachten, für den Fall, dass irgendein Indianer ihrer Spur gefolgt wäre.

Hier saß er über zwei Stunden und kehrte dann zu den Jungen zurück. Er fand Charley fest schlafend. Der Schmerz von Huberts Wunde hatte ihn wach gehalten. Mr. Hardy goss etwas Wasser über den Verband, weckte dann Charley und gab ihnen Anweisungen, welche Rolle sie spielen sollten.

Beide fühlten sich ziemlich unwohl, als sie hörten, dass sie von ihrem Vater getrennt werden sollten. Sie erhoben jedoch keine Einwände und versprachen, seinen Anweisungen buchstabengetreu Folge zu leisten. Dann bestiegen sie ihre Pferde – Hubert musste hochgehoben werden, denn sein Bein war jetzt sehr steif und schmerzte – und begannen dann, ihre Schritte zurückzuverfolgen, wobei sie sich etwa hundert Meter westlich des Weges hielten, auf dem sie gekommen waren.

Sie ritten im Gänsemarsch und hatten vorsichtshalber ein Stück Klebeband um Nüstern und Maul ihrer Pferde befestigt, um zu verhindern, dass sie schnaufen, wenn sie sich einem Artgenossen nähern. Die Nacht war dunkel, aber die Sterne leuchteten klar und hell. Beim Start hatte Mr. Hardy seine Uhr geöffnet und an den Zeigern gespürt, dass es zehn Uhr war. Nach einiger Zeit fühlte er sich wieder.

Es war gerade mal eine halbe Stunde seit ihrem Start.

„Jetzt, Jungs, wir sind irgendwo in der Nähe des Ortes eures Kampfes. In weiteren zehn Minuten müssen wir uns trennen."

Am Ende dieser Zeit schlossen sie wieder.

„Jetzt, Jungs, seht ihr diesen hellen Stern. Das ist fast genau östlich von uns. Gehen Sie zehn Minuten lang so weit, wie Sie es erraten können, im Schritt, wie zuvor. Dann sind Sie nur noch eine Meile vom Feind entfernt. Dann Steigen Sie von Ihren Pferden. Denken Sie daran, auf keinen Fall ihre Zügel zu verlassen, sondern stehen Sie mit einer Hand auf dem Sattel, bereit, sich hineinzustürzen. Behalten Sie zwei Blaulichter und geben Sie mir eines. Sprechen Sie nicht Wort, aber hören Sie zu, als hinge Ihr Leben davon ab, ein Geräusch wahrzunehmen, und das tun sie tatsächlich. Sie sollen dort bleiben, bis Sie sehen, dass es mir einigermaßen gelungen ist, und dann sollen Sie hinter das Vieh rennen, Ihre Revolver abfeuern und schreien um ihr Tempo so weit wie möglich zu beschleunigen. Ich glaube nicht, dass die Indianer die geringste Angst haben, ihnen zu folgen, die Raketen werden sie zu sehr erschrecken. Wenn Sie die Herde etwa zwei Meilen weit gejagt haben, weichen Sie eine halbe Meile weiter aus Halten Sie sie auf ihrer Seite und achten Sie dann auf die Indianer, die das Vieh verfolgen. Warten Sie zehn Minuten und blasen Sie dann Ihre Hundepfeife – einen scharfen, kurzen Ton. Wenn Sie Indianer hören, die Ihnen folgen, oder glauben, dass Gefahr besteht, blasen Sie zweimal und gehen Sie noch weiter nach rechts. Gott segne euch, Jungs. Ich glaube nicht, dass Sie große Angst davor haben, auf irgendwelche Späher zu stoßen. Sie sind heute zu sehr zerstückelt worden und müssen unsere Waffen als Hexen betrachten. Ich brauche nicht zu sagen:

Zusammenhalten, und wenn man angegriffen wird, zündet man ein blaues Licht an und wirft es nieder; reite ein kurzes Stück aus seinem Lichtkreis heraus, und ich werde durch alles direkt zu dir kommen. Sei nicht nervös wegen mir. Es besteht nicht die geringste Gefahr."

Eine weitere Minute später verloren die Jungen ihren Vater aus den Augen und lenkten ihre Pferde in die von ihm befohlene Richtung. Hin und wieder blieben sie stehen, um zu lauschen, aber sie hörten nichts. Die Hufe ihrer eigenen Pferde machten kein Geräusch, als sie auf den weichen Rasen fielen.

Am Ende der zehn Minuten, als Charley gerade darüber nachdachte, anzuhalten, hörten sie ein Geräusch, das sie gleichzeitig zum Anhalten veranlasste. Es war das leise Baa eines Schafes und schien direkt vor ihnen zu kommen. Charley stieg nun aus, und Hubert brachte sein Pferd neben sich her, behielt jedoch seinen Platz im Sattel, beugte sich aber auf dem Hals seines Pferdes nach vorne, denn er hatte das Gefühl, dass er, wenn er absteigen würde, nicht in der Lage sein würde, seinen Platz so schnell wieder einzunehmen im Alarmfall.

„Etwa eine Meile entfernt, dem Geräusch nach zu urteilen", flüsterte Charley. „Und genau in die Richtung, die wir erwartet hatten."

Der Ort, den Charley für den Halt gewählt hatte, war eine leichte Mulde, die nach Osten und Westen verlief; so dass sie, selbst wenn der Mond aufgegangen wäre, nur für irgendjemanden in der Reihe der Mulde sichtbar gewesen wären .

Hier blieben sie, ihre Karabiner gespannt und einsatzbereit, eine scheinbare Ewigkeit lang stehen und lauschten mit größter Ernsthaftigkeit auf jedes Geräusch, das Aufschluss über das Scheitern oder den Erfolg des Unternehmens ihres Vaters geben könnte.

Mr. Hardy war, soweit er es beurteilen konnte, zwei Meilen weitergeritten, so dass er sich nun südwestlich des Feindes befand; Dann wandte er sich nach Westen und folgte noch eine Meile weiter, bis er zu dem Schluss kam, dass er sich so nah wie möglich eine Meile direkt hinter ihnen befand. Er ging nun mit größter Vorsicht voran, jede Fähigkeit war in den Sinn des Zuhörens vertieft. Er wurde bald mit dem Gebrüll der Schafe belohnt; Er stieg ab, führte sein Pferd und näherte sich allmählich der Stelle. Als er schließlich eine leichte Anhöhe hinaufstieg, meinte er, in einer Entfernung von einer Viertelmeile eine schwarze Masse erkennen zu können. Dessen war er sich jedoch nicht sicher; aber durch ein gelegentliches Geräusch war er sich sicher, dass sich die Herde genau in dieser Richtung und in etwa dieser Entfernung befand.

Er verließ nun sein Pferd und band vorsichtshalber alle vier Beine fest, um zu verhindern, dass er beim Lärm der Raketen losfuhr. Als nächstes machte er sich an die Arbeit, etwas Rasen zu schneiden, mit dem er eine schmale, abfallende Böschung mit einer Mulde bildete, in der die Rakete ruhen konnte – und berechnete dabei den genauen Abstand und den erforderlichen Winkel. Während dieser Operation blieb er alle ein bis zwei Minuten stehen und lauschte mit dem Ohr am Boden; aber bis auf das leise Stampfen der fernen Rinder war alles ruhig.

Als Mr. Hardy alles vorbereitet hatte, nahm er die Signalrakete, platzierte sie in einem viel höheren Winkel als für die anderen vorgesehen, zündete ein Streichholz an und hielt es auf das Touch-Papier. Einen Augenblick später ertönte ein lautes Brüllen, und die Rakete schoss mit einem Zug leuchtender Funken in die Luft und explodierte fast über dem Lager der Indianer. Fünf oder sechs Kugeln aus intensivem weißem Licht brachen daraus hervor und fielen nach und nach auf den Boden, wobei sie die gesamte umliegende Ebene erleuchteten.

Ein Schrei des Erstaunens und der Angst ertönte aus den Reihen der Indianer, und einen Augenblick später schoss eine weitere Rakete heraus.

Mr. Hardy beobachtete mit Sorge seinen feurigen Weg und sah mit Freude, dass seine Richtung wahr war. Es beschrieb eine leichte Kurve, stürmte voll auf die schwarze Masse zu, traf etwas, drehte sich abrupt um und explodierte dann mit einem lauten Knall, dem augenblicklich ein krachendes Geräusch folgte, wie eine vereinzelte Musketengranate.

Es hatte kaum aufgehört, als der dritte ihm folgte und wie seine Vorgänger mit einem Schrei der Indianer begrüßt wurde.

Sein Erfolg war dem seiner Vorgänger ebenbürtig, und Mr. Hardy war entzückt über den Klang eines dumpfen, schweren Geräusches, das wie fernes Donnergrollen klang, und wusste, dass der Erfolg vollkommen war und dass er das Vieh in die Flucht geschlagen hatte.

Er lief nun zu seinem Pferd, das an allen Gliedern zitterte und wild um die Flucht kämpfte, tröstete es, indem er es tätschelte, löste die Fesseln, sprang in den Sattel und galoppierte in vollem Galopp in die Richtung, aus der er gekommen war. Er war noch nicht sehr weit geritten, als er in der stillen Nachtluft das wiederholte Geräusch von Schusswaffen hörte und wusste, dass die Jungen auf der Spur des Viehs waren. Mr. Hardy hatte wenig Angst vor den Indianern, die sie verfolgten; Er war sich sicher, dass das Gemetzel des Tages durch die neuen und geheimnisvollen Feuerwaffen zusammen mit der Wirkung der Raketen sie zu sehr in Angst und Schrecken versetzt hätte, als dass sie an etwas anderes als Flucht gedacht hätten. Er war jedoch sehr beunruhigt, als er nach einer Viertelstunde Fahrt einen einzelnen scharfen Pfiff aus etwa ein paar hundert Metern Entfernung hörte.

„Hurra! Papa", sagten die Jungen, als er auf sie zukam. „Sie sind in einem ungeheuren Ansturm vorbeigezogen – Schafe und Rinder und alles. Wir fingen an, als wir Ihre erste Rakete sahen, und standen auf, als sie vorbeistürmten, und wir schlossen uns hinter uns an und feuerten und schrien, bis wir heiser waren." Ich glaube nicht, dass sie heute Abend wieder aufhören werden.

„Habt ihr etwas von den Indianern gesehen oder gehört, Jungs?"

„Nichts, Papa. Als die erste Rakete explodierte, sahen wir, wie mehrere dunkle Gestalten aus dem Gras aufsprangen – wo sie zweifellos die Gegend erkundet hatten – und zum Lager rannten, aber das war alles. Was sollen wir jetzt tun?"

„Reiten Sie geradeaus nach Hause. Um die Tiere brauchen wir uns keine Sorgen zu machen; sie werden nicht anhalten, bis sie zurück sind. Wir müssen ruhig weitergehen, denn unsere Pferde haben bereits eine sehr lange Tagesarbeit geleistet. Sie haben zwischen fünfzig und sechzig Meilen zurückgelegt." . Ich denke, dass wir besser noch eine Stunde weiterreiten sollten. Bis dahin wird der Mond aufgegangen sein, und wir werden kilometerweit über die Ebene blicken können. Dann werden wir bis zum Tagesanbruch anhalten – es werden nur drei Stunden sein – und Die Pferde werden uns danach im Galopp hineintragen können."

Und so geschah es. Nach einer Stunde war der Mond ziemlich aufgegangen, und da man einen Aufgang wählte, von dem aus man eine klare Sicht hatte, durften die Pferde fressen, und Mr. Hardy und Hubert legten sich schlafen, während Charley den Posten des Wachpostens mit dem Befehl einnahm Wecke die anderen bei Tagesanbruch.

Der Tag dämmerte gerade, als er sie weckte. „Wach auf, Papa. Da kommen einige Gestalten über die Ebene."

Mr. Hardy und Hubert waren augenblicklich auf den Beinen. „Wo, Charley?"

„Von Norden, Papa. Sie müssen auf der Jagd nach dem Vieh an uns vorbeigekommen sein und kehren jetzt zurück – jedenfalls mit leeren Händen; denn es sind nur sieben oder acht von ihnen, und sie treiben nichts vor sich her."

Zu diesem Zeitpunkt saßen alle drei wieder im Sattel.

„Sollen wir sie angreifen, Papa?"

„Nein, Jungs, wir haben ihnen schon eine recht strenge Lektion erteilt. Gleichzeitig werden wir ein wenig rübergehen, damit wir sie gut sehen können, wenn sie vorbeigehen, und um sicherzustellen, dass sie nichts zu befürchten haben." ihnen."

„Sie kommen genau hierher, Papa."

„Ja, ich verstehe, Hubert. Sie reiten zweifellos auf ihrer Spur zurück. Sie werden schnell genug abbiegen, wenn sie uns sehen."

Doch die Neuankömmlinge taten dies nicht und gingen direkt weiter.

„Macht eure Karabiner bereit, Jungs; aber feuert nicht, bis ich es euch sage. Sie müssen einer anderen Partei angehören und können nicht wissen, was passiert ist. Zweifellos halten sie uns für Indianer."

„Ich glaube nicht, dass es überhaupt Inder sind", sagte Hubert, als die Zahlen schnell näher kamen.

„Nicht wahr, Hubert? Wir werden es bald sehen. Halloo!"

„Hallo! Hurra!" kam zu ihnen zurück; und nach weiteren fünf Minuten schüttelten sie ihren drei Freunden aus Canterbury, den Jamiesons, und zwei oder drei anderen benachbarten Siedlern herzlich die Hand.

Sie erzählten ihnen, dass Farquhar, sobald Lopez die Nachricht von dem Angriff überbrachte, berittene Männer zu allen anderen Siedlungen geschickt und sie gebeten hatte, sich in dieser Nacht am Mount Pleasant zu treffen. Um neun Uhr hatten sie sich versammelt und waren nach einer Beratung übereingekommen, dass die Indianer mit ihrer derzeitigen Beute zufrieden sein würden und dass daher keine Wache auf ihren eigenen Estancias erforderlich sein würde.

Den Pferden war gutes Futter und vier Stunden Ruhe gegeben worden, und als der Mond aufging , machten sie sich auf den Weg. Zwei Stunden nach ihrer Abreise hatten sie eine dunkle Masse herannahen sehen und sich auf eine Begegnung vorbereitet; Aber es hatte sich herausgestellt, dass es die Tiere waren, die in gleichmäßigem Tempo nach Hause gingen. Sie sagten, es scheine eine ganze Menge Pferde unter ihnen zu sein.

In der Gewissheit, dass die eine oder andere Begegnung mit den Indianern stattgefunden hatte, waren sie voller Angst weitergeritten und sehr erleichtert, Mr. Hardy und seine Jungen wohlbehalten vorzufinden.

Die ganze Gruppe marschierte nun in schnellem Tempo in Richtung Heimat, die sie nach vierstündigem Ritt erreichten. Als sie in Sichtweite des Wachturms kamen, trennte sich Mr. Herries von den anderen, ritt dreißig oder vierzig Meter weit nach links und kehrte zu den anderen zurück. Dies wiederholte er dreimal, sehr zu Mr. Hardys Überraschung.

„Was machst du, Herries ?" er hat gefragt.

„Ich lasse sie wissen, dass es euch allen gut geht. Wir haben uns auf dieses Signal geeinigt, bevor wir angefangen haben. Sie würden bemerken, dass einer sich auf diese Weise von den anderen abhebt, soweit sie uns sehen können, und lange bevor sie es erkennen können." jede andere Art von Signal.

In kurzer Zeit waren in der Ferne drei schwarze Flecken auf der Ebene zu sehen. Die Jungen erklärten sehr bald, dass es sich um Mrs. Hardy und die Mädchen handelte.

Als sie sich näherten, wich der Rest der Gruppe zurück, um Herrn Hardy und seinen Söhnen die Möglichkeit zu geben, vorwärts zu reiten und das Vergnügen des ersten Treffens ganz für sich zu haben. Es ist unnötig zu erwähnen, mit welchem Gefühl der Freude und Dankbarkeit Mrs. Hardy, Maud und Ethel sie empfingen. Nach den ersten Glückwünschen bemerkten die Mädchen, dass Mr. Hardys Arm mit einem Taschentuch gefesselt war.

„Bist du verletzt, Papa?" riefen sie besorgt.

„Nichts Nennenswertes – nur ein Pfeil in meinem Arm. Der alte Hubert hat das Schlimmste erwischt: Er hat einen durch die Wade seines Beines bekommen."

„Armer alter Hubert!" Sie weinten. Und Hubert hatte einige Schwierigkeiten, die Mädchen davon zu überzeugen, dass er ganz ruhig warten konnte, bis er nach Hause kam, ohne verbunden oder auf andere Weise berührt zu werden.

„Und wie ist das alles passiert?" Fragte Frau Hardy.

„Ich werde dir alles erzählen, wenn wir gefrühstückt haben, meine Liebe", sagte ihr Mann. „Ich habe unseren Freunden noch nichts davon erzählt, denn es ist eine lange Geschichte, und eine kurze Erzählung reicht aus. Ich nehme an, die Tiere sind zurückgekommen? Wie viele fehlen?"

„Lopez kam gerade von der Zählung herein, als wir angefangen haben", sagte Mrs. Hardy. „Er sagt, es fehlen nur vier oder fünf Rinder und etwa ein paar hundert Schafe; und wissen Sie, dass es zusätzlich zu unseren eigenen Pferden noch einhundertdreiundzwanzig Indianerpferde gibt?"

"Hurra!" Die Jungen riefen entzückt: „Das ist ein Triumph, nicht wahr, Papa?"

„Das ist es in der Tat, Jungs, und erklärt ohne weiteres, warum es nicht den geringsten Versuch einer Verfolgung gab. Die Indianerpferde brachen offensichtlich ihre Lassos und beteiligten sich an der Massenpanik. Ich nehme an, Lopez hat sie alle in das Gehege getrieben?"

„Oh ja, Papa. Sie sind alleine mit unseren eigenen Tieren hineingegangen, und Terence hat sofort das Tor geschlossen."

Nach einer weiteren Viertelstunde erreichten sie das Haus und wurden von Sarah und Terence empfangen – letzterer war fast außer sich vor Freude über die sichere Rückkehr seines Herrn und vor Ärger, als er hörte, dass es einen Streit gegeben hatte, er aber nicht daran teilnehmen können.

Sarah hatte den Befehl erhalten, das Frühstück vorzubereiten, sobald die zurückkehrende Gruppe gesehen und ihr Signal „Alles in Ordnung" vernommen worden war. Es war jetzt fertig; Doch bevor er sich dazu setzte, bat Mr. Hardy alle Anwesenden, sich einer kurzen Danksagung an Gott für ihre Bewahrung vor äußerster Gefahr anzuschließen.

Alle knieten nieder, und als sie Mr. Hardys Worten folgten, waren sie sich aufgrund der Emotion, mit der er sprach, sicher, dass die Gefahr, von deren Einzelheiten sie derzeit nichts wussten, tatsächlich eine äußerst unmittelbare gewesen war.

Als alle diese Pflicht erfüllten, gingen sie mit großer Herzlichkeit dem Frühstück zu; und als das vorbei war, erzählte Mr. Hardy die ganze Geschichte. Mrs. Hardy und die Mädchen waren sehr erstaunt über den Gedanken an die große Gefahr, durch die ihr Vater und die Jungen gegangen waren, und über den Bericht über die Verteidigung der Jungen, als ihr Vater bewusstlos dalag. Mrs. Hardy konnte sich nicht zurückhalten, in den Armen ihres Mannes zu schluchzen, als sie an seine schreckliche Gefahr dachte, während die Mädchen weinten und ihre Brüder küssten und alle ihre Freunde sich um sie drängten und warm die Hände rangen; während Terence Erleichterung suchte, indem er in den Garten ging, eine Art Jig tanzte und eine Reihe wilder Kriegsschreie ausstieß.

Es dauerte einige Zeit, bis alle ruhig genug waren, um sich den Rest der Geschichte anzuhören, der mit erneuten Glückwünschen aufgenommen wurde.

Als alles vorüber war, wurde ein Rat abgehalten, und man kam überein, dass es für die Indianer keinerlei Chance gäbe, den Kampf erneut aufzunehmen, da sie zu Fuß hilflos wären; aber wenn sie durch einen Spion herausfanden, dass ihre Pferde dort waren, könnten sie versuchen, sie wiederzubekommen. Es wurde daher vereinbart, dass sie sofort zu Mr. Percy gefahren werden sollten, um dort zu bleiben, bis ein Käufer für sie gefunden wurde. Am Nachmittag löste sich die Gruppe auf, mit großem Dank der Hardys für ihre prompte Hilfe.

KAPITEL XI.

RUHIGE ZEITEN.

„Nach einem Sturm kommt Ruhe", ein Sprichwort, das auf die Hardys wie auf die meisten anderen zutrifft. Alle ihre Nachbarn waren sich einig, dass nach dem sehr schweren Verlust der Indianer und der Gefangennahme aller ihrer Pferde zumindest für viele Monate keinerlei Chance auf einen weiteren Angriff bestand. Danach war es möglich und sogar wahrscheinlich, dass sie versuchen würden, sich für ihre verheerende Niederlage zu rächen; aber dass sie im Moment zu verkrüppelt und entmutigt wären, um daran zu denken.

Die Siedler konnten sich nun ganz auf die Farm konzentrieren. Die erste Operation war die Schafschur. Vier Männer waren angeheuert worden, um die Scherung in Canterbury durchzuführen und dann nach Mount Pleasant zu kommen. Charley ritt mit Mrs. Hardy und seinen Schwestern zu ihren Nachbarn , Mr. Hardy und Hubert blieben zu Hause – letzterer lag mit der Wunde im Bein da.

Es war ein amüsanter Anblick, zu sehen, wie drei- oder vierhundert Schafe in ein Gehege getrieben und dann von den Scherern herausgezerrt wurden. Diese Männer wurden entsprechend der Anzahl der geschorenen Männer bezahlt und waren sehr erfahren, ein guter Mann, der es schaffte, hundert am Tag zu verdienen. Allerdings waren sie bei ihrer Arbeit ziemlich grob, und die Mädchen verließen bald mit einem Gefühl des Mitleids und des Ekels den Schafschurplatz, denn die Schafscherer schnitten die Schafe oft schlecht. Jeder Mann hatte einen Topf Teer neben sich, mit dem er jede Wunde beschmierte. Von ihrem Lohn wurde für jedes Schaf, das sie über eine bestimmte Länge abschnitten, ein bestimmter Betrag einbehalten; aber obwohl sie dadurch bis zu einem gewissen Grad vorsichtig waren, verwundeten sie dennoch viele der armen Tiere.

Ein viel aufregenderes Vergnügen war das Brandmarkieren der Rinder, das nach der Schur stattfand. Die Tiere wurden eines nach dem anderen aus ihrem Gehege gelassen, und während sie eine Art aus Hürden bestehende Gasse entlangliefen, wurden sie mit dem Lasso gefangen und auf den Boden geworfen. Dann wurde ihnen das heiße Brandeisen auf die Schulter geschlagen und von einem Gebrüll voller Wut und Schmerz empfangen. Dann wurde das Lasso gelöst und das Tier galoppierte los, um sich seinen Gefährten in der Ebene anzuschließen. Bei diesem Vorgang war eine gewisse Vorsicht geboten, denn manchmal griffen die Tiere nach ihrer Freilassung ihre Peiniger an, die dann einen hastigen Sprung über die Hürden machen mussten; Terenz, der hinter ihnen stand, war bereit, den Tieren einen Stachel in den Rücken zu stoßen, was stets zur Folge hatte, dass sie sich umdrehten. Einige Tage danach waren die Rinder ziemlich wild, aber bald vergaßen sie ihre Angst und ihren Schmerz und kehrten zu ihren gewohnten Wegen zurück.

Mr. Hardy war zu diesem Zeitpunkt schon lange genug im Land, um sich seiner Position sicher zu sein. Er beschloss daher, den Rest seines Kapitals in landwirtschaftliche Betriebe zu stecken. Er heuerte zehn einheimische Landsleute an und machte sich daran, das Ackerland zu erweitern. Die Wasserläufe des Damms wurden vertieft und verlängert und Seitenkanäle geschnitten, so dass die Bewässerungsarbeit effektiv über das gesamte Tiefland durchgeführt werden konnte und das Wasser für diesen Zweck fast zehn Monate im Jahr ausreichte . Vier Pflüge waren ständig im Einsatz und der Boden wurde mit Luzerne oder Luzerne gesät , sobald er in gutem Zustand war. Außerdem wurden Parzellen mit Mais, Kürbissen und anderem Gemüse gepflanzt. Herr Hardy beschloss, seinen Schaf- und Rinderbestand nicht zu vergrößern, sondern den Zuwachs jedes Jahr zu verkaufen, bis das Land hinter ihm so besiedelt sei, dass kaum noch eine Gefahr durch Einfälle der Indianer bestehe.

Er beschloss auch, umfassend in den Molkereibetrieb einzusteigen. Er hatte bereits festgestellt, dass jede Menge Butter und Frischkäse, die er produzieren konnte, unter den europäischen Einwohnern von Rosario und Buenos Ayres schnell verkauft werden konnte und dass dafür ohne weiteres europäische Preise angegeben werden würden. Bisher wurde die Butter nur aus der Milch zweier Kühe gewonnen, doch nun beschloss er, das Experiment in großem Maßstab zu versuchen.

Zuerst wurde eine Molkerei gegründet. Dieser wurde teilweise aus der Hangseite herausgeschnitten und mit sonnengebrannten Ziegeln ausgekleidet. Gegen die Mauern, die über den Boden hinausragten, wurde Erde aufgeschüttet, um ihnen eine sehr beträchtliche Dicke zu verleihen. Über dem Dach wurden starke Balken angebracht; Über diese Sparren wurde Filz genagelt, der auf beiden Seiten weiß getüncht war, um Insekten fernzuhalten. Darauf wurde eine beträchtliche Schicht Binsen gelegt, und über alles wurde fußhoher Lehmpfützen ausgebreitet. Für die Belüftung sorgte ein breiter, dahinter aufsteigender Schornstein, und durch zwei Fenster vorn fiel Licht ein. Der gesamte Innenraum wurde weiß getüncht.

Auf diese Weise wurde eine Molkerei geschaffen, die aufgrund der Dicke ihrer Mauern auch bei heißem Wetter kühl genug für diesen Zweck war. Nun wurden Vorbereitungen für das Einreiten der Kühe zum Melken getroffen. Eine Art Gasse bestand aus zwei starken Zäunen aus Eisendraht. Dieser Weg hatte die Form eines Trichters und verjüngte sich an einem Ende auf kaum mehr als die Breite einer Kuh. An dessen Ende befand sich ein Tor, an das ein leichter Trog angeschlossen war, der mit frischer Luzerne gefüllt war.

Ein halbes Dutzend Kühe, die gerade gekalbt hatten, wurden nun von der Herde getrennt und in das breite Ende des Geheges getrieben. Einer nach dem anderen näherten sie sich dem schmalen Ende, und als einer das äußerste Ende erreicht hatte und begann, die Luzerne zu verschlingen, die ihnen sehr am Herzen liegt, wurde hinter ihr ein Riegel herabgelassen, so dass sie nun weder vorwärts noch zurückweichen konnte. noch umdrehen.

Einer der Jungen begann nun vorsichtig und leise, sie zu melken, und die Kühe leisteten in einigen Fällen Widerstand. Ein oder zwei Tiere waren jedoch sehr widerspenstig, konnten aber schnell unterworfen werden, indem ihre Beine fest an den Pfosten hinten befestigt wurden. In wenigen Tagen hatten sich alle mit dem Vorgang abgefunden, und schon bald kamen sie nachts und morgens zum Melken, und zwar mit der gleichen Regelmäßigkeit, wie es englische Kühe getan hätten.

Den Frauen der Peonen wurde nun das Melken beigebracht; und nach und nach kamen immer mehr Kühe hinzu, bis in sechs Monaten fünfzig Kühe Vollmilch gaben. Maud und Ethel hatten jetzt nichts mehr mit dem Haus zu tun, Mrs. Hardy übernahm die gesamte Leitung dieser Abteilung, während die Mädchen für den Geflügelstall und die Molkerei zuständig waren.

Die Milch wurde teils zu Butter, teils zu Frischkäse verarbeitet. Diese wurden einmal pro Woche losgeschickt, um den Dampfer nach Buenos Ayres zu erreichen. Mr. Hardy ließ einen leichten Karren für ein Pferd anfertigen, und auf diesem Transportweg kam die Butter – sobald die Sonne unterging – pünktlich zum frühen Boot in die Hauptstadt in Rosario an. Es wurde in großen Körben aus Binsen verschickt und in vielen Schichten kühler, frischer Blätter verpackt; so dass es vierzig Stunden nach dem Verlassen von Mount Pleasant vollkommen frisch und gut in Buenos Ayres ankam. Die Magermilch wurde den Schweinen verabreicht, die bereits zu einer großen Kolonie herangewachsen waren.

Obwohl sie erst vor weniger als einem Jahr gepflanzt worden waren, gediehen die Obstbäume rund um das Haus auf überraschende Weise und trugen bereits eine Ernte von Früchten, die mehr als ausreichte, um den größten Bedarf des Haushalts zu decken. Pfirsiche und Nektarinen, Aprikosen und Pflaumen gehörten zu jeder Mahlzeit, sei es frisch, gedünstet oder in Puddingform, und stellten eine sehr angenehme Abwechslung und Ergänzung ihrer Ernährung dar. Wie Maud eines Tages sagte, wären sie vollkommen glücklich gewesen, wenn die Frösche nicht gewesen wären.

Diese Tiere waren eine sehr große Plage. Sie schwärmten buchstäblich. Tun sie, was sie wollten, die Hardys konnten sie nicht loswerden. Hätten sie sich nur vom Haus ferngehalten, hätte es niemanden gestört; Tatsächlich wären sie, da sie viele Insekten vernichteten, willkommene Besucher im Garten gewesen; aber genau das würden sie nicht tun. Die Tür stand immer offen, und sie betrachteten das offensichtlich als Einladung, hineinzugehen. Dort versteckten sie sich hinter Kisten oder verkrochen sich unter Betten, in Wasserkrügen und Badewannen und tatsächlich in jede mögliche Ecke sogar Stiefel anziehen; und diese mussten vor dem Anlegen immer geschüttelt werden, für den Fall, dass sich dort Frösche oder Insekten niedergelassen hätten.

Anfangs war es ziemlich schwierig zu wissen, was man mit den Fröschen machen sollte, nachdem sie gefangen wurden; Aber nach einiger Zeit wurde ein abgedeckter Korb vor die Tür gestellt, in den man die Frösche steckte, die man einmal am Tag mitnahm und in den Bach entleerte. Zuerst waren sie in den Brunnen geraten und hatten sich als große Plage erwiesen ; und sie konnten nur dadurch beseitigt werden, dass man den Brunnen mit Eimern fast leer leerte und um seine Mündung herum eine Mauer mit einem dicht schließenden Deckel baute.

Insekten aller Art waren in der Tat eine große Plage, Skorpione waren keine Seltenheit, und große Tausendfüßler drangen gelegentlich in das Haus ein. Diese Kreaturen bereiteten den Mädchen in ihrer Molkerei große Probleme, denn die Frösche und Kröten kletterten die Wände hinauf und fielen zerquetscht in die Milchtöpfe. Die einzige Möglichkeit, sie überhaupt draußen zu halten, bestand darin, die Tür einen Meter über dem Boden auseinanderzusägen, so dass die untere Hälfte geschlossen werden konnte, während die Mädchen drinnen beschäftigt waren. Doch trotz größter Schmerzen krochen die Kleinen durch Spalten hinein oder sprangen ans Fenster; und schließlich mussten die Mädchen Korbgeflechtabdeckungen für alle Pfannen anfertigen lassen; und da die Eingeborenen in dieser Arbeit sehr geschickt sind, konnten sie die Milch sauber halten. Ein fast ebenso großes Problem wie die Frösche waren die Brocachas , die im Garten und zwischen den Feldfrüchten schreckliche Schäden anrichteten. Sie sind ungefähr so groß und sehen ein wenig wie Hasen aus und graben sich in großen Mengen in der Pampa ein. Die einzige Möglichkeit, sie loszuwerden, bestand darin, den Rauch brennenden Schwefels in ihre Löcher zu blasen. und es gehörte zur regulären Arbeit der Jungen, zu diesem Zweck mit der Maschine hinauszugehen und diese lästigen Kreaturen zu erwürgen. Ihre Löcher sind jedoch für Reiter nicht so gefährlich wie die der Gürteltiere, da der Boden in ihrer Nähe immer kahl ist.

Es gibt drei oder vier Arten von Gürteltieren, die alle klein sind. Der Peludo ist etwa einen Fuß lang und zwischen seinen Schuppen ragen Haare hervor. Die Muletas sind kleiner. Beide schmecken hervorragend; aber es dauerte einige Zeit , bis die Mädchen sich dazu durchringen konnten, sie zu berühren. Zusätzlich zum Schutz seiner I -Schuppen ist der Matajo in der Lage, sich bei Annäherung an die Gefahr zu einer Kugel zusammenzurollen, und in seiner undurchdringlichen Rüstung ist er gegen alle Angriffe außer denen des

Menschen gefeit. Diese Tiere sind so häufig, dass die Ebene in vielen Fällen von ihnen durchzogen ist.

Als die Mädchen zum ersten Mal einem Leguan begegneten, hatten sie große Angst, weil sie dachten, es sei ein Krokodil. Diese großen Eidechsen sind etwa 1,50 Meter lang und sehen wild aus, sind aber sehr harmlos, wenn sie nicht angegriffen werden. Dann wehren sie sich und können mit dem Schwanz einen scharfen Schlag oder mit den Zähnen einen heftigen Biss versetzen. Sie sind sehr verbreitet, und die Indianer essen sie und sagen, dass das Fleisch ausgezeichnet sei; aber die jungen Hardys konnten nie dazu überredet werden, es zu probieren. So verlief die Sache einige Zeit ohne nennenswerte Zwischenfälle. Ihr Bekanntenkreis wuchs nach und nach. Mehrere benachbarte Grundstücke waren belegt; und obwohl die neuen Siedler kaum Zeit für Besuche hatten, vermittelte allein die Tatsache ihrer Anwesenheit in der Nähe ein Gefühl von Kameradschaft und Sicherheit. Sehr häufig kamen junge Männer mit Empfehlungsschreiben und blieben einige Tage bei ihnen, während sie das Land besichtigten.

Auch ihr Haushalt hatte Zuwachs erhalten. Ein junger Engländer namens Fitzgerald, der Sohn eines sehr alten Freundes der Hardys, hatte geschrieben, dass er den starken Wunsch geäußert habe, sich zu outen, und sie in dieser Angelegenheit um Rat gefragt habe. Mehrere Briefe waren ausgetauscht worden, und schließlich stimmte Herr Hardy auf Mr. Fitzgeralds ernsthafte Bitte zu, seinen Sohn ein Jahr lang aufzunehmen, um das Geschäft eines Pampasbauern zu erlernen, bevor er sich auf eigene Faust begab. Dementsprechend wurde ein kleines Zimmer für ihn freigeräumt, und Mr. Hardy hatte nie Grund, es zu bereuen, ihn empfangen zu haben. Er war ein angenehmer, unbeschwerter junger Kerl von etwa zwanzig Jahren.

Es hat jedoch eine Änderung stattgefunden, die Erwähnung verdient. Eines Tages kam Sarah zu ihrer Geliebten und sagte mit viel Erröten und Zögern, dass Terence Kelly sie gebeten hatte, ihn zu heiraten.

Mrs. Hardy hatte schon lange vermutet, dass zwischen dem Iren und ihrem Diener eine Bindung entstanden war, also lächelte sie nur und sagte: „Nun, Sarah, und was hast du zu Terence gesagt? Das Jahr, in dem du zugestimmt hast, bei uns zu bleiben, ist vorbei, Es steht Ihnen also frei, zu tun, was Sie wollen, wissen Sie.“

„Oh, Ma'am, aber ich möchte Sie nicht verlassen. Genau das habe ich Terence gesagt. ‚Wenn Herr und Frau bereit sind, dass ich Sie heirate und bei ihnen bleibe wie bisher, werde ich es nicht sagen.‘ nein, Terence; aber wenn sie sagen, dass sie keinen verheirateten Diener nehmen würden, dann Terence, dann müssen wir so bleiben, wie wir sind.‘“

„Ich habe überhaupt keine Einwände, Sarah, und ich denke, ich kann es verantworten, dass Mr. Hardy keine Einwände hat. Terence ist ein sehr guter, beständiger Kerl, und ich weiß, dass Mr. Hardy eine hohe Meinung von ihm hat; das konnten Sie also nicht Machen Sie eine Heirat, die uns mehr Freude bereiten würde. Es würde uns sehr leid tun, Jose, aber wir hätten auf keinen Fall dagegen sein können, dass Sie die Frau heiraten, die Ihnen gefällt, und jetzt werden wir die Genugtuung haben, Sie hier bei uns zu behalten."

Und so war es geregelt, und vierzehn Tage später hatten Terence und Sarah zwei Tage Urlaub und fuhren nach Buenos Ayres, wo es eine englische Kirche gab, und kamen als Mann und Frau wieder zurück. Danach gingen alle wieder wie gewohnt an die Arbeit, und die einzige Änderung bestand darin, dass Terence nun seine Mahlzeiten einnahm und im Haus statt unten in den Männerhütten wohnte. Zu diesem Zeitpunkt hatten sie begonnen, herauszufinden, welche der in warmen Ländern typischen Feldfrüchte sich lohnen würden und welche nicht, oder vielmehr – denn sie zahlten alle mehr oder weniger – welche am besten geeignet war.

Die Baumwollernte hatte sich als Erfolg erwiesen; Das Feld war mit der Zeit mit Baumwollpflanzen bedeckt worden, die zunächst leuchtend gelbe Blüten hervorbrachen und dann mit vielen weißen Flaumbällchen bedeckt waren. Das Pflücken der Baumwolle war anfangs als großer Spaß angesehen worden, obwohl es sich bis zu seinem Ende als harte Arbeit erwiesen hatte.

Sein Gewicht hatte Mr. Hardys Erwartungen weit übertroffen. Das Reinigen der Baumwolle von Schoten und Samen hatte sich als langwieriger und mühsamer Vorgang erwiesen und enorme Zeit in Anspruch genommen. Den Fortschritten nach zu urteilen, die sie zunächst damit machten, begannen sie wirklich daran zu verzweifeln, es jemals fertigzustellen, aber mit der Übung wurden sie geschickter. Dennoch stellte sich heraus, dass es während der Hitze des Tages eine zu große Arbeit war, obwohl es innerhalb der eigenen vier Wände durchgeführt wurde. Es war auch eine Drecksarbeit gewesen; Die leichten Flusenpartikel waren überall angekommen, und nach ein paar Stunden Arbeit hatte die Gruppe wie eine Bäckerfamilie ausgesehen. Tatsächlich hatten sie die Arbeit satt, bevor mehr als ein Viertel der geernteten Menge gesäubert war, und der Rest wurde in der Schote an einen Engländer verkauft, der Maschinen mitgebracht hatte und versuchte, in der Nähe von Buenos Ayres Baumwolle anzubauen. Obwohl die Gewinne beträchtlich waren, wurde einstimmig beschlossen, dass das Experiment zumindest vorerst nicht wiederholt werden sollte.

Mr. Hardy hatte seine Idee, ein paar Hektar mit Tabak und Zuckerrohr anzupflanzen, zunächst nicht in die Tat umgesetzt, da der Boden für andere Zwecke benötigt worden war. Er hatte die Idee jedoch nicht aufgegeben; und etwa zwei Monate vor der Hochzeit von Terence und Sarah hatte er etwas

Tabak gepflanzt, der nach ihrer Rückkehr aus Buenos Ayres zum Pflücken bereit war.

Der Tabakanbau erfordert große Sorgfalt. Der Boden wird zunächst mit großer Sorgfalt vorbereitet und gut und gründlich gedüngt; Dies war im vorliegenden Fall jedoch nicht erforderlich, da der fruchtbare Neuboden keiner künstlichen Hilfe bedurfte. Anschließend werden Beete ausgehoben, die etwa 60 cm breit sind und etwa spargelähnlichen Beeten ähneln, mit jeweils einem tiefen Graben dazwischen. Die Samen werden in einem Saatbeet herangezogen, und wenn sie neun bis zehn Zoll hoch sind, werden sie aufgenommen und sorgfältig in die Beete gepflanzt, wobei in jedes zwei Reihen gelegt werden und die Pflanzen einen Fuß voneinander entfernt sind.

Es gibt verschiedene Anbaumethoden, aber diese wurde von Herrn Hardy übernommen. Die Pflanzen wuchsen schnell, der Boden zwischen ihnen wurde gelegentlich gehackt und von Unkraut freigehalten. Als sie eine Höhe von 1,20 m erreichten, wurden die Spitzen abgeknipst und alle Blätter, die Anzeichen einer Krankheit zeigten, entfernt. Jeder Stängel hatte acht bis zehn Blätter. Als die Blätter anfingen, sich ziemlich gelb zu färben, verkündete Mr. Hardy, dass die Zeit zum Schneiden gekommen sei, und eines Morgens waren alle Hände für die Arbeit versammelt. Es bestand lediglich darin, die Stängel auf Bodenhöhe abzuschneiden und die Pflanzen sanft auf den Boden zu legen. Zur Frühstückszeit waren die zwei Hektar gerodet. Man ließ sie den ganzen Tag in der Sonne trocknen, und kurz vor Sonnenuntergang wurden sie aufgehoben und zu einem der Lagerschuppen getragen, der für diesen Zweck geräumt und hergerichtet worden war. Hier wurden sie auf einem Haufen auf den Boden gelegt, mit rohen Häuten und Matten bedeckt und drei Tage lang zum Erhitzen stehen gelassen. Danach wurden sie freigelegt und auf Latten vom Dach aufgehängt, dicht nebeneinander und dennoch weit genug voneinander entfernt, damit die Luft zwischen ihnen zirkulieren konnte. Hier blieben sie, bis sie völlig trocken waren, und wurden dann abgenommen, wobei für die Operation eine feuchte Abdeckung gewählt wurde, da sonst die trockenen Blätter zu Staub zerfallen wären. Sie wurden wieder auf einen Haufen gelegt und abgedeckt, damit sie erneut erhitzt werden konnten. Die Durchführung dieses zweiten Erhitzens dauerte einige Tage, und dieser Vorgang erforderte große Aufmerksamkeit, da der Tabak wertlos geworden wäre, wenn die Pflanzen zu stark erhitzt worden wären.

In zehn Tagen war die Operation abgeschlossen. Anschließend wurden die Blätter abgestreift, die oberen Blätter einzeln platziert, ebenso die mittleren und unteren Blätter; die höheren sind von bester Qualität. Anschließend wurden sie zu Bündeln zu je zwölf Blättern zusammengebunden und schichtweise in Fässer gepackt, wobei mit einem Gewichtshebel großer Druck ausgeübt wurde, um sie zu einer fast festen Masse zu pressen. Insgesamt füllten sie drei Fässer, von denen Mr. Hardy das kleinste mit sechzig Pfund feinstem Tabak für seinen eigenen Gebrauch und den seiner Freunde behielt; den Rest verkaufte er in Buenos Ayres zu einem gewinnbringenden Preis. Das Unterfangen hatte sich wie das Baumwollanbauprojekt als Erfolg erwiesen, aber der Aufwand und die erforderliche Sorgfalt waren sehr groß gewesen, und Mr. Hardy beschloss, in Zukunft nur so viel anzupflanzen, wie es für seinen eigenen Bedarf und den der auf dem Anwesen beschäftigten Männer ausreichte.

Das nächste Experiment, das perfektioniert wurde, war das mit Zuckerrohr. Hieran zeigten Mrs. Hardy und die Mädchen, viel mehr als an den anderen, lebhaftes Interesse. Zucker war eines der wenigen Konsumgüter gewesen, die Geld gekostet hatten, und er wurde in beträchtlichen Mengen zur Verarbeitung der Früchte in feine Puddings und Konfitüren verwendet. Es war nicht vorgesehen, Zucker für den Verkauf herzustellen, sondern nur für die Versorgung des Hauses: Die Plantage umfasste also zwei Acres. Herr Hardy besorgte die Stecklinge von einem Freund, der eine kleine Zuckerplantage in der Nähe von Buenos Ayres besaß.

Der Zuckeranbau ist einfach. Nachdem das Land vollkommen in Ordnung gebracht worden war, wurden im Abstand von fünf Fuß tiefe Furchen gepflügt. In diese wurden die Stecklinge, das sind Stücke des oberen Teils des Rohrs, die zwei oder drei Knoten enthalten, in einem Abstand von drei Fuß voneinander gelegt. Anschließend wurde der Pflug neben der Furche geführt, um diese wieder aufzufüllen und das Schnittgut abzudecken. In Zuckerplantagen liegen die Reihen der Zuckerrohre dicht beieinander, aber Mr. Hardy hatte diesen Abstand gewählt, da er es seiner Hufhacke ermöglichte, zwischen ihnen zu arbeiten und so den Boden ohne den Aufwand harter Arbeit frei von Unkraut zu halten . In kurzer Zeit erschienen die Triebe über dem Boden. In vier Monaten hatten sie eine Höhe von vierzehn Fuß erreicht, und ihre glänzenden Stiele zeigten, dass sie zum Schneiden bereit waren.

„Nun, Clara", sagte Mr. Hardy, „das ist Ihre Herstellung, wissen Sie, und wir dürfen nur unter Ihrer Aufsicht arbeiten. Die Stöcke sind bereit zum Schneiden: Wie wollen Sie den Saft herauspressen? Denn das ist." wirklich eine wichtige Frage."

Die jungen Hardys sahen sich entsetzt an, denn unter dem Druck anderer Angelegenheiten war die Frage der Apparatur für die Zuckerherstellung völlig vergessen worden.

„Hast du wirklich keine Ahnung, wie das geht, Frank?"

„Nein, das habe ich wirklich nicht, mein Lieber. Wir haben auf dem Platz sicherlich kein Holz, aus dem wir die Walzen machen könnten; außerdem wäre es eine ziemlich schwierige Angelegenheit."

Mrs. Hardy dachte eine Minute nach und sagte dann: „Ich glaube, dass die Mangel es schaffen würde.“

Es gab einen allgemeinen Ausruf: „Kapital, Mama!“ und dann ein schallendes Gelächter über die Idee, Zucker mit einer Mangel herzustellen. Die fragliche Mangel war Teil einer patentierten Waschvorrichtung, die Mr. Hardy aus England mitgebracht hatte, und bestand aus zwei starken Eisenwalzen, die durch starke Federn zusammengehalten wurden und sich mit einem Griff drehten.

„Ich glaube schon, dass die Mangel reichen würde, Clara“, sagte Mr. Hardy, „und wir sind Ihnen allen sehr dankbar für die Idee. Ich hatte an die große Waschpfanne zum Kochen des Zuckers gedacht, aber die Mangel war mir völlig entgangen.“ . Wir fangen morgen an. Bitte schrubben und verbrühen Sie alle Kübel und stellen Sie sie zum Trocknen in die Sonne.“

„Wie lange wird es dauern, Papa?“

„An manchen Tagen, Ethel, dürfen wir die Zuckerrohre nur so schnell schneiden, wie der Kessel den Saft einkochen kann.“

Am nächsten Tag begannen die Arbeiten. Die Stöcke wurden auf Bodenhöhe abgeschnitten, die Spitzen abgenommen und die Stöcke in drei Fuß lange Stücke geschnitten. Anschließend wurden sie auf einen Ochsenkarren gepackt und zum Haus gebracht. Als nächstes wurden sie durch die Mangel geführt, was vortrefflich gelang, wobei der Saft in Strömen in die darunter stehende Wanne floss, um ihn aufzunehmen. Als alle Stöcke durch die Mangel geführt waren, wurden die Schrauben festgezogen, um den Druck zu erhöhen, und sie wurden erneut durch die Mangel geführt; Zu diesem Zeitpunkt war der Saft zwar nicht so gründlich extrahiert wie mit einer leistungsstärkeren Maschine, aber die verbleibende Menge spielte keine Rolle. Als die Wanne gefüllt war, wurde der Inhalt in den großen Kupferkessel gebracht, unter dem dann ein Feuer angezündet wurde. Das Zerkleinern des Zuckerrohrs wurde fortgesetzt, bis das Kupfer fast voll war, als Mr. Hardy anordnete, das Schneiden des Zuckerrohrs für diesen Tag einzustellen. Das Feuer unter dem Kupfer wurde mit den zerkleinerten Rohren gespeist, die sehr frei brannten. Herr Hardy fügte nun eine kleine Menge Limette und etwas Schafsblut hinzu, wobei die letzte Zutat bei Frau Hardy und den Kleinen viele Entsetzensschreie hervorrief. Das Blut sei jedoch, wie Mr. Hardy ihnen mitteilte, zur Klärung des Zuckers notwendig, da das im Blut enthaltene Eiweiß an die Oberfläche aufsteigen und die Verunreinigungen mit sich bringen würde. Das Feuer wurde fortgesetzt, bis das Thermometer anzeigte, dass der Sirup nur noch wenige Grad siedete und die Oberfläche mit einer dicken, dunkel gefärbten Schaumschicht bedeckt war. Dann wurde das Feuer entfernt und der Schnaps abkühlen gelassen, während die Familie sich nun anderen Arbeiten widmete, da eine so große Menge Schnaps erst am nächsten Tag richtig kalt sein würde.

Am nächsten Morgen wurde der Hahn am Boden des Kessels aufgedreht, und der Sirup kam hell und klar heraus – etwa in der Farbe von Sherrywein. Der Schaum landete unzerbrochen auf der Oberfläche der Flüssigkeit; und als das Kupfergefäß fast leer war, wurde der Hahn geschlossen und der Schaum und der Rest der Flüssigkeit herausgenommen. Der helle Sirup wurde nun erneut in den Kessel gegossen, das Feuer erneut angezündet und der Sirup weiter kochend gehalten, um das Wasser zu verdampfen und den Sirup so weit zu kondensieren, dass er kristallisierte. Dazu war stundenlanges Kochen erforderlich, wobei eventuell an die Oberfläche aufsteigender Schaum vorsichtig mit einem Schaumlöffel entfernt wurde. Schließlich stellte sich heraus, dass der Sirup auf dem Abschäumer zu kristallisieren begann, und Mr. Hardy erklärte, er könne zum Kristallisieren in die großen Waschwannen abgesaugt werden . Nun wurde eine neue Ladung Zuckerrohr zerkleinert und der Vorgang wiederholt, bis alle Zuckerrohre zerschnitten waren. Insgesamt dauerte es vierzehn Tage, aber nur fünf Tage davon wurden tatsächlich mit dem Schneiden und Zerkleinern der Stöcke verbracht. Als der Zucker kristallisierte, wurde er herausgenommen – eine dunkle, breiig aussehende Masse, die der junge Hardys sehr zweifelnd betrachtete – und in einen großen Zuckerbehälter gelegt, der zu diesem Zweck beschafft worden war. In den Boden wurden acht große Löcher gebohrt und diese mit Stücken von Kochbananenstängeln verschlossen. Durch die poröse Substanz dieser Stängel floss die Melasse oder der Melassesirup langsam ab. Während der feuchte Zucker in das Fass gegeben wurde, wurden Schichten von Bananenstängelscheiben darauf gelegt, während die schwammige Substanz dem Zucker den dunklen Farbstoff entzieht. Der Wegerich wächst in Südamerika frei, und Herr Hardy hatte mehrere dieser anmutigen Bäume in der Nähe seines Hauses gepflanzt; aber diese waren noch nicht weit genug zum Schneiden, und er hatte deshalb eine ausreichende Menge von einem Freund in Rosario beschafft. Es dauerte drei Monate, bis der Abfluss der Melasse ganz aufhörte; Und als die Hardys den Schweinekopf ausleerten und die Kochbananenstängel entfernten, stellten sie mit großer Freude fest, dass ihr Zucker trocken und von ziemlich heller Farbe war. Die Zuckerrohre mussten nicht erneut gepflanzt werden, da sie viele Jahre lang aus denselben Wurzeln wachsen werden; und obwohl die Stöcke aus alten Fäkalien, wie sie genannt werden, weniger Zucker produzieren als die aus dem ersten Pflanzjahr, ist der Saft klarer und erfordert weitaus weniger Aufwand bei der Zubereitung und Verfeinerung. Bevor ein weiteres Jahr vorüber war, stellten die Jungen ein Paar Holzwalzen mit einem Durchmesser von 18 Zoll her. Diese waren mit Eisenstreifen bedeckt, die der Länge nach in kurzen Abständen voneinander festgenagelt waren, um einen besseren Halt der Stöcke zu gewährleisten und zu verhindern, dass das Holz gequetscht und gefurcht wurde. Diese Walzen wurden von einer Pferdemühle bearbeitet, die Herr Hardy aus England bestellt hatte. Es wurde für fünf Pferde hergestellt und leistete eine Menge nützlicher Arbeit: Es mahlte den Mais zu feinem Mehl für den Hausgebrauch und zum Verkauf an benachbarte Siedler, zu grobem Mehl und zerkleinerte die Kürbisse und Wurzeln für die Schweine und andere Tiere .

Herr Hardy versuchte auch viele andere Experimente, da das Klima für fast jede Pflanzen- und Gemüseart geeignet ist. Dazu gehörte der Anbau von Ingwer, Vanilleschote, Flachs, Hanf und Kaffee. Bei allen hatte er mehr oder weniger Erfolg; Aber die Schwierigkeit, Arbeitskräfte zu finden, und die Notwendigkeit, den wachsenden Herden, Herden und dem bewässerten Land immer mehr Aufmerksamkeit zu widmen, hielten ihn davon ab, sie in großem Umfang durchzuführen. Sie erfüllten jedoch den Zweck, zu dem er sie hauptsächlich anfertigte: seinen Kindern interessante und unterhaltsame Gegenstände zu bieten.

KAPITEL XII.

EINE RUHIGE HAND.

Es war nun mehr als achtzehn Monate her, seit sich die Hardys in Mount Pleasant einigermaßen etabliert hatten. Ein Fremder, der bei der ersten Fertigstellung des Hauses vorbeigekommen war, würde es jetzt sicherlich nicht wiedererkennen. Damals war es ein kahles, wenig einladendes Bauwerk, das, wie gesagt wurde, wie eine kleine Kapelle der Andersdenkenden aussah, die auf der Spitze einer sanften Anhöhe errichtet worden war, ohne Baum oder Schutz jeglicher Art. Jetzt schien es aus einer Masse hellgrünen Laubes zu wachsen, so schnell waren die Bäume gewachsen, besonders die Bananen und anderen tropischen Sträucher, die auf beiden Seiten des Hauses gepflanzt waren. Am Fuße des Abhangs befanden sich etwa 60 bis 70 Acres Ackerland, während sich zur Rechten drei oder vier große und starke Drahtgehege befanden, in denen die Milchkühe, das Vieh, die Schafe und die Schweine nachts einzeln getrieben wurden .

Alles lief besser als Mr. Hardys zuversichtlichste Erwartungen. Monatlich wurde immer mehr Land umgebrochen und bewässert. Durch den Kauf von magerem Vieh während der Trockenzeit, die Mästung mit Luzerne und den Versand nach Rosario zum Verkauf wurden große Gewinne erzielt. Die Schweine hatten sich erstaunlich vermehrt; und die Gewinne der Molkerei stiegen täglich, da immer mehr Kühe hinzukamen. Die Produkte von Mount Pleasant wurden sowohl in Rosario als auch in Buenos Ayres so geschätzt, dass die Nachfrage, zu höchstens lukrativen Preisen, das Angebot bei weitem überstieg.

Die Anzahl der Peons war erhöht worden, und die Farm bot ein ziemlich belebtes Aussehen.

Die zwei Jahre, die vergangen waren, seit die Hardys England verlassen hatten, hatten eine beträchtliche Veränderung in ihrem Aussehen bewirkt. Charley war jetzt achtzehn – ein stämmiger, kräftiger junger Kerl. Durch sein Leben im Freien wirkte er älter, als er war. Er hatte eine starke Vorstellung davon, dass er jetzt ein Mann werden würde; und Ethel hatte ihn eines Tages dabei beobachtet, wie er seine Wangen im Glas genau untersuchte, um festzustellen, ob sich darin Anzeichen von Schnurrhaaren zeigten. Es war für ihn eine umstrittene Frage, ob ihm ein Bart stehen würde oder nicht. Hubert war fast siebzehn: Er war größer und kleiner als sein Bruder, aber sowohl im Aussehen als auch in den Manieren jünger. Er hatte die Unruhe eines Jungen und es fehlte ihm etwas von Charleys standhafter Beharrlichkeit.

Der ältere Bruder war im Wesentlichen praktisch veranlagt. Er nahm lebhaftes Interesse an den Angelegenheiten des Hofes und widmete ihm seine ganze Aufmerksamkeit. Wenn er schießen ging, tat er das, um Spiel für den Tisch zu bekommen. Er genoss den Sport und engagierte sich voller Begeisterung, aber er tat dies auf eine geschäftliche Art und Weise.

Hubert war ein viel einfallsreicherer Junge. Er erledigte die Arbeit auf dem Bauernhof genauso gewissenhaft wie sein Bruder, aber seine Aufmerksamkeit war keineswegs so konzentriert. Ein neuer Schmetterling, ein ungewöhnliches Insekt wäre für ihn unwiderstehlich; und nicht selten, wenn er mit seinem Gewehr hinausging, um ein Wild zu besorgen, das Mr. Hardy bei der Ankunft eines unerwarteten Besuchers haben wollte, kam er in höchstem Triumphgefühl mit einem neugierigen kleinen Vogel zurück, dem er nachgeschossen hatte eine lange Jagd, bei der die Bedürfnisse des Haushalts völlig vergessen wurden.

Maud war fünfzehn. Ihre ständige Bewegung im Freien hatte sie so flink und aktiv gemacht wie ein junges Rehkitz. Sie liebte es, unterwegs zu sein, und die zwei Stunden Unterricht bei ihrer Mutter am Nachmittag waren für sie eine schwere Buße.

Ethel wollte drei von vierzehn Monaten haben und schien unter zwölf zu sein. Sie war ein echter Stubenhocker der Familie und mochte nichts lieber, als ihre Arbeit zu erledigen, stundenlang zu sitzen und sich ruhig mit ihrer Mutter zu unterhalten.

Nun nahte wieder die Zeit, in der mit den Indianerraubzügen zu rechnen war. Es war immer noch einen Monat früher als der Angriff des Vorjahres, und Mr. Hardy hatte angesichts der größeren Zahl seiner Männer nicht die geringste Angst vor einem erfolgreichen Angriff auf Mount Pleasant. aber er beschloss, zu gegebener Zeit jede erdenkliche Vorsichtsmaßnahme gegen Angriffe auf die Tiere zu treffen. Er ordnete an, dass die Eisentore der Gehege nachts mit Vorhängeschlössern verschlossen werden sollten und dass einige der einheimischen Hunde dort als Wächter angekettet werden sollten. Er freute sich mit ein wenig Sorge auf den Indianermond, wie er genannt wird, denn als er mit Lopez und zwei ihrer Canterbury-Freunde einige Tage nach der Begegnung zum Schauplatz der Begegnung ritt, stellten sie ihn fest Die Indianer waren nach dem Verlust ihrer Pferde so überstürzt geflohen, dass sie nicht einmal die Leichen ihrer Freunde begraben hatten, und die Füchse hatten, so kurz die Zeit auch gewesen war, nichts als ein paar Knochen übriggelassen. Anhand der Mokassins und anderer verstreuter Reliquien der Indianer hatte Lopez jedoch sofort festgestellt, dass zwei Stämme in den Kampf verwickelt waren: der eine, Bewohner der Pampa – ein Volk, das zwar bereit war, jeden einsamen Weißen zu ermorden greifen selten einen vorbereiteten Feind an; und das andere waren Indianer aus dem Westen, die einen weitaus kriegerischeren und mutigeren Charakter hatten. Der erstere Stamm, versicherte Lopez – und die Eingeborenen des Landes stimmten mit ihm überein –, wäre von sich aus wahrscheinlich nicht dazu geneigt gewesen, einen neuen Angriff auf die Gegner zu versuchen, die sich als so furchterregend erwiesen hatten, aber letzterer würde mit ziemlicher Sicherheit einen verzweifelten Versuch unternehmen um die Schande ihrer Niederlage abzuwischen. Obwohl sie sich unter diesen Umständen völlig sicher waren, jeden Angriff abwehren zu können, wurde beschlossen, dass zu gegebener Zeit jede Vorsichtsmaßnahme getroffen werden sollte.

Eines späten Nachmittags jedoch war Mr. Fitzgerald mit Mr. Hardy zu einer Ausfahrt aufgebrochen. Charley war mit der Waffe auf der Schulter zum Damm hinuntergegangen, und Hubert war in einiger Entfernung zu einem Teich im Fluss geritten, wo er am Tag zuvor eine Wildente beobachtet hatte, bei der es sich seiner Meinung nach um eine neue Art handelte. Das Vieh und die Herden waren gerade von Lopez und zwei berittenen Tagelöhnern zu einer früheren Stunde als gewöhnlich hereingetrieben worden, da Mr. Hardy an diesem Morgen den Befehl gegeben hatte, dass alle Tiere vor Einbruch der Dunkelheit in ihren Gehegen sein sollten. Die Arbeiter auf den Feldern unten waren noch immer mit dem Pflügen beschäftigt. Ethel arbeitete im Wohnzimmer mit Mrs. Hardy, während Maud im Garten Obst für den Tee pflückte.

Plötzlich wurden die Bewohner des Salons durch einen scharfen Schrei von Maud aufgeschreckt, und im nächsten Moment flog sie ins Zimmer, stürzte in einem Satz zum Kamin, riss ihr leichtes Gewehr von den Haken über dem Kaminsims und rief: „Schnell!", Ethel, dein Gewehr!" war augenblicklich wieder weg.

Mrs. Hardy und Ethel sprangen auf, zu überrascht für den Moment, um etwas zu unternehmen, und dann wiederholte Mrs. Hardy Mauds Worte: „Schnell, Ethel, dein Gewehr!"

Ethel ergriff es und rannte mit ihrer Mutter zur Tür. Dann sahen sie einen Anblick, der ihnen einen Schrei über die Lippen brachte. Mrs. Hardy fiel auf die Knie und bedeckte ihre Augen, während Ethel nach einer kurzen Pause das Gewehr ergriff, das ihr fast aus den Händen gefallen wäre, und vorwärts rannte, obwohl ihre Glieder so zitterten, dass sie sie kaum weitertragen konnte.

Der Anblick war wirklich schrecklich. In einer Entfernung von zweihundert Metern ritt Hubert um sein Leben. Sein Hut war abgenommen, seine Waffe war verschwunden, sein Gesicht war totenbleich. Hinter ihm ritten drei Indianer. Der nächste war direkt hinter ihm, in einer Entfernung von knapp zwei Pferdelängen; die anderen beiden standen ihrem Anführer nahe. Offensichtlich kamen alle auf ihn zu.

Maud hatte das Tor aufgerissen und stand neben dem Pfosten, wobei der Lauf ihres Gewehrs auf einem der Drähte ruhte. „Stetig, Ethel, ruhig", sagte sie mit harter, seltsamer Stimme, als ihre Schwester sich zu ihr gesellte; „Huberts Leben hängt von Ihrem Ziel ab. Warten Sie, bis ich schieße, und nehmen Sie den Mann rechts. Zielen Sie auf seine Brust."

Der Klang von Mauds ruhiger Stimme wirkte wie Magie auf ihre Schwester; der Nebel, der vor ihren Augen geschwommen war, lichtete sich; Ihre Glieder hörten auf zu zittern und ihre Hand wurde ruhiger. Hubert war jetzt nur noch hundert Meter entfernt, aber der führende Indianer war kaum eine Pferdelänge hinter ihm. Er hatte seinen Tomahawk bereits in der Hand, bereit für den tödlichen Schlag. Nach weiteren zwanzig Metern wirbelte er es mit einem Jubelschrei um seinen Kopf.

„Bück dich, Hubert, bücke dich!" Maud weinte mit lauter, klarer Stimme; und mechanisch, mit dem wilden Kriegsgeschrei in seinen Ohren, beugte sich Hubert nach vorne zur Mähne des Pferdes. Er konnte den Atem des Pferdes des Indianers an seinen Beinen spüren und sein Herz schien stillzustehen.

Man hätte Maud und ihr Gewehr für eine Statue halten können, so unbeweglich und starr stand sie da; Und dann, als der Arm des Indianers zum Schlag zurückging, knackte es, und ohne ein Wort oder einen Schrei fiel der Indianer zurück und wurde von der tödlichen kleinen Kugel mitten in die Stirn getroffen.

Nicht so lautlos verrichtete Ethels Kugel ihre Arbeit. Ein wilder Schrei folgte dem Knall: Einen Moment lang schwankte der Indianer im Sattel, dann drehte er sein Pferd scharf um, um sich zu beruhigen, und galoppierte mit seinem Begleiter davon.

[Illustration: HUBERTS FLUCHT VOR DEN INDIANERN]

Als Hubert sein Pferd durch das Tor passierte und anhielt, wäre er fast von seinem Sitz gefallen; und mit größter Mühe taumelte er auf Maud zu, die völlig ohnmächtig geworden war, als sie ihn allein weiterreiten sah.

Ethel hatte sich auf den Boden gesetzt und weinte leidenschaftlich, und Terence kam mit einer Waffe in der Hand aus dem Haus gerannt und schüttete irische Drohungen und Ausrufe nach den Indianern aus. Diese verwandelten sich in einen Triumphschrei, als Charley hinter dem Hühnerstall hervortrat, als sie in kurzer Entfernung vorbeikamen, und beim Abfeuern seiner Doppelrohre fiel der unverwundete Indianer schwer von seinem Pferd.

So sehr er auch darauf bedacht war, seinen jungen Mätressen zu helfen, denn Hubert war viel zu erschüttert, um zu versuchen, Maud vom Boden hochzuheben, und so blieb Terence wie gefesselt stehen und beobachtete den verbliebenen Indianer. Zweimal schwankte er im Sattel und zweimal erholte er sich wieder, aber beim dritten Mal, als er fast eine halbe Meile entfernt war, fiel er plötzlich zu Boden.

„Ich dachte, der mörderische Dieb hätte es erwischt", murmelte Terence vor sich hin, als er hinunterrannte, um Maud aufzuheben, und mit der Hilfe von Sarah, um sie zum Haus hinaufzutragen, an dessen Türe Mrs. Hardy noch immer lehnte, zu aufgeregt, um sich selbst zu trauen, zu gehen.

Hubert, der sich inzwischen einigermaßen erholt hatte, versuchte, Ethel zu beruhigen, und die beiden gingen langsam auf das Haus zu. Ein oder zwei Minuten später kam Charley angerannt, und man sah die Peons auf sie zueilen. Nach einem stummen Handschlag an seinen Bruder und einem kurzen „Gott sei Dank!" Charley übernahm mit seiner gewohnten Energie das Kommando.

„Hubert, laden Sie und Terence alle Waffen auf einmal ein. Lopez, sagen Sie den Peons, sie sollen sich beeilen, die Pflugochsen herbeizuschaffen, sie im Gehege einzusperren und alle Tore mit einem Vorhängeschloss zu verschließen. Ich werde Sie warnen, wenn Gefahr droht. Dann bringen Sie sie mit." all die Männer und Frauen hier oben. Ich werde die Gefahrenflagge hissen. Papa ist irgendwo draußen in der Ebene." Mit diesen Worten nahm er den Karabiner seines Colts und rannte die Treppe hinauf.

Einen Moment später war seine Stimme wieder zu hören. „Hubert, Terence, bringt alle geladenen Waffen auf einmal hier hoch – schnell, schnell!" und dann schrie er laut auf Spanisch: „Kommt alle herein, kommt herein, um euer Leben zu fordern!" Eine weitere Minute später gesellten sie sich zu ihm auf dem Turm mit Mr. Hardys langem Gewehr, Huberts Karabiner und ihren doppelläufigen Schrotflinten, in die Terence jeweils eine Kugel auf die Spitze des Schusses warf. Hubert konnte sich einen Schrei kaum verkneifen. In einer Entfernung von einer Viertelmeile kamen Mr. Hardy und Fitzgerald heran, verfolgt von mindestens einem Dutzend Indianern, die dreißig oder vierzig Meter hinter ihnen standen. Sie näherten sich von hinter dem Haus und mussten einen Bogen machen, um zum Eingang zu gelangen, der sich auf der rechten Seite befand, auf der dem Damm zugewandten Seite. Dies würde ihren Verfolgern offenbar einen leichten Vorteil verschaffen.

„Sie behaupten sich", sagte Charley nach einer Schweigeminute; „Es gibt keine Angst. Lopez!" Er schrie: „Lauf und schau, dass sowohl die Außen- als auch die Innentore offen sind."

Es wurde bereits gesagt, dass in einer Entfernung von hundert Metern hinter dem inneren Gehege ein niedriger Drahtzaun angebracht worden sei, um die jungen Bäume vor den Tieren zu schützen. Es bestand aus zwei Drähten, die nur einen Fuß voneinander entfernt waren, und war vom hohen Gras fast verdeckt. Es hatte ein niedriges Tor, dessen Position dem inneren Tor entsprach. Charleys scharfes Auge erkannte sofort die Bedeutung der Position.

„Ich denke, Sie könnten jetzt das Langgewehr benutzen", sagte Hubert; „Es könnte sie aufhalten, wenn sie das Gefühl haben, dass sie in Reichweite unserer Waffen sind."

„Nein, nein", sagte Charley, „ich möchte sie nicht aufhalten. Zeigen Sie nicht die Spitze einer Waffe über der Mauer." Dann schwieg er, bis sein Vater nur noch dreihundert Meter entfernt war. Dann schrie er mit voller Stimme: „Pass auf den Außenzaun auf, pass auf den Außenzaun auf!"

Mr. Hardy hob die Hand, um zu zeigen, dass er es hörte, und als er näher kam, rief Charley erneut: „Gehen Sie gut um den Zaun herum, gut um ihn herum, damit sie versuchen, Sie abzuschneiden."

Charley konnte sehen, dass Mr. Hardy es hörte, denn er drehte den Kopf seines Pferdes so, dass es ziemlich weit über die Ecke des Zauns hinausging. „Jetzt, Hubert und Terence, macht euch bereit; wir werden sie sofort haben."

Mr. Hardy und sein Begleiter galoppierten vorbei, die Indianer noch fünfzig Meter hinter ihnen. Die Flüchtlinge hielten sich zwanzig Meter von der Ecke des Zauns entfernt und drehten sich nach rechts, und die Indianer wandten sich mit einem Jubelschrei ebenfalls nach rechts, um ihnen den Weg abzuschneiden. Der niedrige, tückische Draht blieb unbemerkt, und im nächsten Moment rollten Männer und Pferde in einer wirren Masse auf dem Boden.

„Jetzt", sagte Charley, „jedes Fass, das wir haben;" und von der Spitze des Turms ergoss sich ein Bleiregen auf die verwirrten Indianer. Die verängstigten und verwundeten Pferde traten und kämpften fürchterlich und fügten ihren Herren fast ebenso viel Schaden zu wie die tödlichen Kugeln der Weißen; und als das Feuer aufhörte, nahm nicht mehr als die Hälfte von ihnen ihre Plätze wieder ein und galoppierte davon, während der Rest, Männer und Pferde, in einem grässlichen Haufen zurückblieb. Als die Bewohner des Turms sahen, dass sie sich vollständig zurückzogen, stiegen sie hinab, um Mr. Hardy und Fitzgerald zu empfangen. Terence war sehr erfreut darüber, endlich seinen Anteil an einem Gefecht gehabt zu haben.

„Gut gemacht, Jungs! Sehr gut geplant, Charley!" Sagte Mr. Hardy, während er sein Pferd zügelte. „Das war eine knappe Flucht."

„Bei weitem nicht so nah dran, wie Hubert es hatte, Papa."

"In der Tat!" sagte Mr. Hardy besorgt. „Lassen Sie mich alles darüber hören."

„Wir haben uns noch nicht gehört", antwortete Charley. „Es geschah nur ein paar Minuten vor deinem eigenen. Die Mädchen haben sich großartig benommen, aber jetzt sind sie ziemlich verärgert. Wenn du zum Haus zu ihnen gehst, bin ich gleich da, aber vorher gibt es noch ein paar Dinge zu sehen." „Lopez", fuhr er fort, „führe aus, was ich dir zuvor gesagt habe: Hol die Männer von den Pflügen und sorge dafür, dass alles gesichert ist. Sag ihnen, sie sollen sich beeilen, denn es wird bald dunkel. Töte ein paar Schafe und ziehe sie groß." zum Haus; wir werden eine große Gruppe sein, und es kann sein, dass es gewollt ist. Dann sollen alle Landsleute zu Abend essen. Kommen Sie in einer Stunde zum Haus, um Anweisungen zu erhalten. Sehen Sie selbst, dass die Hunde vom Vieh angebunden sind. Terenz, Nehmen Sie Ihren Posten ein und feuern Sie eine Waffe ab, wenn Sie jemanden in Bewegung sehen.

Nachdem Charley sichergestellt hatte, dass seinen verschiedenen Befehlen Folge geleistet wurde, ging er zum Haus hinauf. Er fand die ganze Gesellschaft im Wohnzimmer versammelt. Maud und Ethel hatten sich ziemlich erholt, obwohl beide blass aussahen. Mrs. Hardy war ganz in ihre Aufmerksamkeit vertieft und hatte glücklicherweise nichts von der Gefahr gehört, die ihrem Mann drohte, bis der Schuß von oben, gefolgt von einem Triumphschrei, ihr verkündete, dass jede Gefahr gebannt sei.

„Nun, Papa", sagte Charley, „gebt uns zuerst eure Rechnung."

„Ich habe nicht viel zu erzählen, Charley. Fitzgerald und ich waren schon eine Strecke zurückgeritten – fünf Meilen, würde ich sagen –, als die Hunde an einem Dickicht anhielten und einen Löwen erlegten. Fitzgerald und ich feuerten beide mit unseren linken Läufen , die mit Kugeln beladen waren. Das Biest fiel und wir machten uns auf den Weg, um es zu häuten. Dash bellte wütend, und wir sahen ein paar Dutzend Indianer, die sich uns näherten. Wir blieben einen Moment stehen, um ihnen unsere Läufe mit Entenschrot zu geben , und sprangen dann in unsere Sättel und ritten darauf zu. Leider waren wir dumm genug gewesen, ohne unsere Revolver loszuziehen. Sie bedrängten uns hart, aber ich hatte nie Angst, dass sie uns tatsächlich erwischen könnten; meine einzige Sorge war diese Vielleicht wiederholen wir meine Katastrophe vom Gürteltierloch. Also habe ich nur versucht, dreißig oder vierzig Meter Vorsprung zu halten. Ich habe dafür gesorgt, dass der eine oder andere von euch uns kommen sehen würde, und ich hätte laut genug schreien sollen, das kann ich euch sagen , um Sie zu warnen, als ich heraufkam. Außerdem wusste ich, dass die Waffen im schlimmsten Fall über dem Kamin hingen und dass wir nur Zeit brauchten, um hineinzulaufen, sie einzuholen und zur Tür zu gelangen, um uns verteidigen zu können das Haus, bis du uns helfen konntest. Und was ist nun deine Geschichte, Charley?"

„Ich habe noch weniger als du, Papa. Ich war unten am Damm, und dann ging ich in den Hühnerstall und dachte gerade darüber nach, dass ich die Nester besser anordnen könnte, als ich dazwischen einen Indianerkriegsschrei hörte." Ich und das Haus. Es folgten fast direkt zwei Risse, von denen ich wusste, dass sie die Gewehre der Mädchen waren. Ich eilte zur Tür und schaute hinaus, und ich sah zwei Indianer in vollem Galopp vorbeikommen. Der Richtung nach, in die sie gingen, waren es sie Ich würde nur ein kleines Stück vom Hühnerstall entfernt vorbeikommen; also trat ich zurück, bis ich hörte, dass sie sich gegenüberstanden, und dann ging ich hinaus, gab demjenigen, der mir am nächsten stand, beide Fässer und stoppte seinen Galopp ziemlich wirkungsvoll. Als ich den Ort erreichte Ich sah, dass es bei Hubert nur knapp geklappt hatte, denn Maud war ohnmächtig geworden und Ethel war in tiefem Weinen. Aber ich hatte keine Zeit, viele Fragen zu stellen, denn ich rannte los, um die Gefahrenflagge zu hissen, und dann sah ich es Sie und Fitzgerald kommen mit den Indianern hinter Ihnen her. Jetzt, Hubert, hören wir uns Ihre Geschichte an.

„Nun, Papa, weißt du, ich habe gestern gesagt, dass ich sicher bin, eine neue Ente gesehen zu haben, und heute Nachmittag bin ich zu den Teichen geritten, in der Hoffnung, dass er vielleicht noch da ist. Ich habe mein Pferd verlassen und bin sehr vorsichtig weitergeschlichen durch das Schilf, bis ich das Wasser sah. Tatsächlich war da die Ente, eher auf der anderen Seite. Ich wartete eine lange halbe Stunde, und schließlich kam er etwas näher. Er tauchte auf mein erstes Fass zu, aber als er heraufkam, gab ich ihm mein zweites. Flirt ging hinein und holte ihn heraus. Er war tatsächlich neu – zwei blaue Federn unter dem Auge –"

„Belästige die Ente, Hubert", warf Charley ein. „Seine blauen Federn sind uns egal; wir wollen etwas über die Indianer hören."

„Nun, ich komme zu den Indianern", sagte Hubert; „Aber es war trotzdem eine neue Ente; und wenn sie dir gefällt, zeige ich sie dir. Da!" Und er zog es aus seiner Tasche und legte es auf den Tisch. Niemand schien das geringste Interesse daran zu haben oder sich darum zu kümmern. Also fuhr Hubert fort: „Also, nachdem ich mir die Ente angesehen hatte, steckte ich sie in meine Tasche und ging aus dem Gebüsch zu meinem Pferd. Als ich bei ihm ankam, hörte ich einen Schrei, der mich fast umfallen ließ, es erschrak." Ich so; und keine hundert Meter entfernt, und um mich von zu Hause abzuschneiden, ritten dreißig oder vierzig Indianer. Es dauerte nicht lange, bis ich, wie Sie sich vorstellen können, in meinen Sattel kletterte und wie ein Schütze davonraste. Ich konnte es nicht schaffen Ich ritt direkt nach Hause, musste aber einen Bogen machen, um an ihnen vorbeizukommen. Ich war besser beritten als alle, bis auf drei, aber sie kamen immer weiter auf mich zu, während alle anderen wiederum die Verfolgung aufgaben; und wie Papa , ich hatte meinen Revolver zurückgelassen. Black Tom tat sein Bestes, und ich ermutigte ihn aufs Äußerste; aber ich begann zu glauben, dass alles an mir lag, denn ich war überzeugt, dass sie mich fangen würden, bevor ich hineinkommen konnte. Als ich kaum mehr als dreihundert Meter vom Tor entfernt war , sah ich, wie Maud mit ihrem Gewehr auf das Tor zustürmte, und kurz darauf kam auch Ethel. Die Indianer kamen immer näher und näher, und ich erwartete jeden Moment, den Tomahawk zu spüren . Ich konnte mir nicht vorstellen, warum die Mädchen nicht schossen, aber ich nahm an, dass sie sich ihres Ziels nicht sicher genug waren, und ich hatte den Trost, dass der Indianer, der mir am nächsten war, nicht zuschlagen würde, sonst würden sie einen Schuss riskieren. Ich ging weiter: Der Indianer war so nah, dass ich den Atem seines Pferdes spüren konnte, und mir kam der Gedanke, dass das Tier versuchte, die Wade meines Beins zu packen. Aus hundert Metern Entfernung konnte ich Mauds Gesicht deutlich erkennen, und dann war ich sicher, dass ich gerettet war. Sie sah so ruhig aus, als hätte sie auf ein Ziel gezielt, und mir kam der Gedanke durch den Kopf, wie sie letzte Woche beim ersten Schuss aus achtzig Metern Entfernung einen kleinen Stein an einem Pfosten getroffen hatte, als Charley und ich ihn halb verfehlt hatten jeweils ein Dutzend Mal. Dann ertönte ein schrecklicher Schrei, fast in meinem Ohr. Dann hörte ich Maud rufen: „Bück dich, Hubert, bücke dich!" Ich habe mich vorher gebückt, aber mein Kopf sank bis zur Mähne des Pferdes, das kann ich Ihnen sagen." Und dann war da das Knallen der beiden Gewehre und ein Schmerzensschrei. Ich konnte mich nicht umschauen, hatte aber das Gefühl, dass das Pferd hinter mir stehen geblieben war und ich in Sicherheit war. Das ist meine Geschichte, Papa.

Ein paar weitere Fragen entlockten Mrs. Hardy alles, was sie darüber wusste, und dann wurden den Mädchen die wärmsten Belobigungen zuteil. Ethel lehnte jedoch großzügig jedes Lob ab und sagte, dass sie ohne Mauds Standhaftigkeit und Kühle gar nichts hätte tun sollen.

„Und jetzt lasst uns unseren Tee trinken", sagte Mr. Hardy; „Und dann können wir unsere Maßnahmen für heute Abend besprechen."

„Glaubst du, dass sie uns angreifen werden, Papa?" fragte Ethel.

„Ja, Ethel, ich denke, dass sie das höchstwahrscheinlich tun werden. Als wir über die Ebene kamen , bemerkte ich in einiger Entfernung mehrere andere Gruppen. Es muss insgesamt eine sehr starke Truppe sein, und wahrscheinlich haben sie beschlossen, sich für ihr letztes Jahr zu rächen Niederlage. Sie hätten es besser lassen sollen, denn sie haben keine größere Chance, dieses Haus einzunehmen, während wir alle auf der Hut sind, als die Chance, zu fliehen. Das hat einen Vorteil – sie werden eine solche Lektion bekommen, die ich gebe Ich denke, wir werden in Zukunft völlig frei von indischen Angriffen sein."

Nach dem Tee kam Lopez zum Bestellen. „Sie werden", sagte Mr. Hardy, „zwei Peons an jeder Ecke des Außenzauns aufstellen. Einer von uns wird alle halbe Stunde vorbeikommen, um zu sehen, ob alles in Ordnung ist. Ihre Anweisungen lauten, dass sie, falls sie eine Bewegung hören, einen einschalten." Die andere besteht darin, sofort mit den Neuigkeiten zu uns zu kommen, und die andere besteht darin, herumzugehen und den anderen Wachposten zu sagen, dass sie dasselbe tun sollen. All dies muss in völliger Stille geschehen. Ich möchte nicht, dass sie wissen, dass wir dazu bereit sind ihr Empfang. Bringt frisches Stroh herauf und legt es hier auf den Boden: Die Frauen können hier schlafen."

„Was soll ich mit Ihren eigenen Pferden machen, Signor?" fragte Lopez.

Mr. Hardy dachte einen Moment nach. „Ich glaube, du schickst sie besser zu den anderen ins Gehege. Sie könnten vertrieben werden, wenn man sie hier oben zurücklässt, und ich sehe nicht, dass wir sie brauchen können."

„Aber was ist mit dem Vieh, Papa?" fragte Charley.

„Es wäre ein schwerer Verlust, wenn sie vertrieben würden, insbesondere die Milchkühe. Wenn Sie möchten, werde ich mit Terence hinuntergehen, und wir können unsere Position unter ihnen einnehmen. Es wäre ein starker Posten für die Indianer von." Natürlich konnten wir uns nicht zu Pferd angreifen; und mit meinem Karabiner, Terences Gewehr und zwei Revolvern glaube ich, dass wir sie leicht genug abwehren könnten, zumal Sie uns mit Ihren Gewehren decken würden.

„Ich hatte über diesen Plan nachgedacht, Charley; aber er wäre gefährlich und würde uns hier oben große Sorgen bereiten. Ich kann mir auch vorstellen, dass sie uns zuerst hier angreifen werden, da ihr großes Ziel zweifellos Rache ist, oder vielleicht auch Bemühen Sie sich gleichzeitig um das Vieh, während es hier angreift. Sie werden nicht mit den Tieren beginnen. Es wird ihnen sehr schwer fallen, den Zaun niederzureißen, was sie tun müssen, um sie zu vertreiben; und während sie es tun Darüber werden wir nicht untätig sein, verlassen Sie sich darauf."

Die Vorbereitungen waren bald getroffen und man kam überein, dass Mr. Hardy und Hubert abwechselnd mit Charley und Fitzgerald die Runde machen sollten. Wie üblich finden die Angriffe der Indianer in den letzten ein oder zwei Stunden der Dunkelheit statt. Herr Hardy meinte jedoch, dass im vorliegenden Fall eine Ausnahme gemacht werden würde, damit sie so weit wie möglich davonkommen könnten, bevor es zu einer Verfolgung kam. Die Frauen der Peonen legten sich zum Schlafen auf das Stroh, das man ihnen hingeworfen hatte. Die Männer saßen vor der Tür, rauchten ihre Zigaretten und unterhielten sich leise. Mrs. Hardy war in ihrem Zimmer; Ethel leistete ihr Gesellschaft, Maud teilte ihre Zeit zwischen ihnen und der

Spitze des Turms auf, wo sich Mr. Hardy, Fitzgerald und die Jungen in den Pausen zwischen ihren Runden versammelten.

Gegen zehn Uhr ertönte ein scharfes Bellen von einem der an der Pferche festgebundenen Hunde, gefolgt von einem allgemeinen Gebell aller Hunde in der Einrichtung.

„Da sind sie", sagte Mr. Hardy. „Charley, bring die Doggen rein und befiehl ihnen und auch den Retrievern, ruhig zu sein. Wir wollen hier oben keinen Lärm, um den Indianern zu sagen, dass wir Wache halten. Jetzt, Fitzgerald, geh zu den Wachposten." hinter dem Haus, und ich werde zu denen vorn gehen und ihnen sagen, sie sollen sich sofort zurückziehen.

Diese Mission war jedoch unnötig, denn die acht Peons trafen alle in ein oder zwei Minuten ein, nachdem sie beim ersten Bellen der Hunde von ihren Posten geflohen waren und ohne ihren Befehlen Folge geleistet zu haben, einander vorbeizuschicken, um ihren Rückzug anzukündigen .

Mr. Hardy war sehr wütend auf sie, aber sie hatten so große Angst vor den Indianern, dass sie den Worten ihres Herrn kaum Beachtung schenkten, sondern zusammengekauert auf dem Stroh im Wohnzimmer blieben und dort regungslos blieben, bis alles vorbei war war vorbei. Terence wurde nun vom Tor zurückgerufen, das sein früherer Posten gewesen war.

„Hast du etwas gehört, Terence?"

„Sicher, Euer Ehren, und ich dachte, ich hätte in der Ferne ein dumpfes Geräusch gehört, als ob viele Pferde galoppierten. Ich würde sagen, dass es sehr viele davon waren. Es schien etwas lauter zu werden, und dann hörte es auf."

„Das war, bevor die Hunde zu bellen begannen, Terence?"

„Etwa fünf Minuten vorher, Euer Ehren."

„Ja. Ich habe keinen Zweifel, dass sie alle abgestiegen sind, um den Angriff zu Fuß durchzuführen. Wie still ist alles!"

Das allgemeine Bellen der Hunde hatte nun aufgehört; manchmal gab der eine oder andere ein verdächtiges Bellen von sich, aber dazwischen war überhaupt kein Ton zu hören. Die Tür war jetzt geschlossen und verriegelt; In jedem Zimmer wurden Kerzen angezündet und aufgestellt, und vor den Schießscharten in den Fensterläden waren dicke Tücher aufgehängt, um zu verhindern, dass ein Lichtstrahl nach außen dringen konnte. und die Fenster selbst wurden geöffnet. Mr. Fitzgerald, die Jungen und Maud nahmen ihren Platz im Turm ein, Mr. Hardy blieb bei seiner Frau und Ethel, während Terence und Lopez in den anderen Wohnungen Wache hielten. Die Vereinbarungen für die Verteidigung sahen vor, dass Herr Fitzgerald, Lopez und Terence den unteren Teil des Hauses verteidigen sollten. Insgesamt gab es sechs doppelläufige Geschütze – jeweils zwei; und drei der Knechte, die mutiger waren als die anderen, boten an, die Waffen zu laden, als sie abgefeuert wurden.

Mr. Hardy und die Jungen hatten ihren Platz auf dem Turm, von dem aus sie den gesamten Garten beherrschten. Sie hatten das Langgewehr, die Karabiner und vier Revolver. Mrs. Hardy und die Mädchen nahmen ihren Platz im oberen Raum des Turms ein, wo es Licht gab. Ihre Gewehre waren für den Fall der Notwendigkeit bereit, aber ihre Hauptaufgabe bestand darin, die Reservekammern der Karabiner und Pistolen so schnell zu laden, wie sie leer waren, wobei die Vereinbarung darin bestand, dass die Mädchen abwechselnd nach oben gehen sollten, um die geladenen Patronen zu nehmen und sie herunterzubringen das Leergut. Sarahs Platz war ihre Küche, wo sie alles hören konnte, was unten vor sich ging, und sie musste die Leiter heraufrufen, falls Hilfe benötigt wurde. Und so warteten sie, alle in Bereitschaft, ruhig auf den Angriff.

KAPITEL XIII.

DER INDISCHE ANGRIFF.

Fast eine halbe Stunde lang hörten die Bewohner des Turms nicht das leiseste Geräusch. Dann gab es ein leichtes, schrilles Geräusch.

„Sie überwinden den Zaun", flüsterte Mr. Hardy. „Geht jetzt hinunter, jeder auf seine Station. Halten Sie die Hunde ruhig und achten Sie darauf, dass niemand feuert, bis ich das Signal gebe."

Immer wieder wiederholte sich das klirrende Geräusch. So vorsichtig die Indianer auch waren, es war ihnen unmöglich, dieses seltsame und schwierige Hindernis zu überwinden, ohne die Drähte mit ihren Armen zu berühren. Gelegentlich bildeten sich Mr. Hardy und die Jungen ein, sie könnten dunkle Gegenstände sehen, die sich durch die Dunkelheit auf das Haus zuschlichen; sonst war alles still.

„Jungs", sagte Mr. Hardy, „ich habe es mir anders überlegt. An den Türen und Fenstern werden Zahlen stehen, die wir von hier aus nicht erreichen können. Schleichen Sie sich leise nach unten und nehmen Sie jeweils an einem Fenster Stellung. Dann, wann." Wenn das Signal gegeben ist, feuern Sie beide Revolver ab. Werfen Sie keinen Schuss weg. Verdunkeln Sie alle Räume außer der Küche. Durch die Schießscharten sehen Sie besser, wenn Sie zielen; draußen wird es ganz hell sein. Wenn Sie Ihre Revolver geleert haben , komm direkt hierher und überlasse sie den Mädchen, damit sie sie laden können, wenn du vorbeikommst.

Wortlos verschwanden die Jungs. Dann platzierte Mr. Hardy auf einem runden Regal, das etwa zweieinhalb Meter über dem Boden an der Fahnenstange festgenagelt war, ein blaues Licht, das in eine Steckdose am Regal passte. Das Regal war gerade so groß, dass es einen Schatten über die Spitze des Turms warf, so dass sich die dort Stehenden in verhältnismäßiger Dunkelheit befanden, während alles um ihn herum in hellem Licht lag. Dort wartete er mit einem Streichholz in der Hand, um das Blaulicht anzuzünden, auf das Signal.

Es ließ lange auf sich warten – so lange, dass die Pause schmerzhaft wurde und jeder im Haus sich nach dem Ausbruch des kommenden Sturms sehnte. Endlich kam es . Ein wilder, langer, wilder Schrei erhob sich aus Hunderten von Kehlen durch die stille Nachtluft, und obwohl sie sich ihrer Position sicher waren, gab es niemanden in der Garnison, der nicht spürte, wie sein Blut bei der entsetzlichen Heftigkeit des Schreis gefror . Gleichzeitig gab es einen gewaltigen Ansturm auf die Türen und Fenster, der die Festigkeit von Rahmen und Riegel auf die Probe stellte. Dann, als sie standhaft blieben, kam es zu einem Hagel von Schlägen mit Beil und Tomahawk.

Dann folgte eine kurze Pause des Erstaunens. Anstatt das Holz zu zersplittern, hinterließen die Waffen lediglich tiefe Dellen oder glitten harmlos davon. Dann verdoppelten sich die Schläge, und dann erhellte plötzlich ein helles Licht die ganze Szene. Dabei ergoss sich aus jeder Schießscharte ein Feuerstrahl, der sich immer wieder wiederholte. Die schwer mit Schrot geladenen Kanonen wirkten schrecklich auf die dichtgedrängte Masse der Indianer um die Fenster herum, und das Abfeuern der vier Läufe aus jedem der drei Fenster des Raumes auf der Rückseite des Hauses, von Fitzgerald, Lopez, und Terence vertrieb die Angreifer für eine Weile aus diesem Viertel. Nach dem ersten Aufschrei des Erstaunens und der Wut folgte vollkommene Stille dem Lärm, der dort getobt hatte, unterbrochen nur durch das Klingeln der Ladestöcke, als die drei Männer und ihre Gehilfen hastig ihre Waffen nachluden und dann zur Vorderseite des Gebäudes eilten Haus, wo ihre Anwesenheit dringend erforderlich war.

Da Charley und Hubert wussten, dass es an der Tür einen gewaltigen Ansturm geben würde, hatten sie sich an den beiden Schlupflöchern postiert und die Fenster vorerst auf sich selbst gestellt. Der erste Ansturm war so gewaltig, dass die Tür auf ihren Pfosten zitterte, so massiv sie auch war; und die Jungen, die dachten, es würde hereinkommen, warfen ihr ganzes Körpergewicht dagegen. Dann kam mit dem Scheitern des ersten Ansturms der Sturm der Schläge; und die Jungen standen da, ihre Pistolen durch die Löcher gerichtet, und warteten auf das Licht, das es ihnen ermöglichen sollte, ihre Feinde zu sehen.

Als es kam , feuerten sie gemeinsam und zwei Indianer fielen. Immer wieder feuerten sie, bis kein einziger Indianer mehr vor der tödlichen Tür stand. Dann nahm jeder ein Fenster, denn auf jeder Seite der Tür befand sich eines, und diese hielten sie fest und stürmten gelegentlich in die Räume auf beiden Seiten, um die Angreifer dort zu kontrollieren.

In diesem Kampf hatte Sarah sicherlich die Ehre des ersten Blutes. Sie war eine mutige Frau und entschlossen, ihr Bestes zu geben, um das Haus zu verteidigen. Als geeignete Waffe hatte sie das Ende des Spießes ins Feuer gelegt, und im Moment des Angriffs war es weißglühend. Als sie sah, wie sich der Fensterladen durch den Druck der Indianer nachgab, ergriff sie den Spieß und stieß ihn mit aller Kraft durch die Schießscharte. Es folgte ein ängstlicher Schrei, der den gewaltigen Lärm um ihn herum noch übertönte.

Nachdem die letzten Läufe der Revolver der Jungen abgefeuert worden waren, herrschte eine Stille, die fast erschreckend wirkte. Sie rannten nach oben, rüsteten ihre Waffen mit neuen Kammern aus, ließen die leeren bei ihren Schwestern und schlossen sich ihrem Vater an.

„Das stimmt, Jungs; der Angriff ist vorerst abgewehrt. Jetzt schnappt euch eure Karabiner. Unten bei den Tieren ist eine Gruppe Indianer. Ich hörte ihr

Kriegsgeheul, als die anderen begannen, aber das Licht reicht kaum so weit." Passen Sie jetzt auf, ich werde eine Rakete über sie hinwegschicken. Die Kühe sind das Wichtigste. Also, Charley, richten Sie alle Ihre Schüsse auf jede Party dort. Hubert, teilen Sie Ihre Schüsse unter den Rest auf.

Im nächsten Moment flog die Rakete in die Luft, und als das helle Licht hervorbrach, konnte man eine Gruppe Indianer am Tor jedes der Gehege sehen. Als das strahlende Licht über ihnen brach , zerstreuten sie sich mit einem Schrei des Erstaunens. Bevor das Licht verblasste, waren die zwölf Fässer zwischen ihnen abgefeuert worden.

Als die Rakete explodierte, hatte Herr Hardy gespannt über das Land geblickt und sich eingebildet, in einer Entfernung von einer halben Meile eine dunkle Masse sehen zu können. Er vermutete, dass es sich hierbei um die Pferde der Indianer handelte.

Zu diesem Zeitpunkt brannte das blaue Licht schwach, und Mr. Hardy streckte seine Hand nach oben, zündete ein weiteres an der Flamme an und legte das frische darauf. Während er dies tat, zeigte das Zischen zahlreicher Pfeile, dass sie beobachtet wurden. Einer ging durch seinen Mantel, glücklicherweise ohne ihn zu berühren; ein anderer ging direkt durch seinen Arm; und ein dritter öffnete Charleys Wange von der Lippe bis zum Ohr.

„Haltet eure Köpfe unter der Mauer, Jungs", rief ihr Vater. „Bist du verletzt, Charley?"

„Nicht im Ernst, Papa, aber es tut furchtbar weh;" und Charley stampfte vor Wut und Schmerz.

„Was ist aus den Indianern um das Haus geworden?" fragte Hubert. „Sie unternehmen keinen neuen Angriff."

„Nein", sagte Mr. Hardy; „Sie haben genug davon. Sie fragen sich nur, wie sie entkommen sollen. Sie sehen, der Zaun ist rundherum unserem Feuer ausgesetzt, denn die Bäume kommen nicht näher als zwanzig Meter an ihn heran. Sie sind weder davor noch." hinter dem Haus, denn es ist in beide Richtungen ziemlich offen, und wir sollten sie sehen. Sie sind nicht auf dieser Seite des Hauses, also müssen sie dicht an der Wand zwischen den Fenstern stehen und müssen zwischen den Bäumen und Bäumen gedrängt sein Sträucher am anderen Ende. Da gibt es kein Fenster, also sind sie sicher, solange sie ruhig bleiben."

„Nein, Papa", sagte Hubert eifrig; „Erinnerst du dich nicht, dass wir beim Bau absichtlich zwei Schießscharten in jedem Raum gelassen haben, nur Holzstücke hineingesteckt und die Risse mit Lehm gefüllt haben, um den Wind abzuhalten?"

„ Natürlich haben wir das getan, Hubert. Ich erinnere mich jetzt an alles. Lauf runter und sag ihnen, sie sollen bereit sein, das Holz herauszuholen und durchzufeuern, wenn sie die nächste Rakete hören. Ich werde eine weitere leichte Rakete rüberschicken in die Richtung, in der ich die Pferde gesehen habe; und sobald ich die Linie bekomme, werde ich so schnell ich kann eine Cracker-Rakete nach der anderen auf sie abfeuern. Was mit dem Feuer von unten zwischen ihnen und dem Schrecken, den sie bekommen werden, wenn Wenn sie sehen, wie die Pferde angegriffen werden, werden sie sicher darauf losrennen.

Eine Minute später kam Hubert mit der Nachricht zurück, dass die Männer unten bereit seien. Plötzlich schoss eine Rakete weit hinter das Haus; und gerade als sein Licht über die Ebene brach, schwebte ein anderes in Richtung einer dunklen Masse von Tieren, die in der Ferne deutlich zu sehen war.

Die Indianer stießen einen Schreckensschrei aus, der sich in noch größerer Angst steigerte, als von der Hauswand aus drei Schüsse auf die Menschenmenge abgefeuert wurden. Wieder und wieder wurde die Entladung wiederholt, und mit einem Schrei der Bestürzung stürmte man wild auf den Zaun zu. Dann stürmten die Jungen mit ihren Karabinern und Mr. Hardy mit den Revolvern auf sie los, und jeder Schuss verriet die dichte Masse, die darum kämpfte, das tödliche Geländer zu überwinden.

Voller Wahnsinn vor der Gefahr versuchten Dutzende, sie zu erklimmen, und obwohl die Drähte und Pfosten stark waren, gab es ein knackendes Geräusch, und die ganze Seite stürzte ein. Eine weitere Minute später blieben von der kämpfenden Masse nur etwa zwanzig bewegungslose Gestalten übrig. Drei oder vier weitere Raketen wurden in die Richtung abgefeuert, in der die Pferde gesehen worden waren, und dann eine weitere Signalrakete, deren Licht es ihnen ermöglichte, zu erkennen, dass die schwarze Masse aufgelöst war und dass die ganze Ebene mit verstreuten Menschengestalten bedeckt war und Tiere, die alle in Höchstgeschwindigkeit fliegen.

„Gott sei Dank ist alles vorbei und wir sind in Sicherheit!" sagte Mr. Hardy feierlich. „Nie wieder wird es einen Indianerangriff auf Mount Pleasant geben. Jetzt ist alles vorbei, meine Liebe", sagte er zu Mrs. Hardy, als er die Treppe hinunterging; „Sie sind im ganzen Land unterwegs, und es wird Stunden dauern, bis sie ihre Pferde wieder zusammenbringen. Zwei von uns wurden von Pfeilen zerkratzt, aber es ist kein wirklicher Schaden entstanden. Charleys Wunde ist nur eine Fleischwunde. Hab keine Angst." „„ fügte er schnell hinzu, als Mrs. Hardy blass wurde und die Mädchen beim Erscheinen von Charleys Gesicht aufschrien, was sicherlich alarmierend war. „Ein wenig warmes Wasser und ein Verband werden alles in Ordnung bringen."

„Glaubst du, es wird eine Narbe hinterlassen?" fragte Charley ziemlich traurig.

„Nun, Charley, es würde mich nicht wundern, wenn es so wäre; aber es wird deine Schönheit nicht lange verderben, dein Schnurrbart wird es bedecken: außerdem wird eine Narbe, die in einem ehrenvollen Kampf gewonnen wurde, immer von Damen bewundert, weißt du. Jetzt lass uns Gehen Sie nach unten; auch mein Arm möchte verbunden werden, denn er fängt an, erstaunlich zu schmerzen; und ich bin sicher, dass wir alle etwas zu essen haben wollen.

Das Abendessen wurde eilig eingenommen, und dann waren alle außer Terence, der vorsorglich als Wächter auf dem Turm stationiert war, froh, sich für ein paar Stunden Schlaf hinzulegen. Bei Tagesanbruch standen sie auf und machten sich auf den Weg.

Herr Hardy forderte, dass weder seine Frau noch seine Töchter das Haus verlassen sollten, bis die toten Indianer entfernt und begraben seien, da der Anblick äußerst schockierend sein müsse. Zwei der Knechte erhielten den Befehl, die Ochsen einzuspannen und zwei Karren heranzuführen, und die übrigen Männer machten sich an die unangenehme Aufgabe, die Erschlagenen zu untersuchen und einzusammeln.

Diese waren noch zahlreicher, als Mr. Hardy erwartet hatte, und zeigten, wie dicht sie um die Tür und die Fenster herum gedrängt gewesen sein mussten. Die Waffen waren mit Schrot geladen; zwei Kugeln ließ er zusätzlich in jeden Lauf fallen; und deren Entladung war höchst zerstörerisch gewesen, besonders die, die durch die Schießscharten am Ende des Hauses abgefeuert wurden. Dort wurden nicht weniger als sechzehn Leichen gefunden, während sich rund um die Tür und die Fenster dreizehn weitere befanden. Alle diese waren tot. Die Kanonen, die durch brusthohe Schießscharten abgefeuert worden waren, hatten ihre Wirkung auf Kopf und Körper entfaltet.

Am Zaun standen vierzehn. Von diesen waren zwölf tot, ein anderer atmete noch, lag aber offensichtlich im Sterben, während einer nur ein gebrochenes Bein hatte. Zweifellos waren mehrere andere verwundet worden, denen es jedoch gelungen war, zu fliehen. Die Kugeln von Revolvern machen einen Verwundeten viel weniger kampfunfähig, wenn sie nicht eine tödliche Spitze treffen, als die Kugeln schwereren Kalibers. Es war offensichtlich sinnlos, den sterbenden Indianer zu entfernen; Alles, was man für ihn tun konnte, war, ihm etwas Wasser zu geben und ein Bündel Gras hinzulegen, damit er seinen Kopf heben konnte. Eine halbe Stunde später war er tot. Der andere Verwundete wurde vorsichtig in einen der Schuppen getragen, wo ein Heubett für ihn vorbereitet wurde. Unten bei den Viehgehegen wurden zwei weitere Verwundete gefunden, von denen Mr. Hardy ebenfalls annahm, dass sie sich wahrscheinlich erholen würden. Sie wurden von ihrem Kameraden hochgehoben und hingelegt. Hier wurden drei Leichen gefunden. Diese wurden alle in den Ochsenkarren zu einem Ort gebracht, der fast eine halbe Meile vom Haus entfernt war.

Hier wurde durch die gemeinsame Arbeit der Peonen ein großes Grab ausgehoben, sechs Fuß breit, ebenso tief und zwölf Meter lang. Darin wurden sie nebeneinander gelegt, zwei tief; Die Erde wurde aufgefüllt und der Rasen ersetzt. Auf Huberts Vorschlag hin wurden zwei junge Palmen aus dem Garten geholt und an jedem Ende eine aufgestellt, und rundherum wurde ein Drahtzaun errichtet, um die Tiere fernzuhalten.

Es war eine traurige Aufgabe; Und obwohl sie bei einem Angriff getötet worden waren, bei dem sie, wenn sie siegreich gewesen wären, keine Gnade gezeigt hätten, waren Herr Hardy und seine Söhne dennoch zutiefst betrübt darüber, dass sie die Zerstörung so vieler Leben verursacht hatten.

Es war später Nachmittag, bevor alles erledigt war, und die Gruppe kehrte mit erleichtertem Herzen ins Haus zurück, als die mühsame Aufgabe erledigt war. Hier hatten die Dinge fast wieder ihr normales Aussehen angenommen. Terence hatte die Blutflecken abgewaschen; und abgesehen davon, dass viele der jungen Bäume gefällt worden waren und dass eine Seite des Zauns eingeebnet worden war, hätte sich niemand vorstellen können, dass dort in letzter Zeit ein Blutkampf stattgefunden hatte.

Mr. Hardy blieb unterwegs stehen, um die Verwundeten zu untersuchen. Er hatte sich in seinem frühen Leben in der Prärie ein wenig Wissen über grobe Chirurgie angeeignet und entdeckte die Kugel in geringer Entfernung unter der Haut im gebrochenen Bein. Er machte dem Mann ein Zeichen, dass er ihm Gutes tun würde, rief Fitzgerald und Lopez herbei, um den Indianer notfalls festzuhalten , holte dann sein Messer heraus, schnitt bis zur Kugel ab und schaffte es mit einiger Mühe, es herauszuziehen. Der Indianer zuckte nie zusammen oder stöhnte, obwohl die Schmerzen während der Operation sehr stark gewesen sein müssen. Mr. Hardy verband dann das Glied sorgfältig und wies an, von Zeit zu Zeit kaltes Wasser darüber zu gießen, um die Entzündung zu lindern. Bei einem anderen Indianer war das Sprunggelenk gebrochen; auch dieses wurde sorgfältig bandagiert. Der dritte hatte eine Schusswunde in der Nähe der Hüfte, und Mr. Hardy konnte nichts dagegen tun. Seine Genesung oder sein Tod würden ganz von der Natur abhängen.

An dieser Stelle sei gleich erwähnt, dass sich alle drei Indianer schließlich erholten, obwohl zwei von ihnen lebenslang leicht gelähmt waren. Es wurde alles getan, was für Sorgfalt und Aufmerksamkeit für sie getan werden konnte; und als sie reisefähig waren, wurden ihnen ihre Pferde und ein Vorrat an Proviant gegeben. Die Indianer hatten während der ganzen Zeit die starre Apathie ihrer Rasse aufrechterhalten. Sie hatten keinen Dank für die ihnen entgegengebrachte Freundlichkeit zum Ausdruck gebracht. Erst als ihnen ihre Pferde präsentiert und Pfeil und Bogen in die Hand gegeben wurden, mit der Andeutung, dass sie gehen könnten, änderten sich ihre Gesichtsausdrücke.

Wahrscheinlich glaubten sie bis zu diesem Zeitpunkt, dass sie nur für den feierlichen Tod festgehalten würden. Ihre Gesichter leuchteten auf, und ohne ein Wort sprangen sie auf den Rücken der Pferde und rannten über die Ebene.

Noch bevor sie dreihundert Meter zurückgelegt hatten, hielten sie an, kamen mit gleicher Geschwindigkeit zurück und blieben abrupt vor der überraschten und ziemlich erschrockenen Gruppe stehen. „Guter Mann", sagte der Älteste von ihnen und zeigte auf Mr. Hardy. „Gut", wiederholte er und deutete auf die Jungen. „Gute Misses", und er schloss Mrs. Hardy und die Mädchen mit ein; und dann drehten sich die drei um – und verlangsamten ihre Geschwindigkeit nicht, solange sie in Sichtweite waren.

Die Indianer der südamerikanischen Pampa und Sierras sind den edel aussehenden Comanchen und Apachen der nordamerikanischen Prärien weit unterlegen. Sie sind im Allgemeinen kleine, drahtige Männer mit langen schwarzen Haaren. Sie haben flache Gesichter mit hohen Wangenknochen. Ihr Teint ist dunkelkupferfarben und sie sind im Allgemeinen äußerst hässlich.

Im Laufe des Morgens nach dem Kampf ritt Herr Cooper von Canterbury herüber und war sehr überrascht, als er von dem Angriff hörte. Die Indianer waren auf seinem Anwesen weder gesehen noch gehört worden, und bis zu seiner Ankunft wusste er nichts von irgendetwas, was geschehen war.

In den nächsten Tagen strömten viele Besucher herbei, um sich über die Einzelheiten zu informieren und ihre Glückwünsche auszusprechen. Besonders erfreut waren alle Siedler am Rande, da man davon ausging, dass die Indianer dieses Viertel für einige Zeit nicht mehr besuchen würden.

Kurz darauf fanden die staatlichen Verkäufe des Landes jenseits von Mount Pleasant statt. Herr Hardy ging nach Rosario, um ihnen beizuwohnen, und kaufte das Grundstück von vier Quadratmeilen, das unmittelbar an sein eigenes angrenzte, und gab dafür den gleichen Preis, den er für Mount Pleasant gezahlt hatte. Die Grundstücke auf beiden Seiten wurden von den beiden Edwards und einem Engländer gekauft, der kürzlich in der Kolonie angekommen war. Sein Name war Mercer; er wurde von seiner Frau und zwei kleinen Kindern sowie dem Bruder seiner Frau, dessen Name Parkinson war, begleitet. Mr. Hardy hatte sie in Rosario kennengelernt und bezeichnete sie als eine sehr angenehme Familie. Sie hatten ein beträchtliches Kapital herausgebracht und kamen in einer Woche mit großer Kraft an, um ihr Haus zu errichten. Mr. Hardy hatte ihnen jegliche Hilfe versprochen und Mrs. Mercer eingeladen, mit ihren Kindern in Mount Pleasant zu wohnen, bis das

Fachwerkhaus, das sie mitgebracht hatten, errichtet werden konnte – eine Einladung, die gerne angenommen worden war.

Der Gedanke an eine andere Dame in der Nachbarschaft bereitete mir große Freude; und Mrs. Hardy freute sich besonders für die Mädchen, da sie glaubte, dass eine kleine weibliche Gesellschaft für sie von großem Vorteil sein würde.

Die Grundstücke neben den Mercers und Edwards wurden gekauft, das eine von drei oder vier Deutschen, die als Unternehmen zusammenarbeiteten, das andere von Don Martinez, einem unternehmungslustigen jungen Spanier; so dass die Hardys in einem ziemlich bewohnten Land lebten. Es stimmt, dass die meisten Häuser sechs Meilen entfernt lagen; aber das ist knapp, in der Pampa. Es war auch die Rede davon, dass der einheimische Verwalter des Landes zwischen Canterbury und den Jamiesons sein Land in Parzellen von einer Quadratmeile verkaufte. Dadurch wäre das Land vergleichsweise dicht besiedelt. Tatsächlich hatten die anderen neuen Siedler mit Ausnahme von Mr. Mercer, der ein Grundstück von vier Meilen Länge in Anspruch genommen hatte, in keinem Fall mehr als eine Quadratliga erworben. Die Siedlungen würden daher ziemlich dicht beieinander liegen.

Ein paar Tage später traf Mrs. Mercer mit ihren Kindern ein. Die Jungen überließen ihr ihr Zimmer – sie selbst, mit Mr. Fitzgerald und vier Landarbeitern, begleiteten Mr. Mercer und die Gruppe, die er mitgebracht hatte, um beim Bau seines Hauses und beim Aufstellen eines starken Drahtzauns zu helfen, ähnlich zu sich selbst, zur Verteidigung. Diese Operation wurde in einer Woche abgeschlossen; und Mrs. Mercer schloss sich dann zum Bedauern von Mrs. Hardy und den Mädchen ihrem Mann an. Das Haus war nahe der nordöstlichen Ecke des Grundstücks gebaut worden. Es war daher kaum mehr als sechs Meilen von Mount Pleasant entfernt, und es wurde ein ständiger Austausch von Besuchen vereinbart.

Kurz darauf schlug Mr. Hardy vor, dass es nun an der Zeit sei, das Haus zu verbessern, und legte seiner versammelten Familie seine Pläne dafür vor, die mit großem Beifall aufgenommen wurden.

Der neue Teil sollte vor dem alten stehen und aus einer breiten Eingangshalle mit einem großen Ess- und Salon auf beiden Seiten bestehen. Im Stockwerk darüber sollten vier Schlafzimmer entstehen. Das alte Wohnzimmer sollte zur Küche umgebaut werden und durch ein Oberlicht im Dach beleuchtet werden. Die jetzige Küche sollte zu einer Waschküche werden, wobei die Fenster dieser und des gegenüberliegenden Schlafzimmers in den Seitenwänden statt vorne angebracht wurden. Der neue Teil sollte aus richtig gebrannten Ziegeln bestehen und von einer breiten Veranda umgeben sein. Von den jetzigen Schlafzimmern sollten zwei als Gästezimmer genutzt werden, eines der anderen war für zwei zusätzliche Hausangestellte vorgesehen, die nun behalten werden sollten.

Es wurde vereinbart, dass die Karren sofort damit beginnen sollten, nach Rosario hin und her zu fahren, um Kohle für die Ziegelherstellung, Ziegel, Holz usw. zu holen, und dass ein erfahrener Ziegelmacher engagiert werden sollte, da alle Hände auf dem Bauernhof voll beschäftigt seien. Es wurde berechnet, dass es einen Monat oder sechs Wochen dauern würde, bis alles mit dem Bau beginnen könne; und dann sollten Mrs. Hardy und die Mädchen zu einem lange versprochenen Besuch bei ihren Freunden, den Thompsons, in der Nähe von Buenos Ayres aufbrechen, um während des Chaos und der Verwirrung im Gebäude weg zu sein. In der darauffolgenden Woche wurde eine Verlobung mit zwei italienischen Frauen in Rosario eingegangen, die eine als Köchin, die andere als Generaldienerin, wobei Sarah während der Abwesenheit ihrer Herrin die Leitung der Molkerei übernahm.

KAPITEL XIV.

SCHRECKLICHE NACHRICHTEN.

Es vergingen weitere zwei Jahre, die den Hardys zunehmenden Wohlstand bescherten. Es kam zu keinen erneuten Angriffen der Indianer, und in der Folge kam es in ihrer Nachbarschaft zu einem verstärkten Auswanderungsstrom. Auf allen Grundstücken im Umkreis von vielen Meilen auf beiden Seiten des Mount Pleasant waren nun Siedler ansässig; und sogar jenseits der zwölf Meilen, die sich das Anwesen im Süden erstreckte, waren die Grundstücke verkauft worden. Mr. Hardy war der Ansicht, dass die Gefahr einer Vertreibung der Herden und Herden nun gebannt sei und ihre Zahl daher erheblich zugenommen habe, und habe beschlossen, sie ohne weitere Verkäufe vermehren zu lassen, bis sie das Ausmaß der Stützkraft erreicht hätten des riesigen Anwesens.

Zweihundert Hektar bewässertes Land wurden bewirtschaftet; die Molkerei enthielt die Produktion von hundert Kühen; und insgesamt galt Mount Pleasant als eine der schönsten und profitabelsten Estancias der Provinz.

Das Haus war nun des Anwesens würdig; Der Innenzaun war fünfzig Meter weiter entfernt und der Gemüsegarten in größerer Entfernung entfernt worden, wobei der gesamte Bereich als Vergnügungsgarten angelegt wurde.

Wunderschöne tropische Bäume und Sträucher, wunderschöne Blumenbeete und grüner Rasen umgaben die Vorderseite und die Seiten; während sich dahinter ein üppiger und äußerst produktiver Obstgarten befand.

Die jungen Hardys hatten es längst aufgegeben, persönliche Arbeiten zu verrichten, und waren ununterbrochen mit der Aufsicht über das Anwesen und die zahlreichen beschäftigten Hände beschäftigt: Für sie war in einiger Entfernung im hinteren Teil des Anwesens eine lange Reihe von Lehmhütten gebaut worden das Gehäuse.

Maud und Ethel hatten in dieser Zeit viel mehr Zeit ihren Studien gewidmet, und die Zeit rückte näher, da Mrs. Hardy mit ihnen nach England zurückkehren sollte, damit sie ein Jahr in London unter der Anleitung der besten Meister verbringen könnten. Maud war jetzt siebzehn und konnte mit Fug und Recht behaupten, als junge Frau angesehen zu werden. Ethel sah immer noch sehr viel jünger aus, als sie tatsächlich war: Jeder hätte tatsächlich vermutet, dass zwischen den Schwestern ein Unterschied von mindestens drei Jahren bestand. Was ihre Fähigkeiten anging, war sie ihr jedoch durchaus ebenbürtig, und ihre viel größere Beharrlichkeit machte die Schnelligkeit ihrer Schwester mehr als wett.

Ein Jahr zuvor hatte Herr Hardy bei einem seiner Besuche in Buenos Ayres ein Klavier gekauft und nach seiner Rückkehr nichts darüber gesagt, was er getan hatte; und die Freude der Mädchen und ihrer Mutter, als das Instrument im Ochsenkarren ankam, war grenzenlos. Von da an übten die Mädchen fast ununterbrochen; Tatsächlich war es, wie Charley bemerkte, genauso schlimm, als würde man mit einem ganzen Internat voller Mädchen im Haus leben.

Danach erfreute sich Mount Pleasant, das immer als die gastfreundlichste und angenehmste Estancia im Bezirk galt, größerer denn je Beliebtheit, und es wurden viele spontane Tänze veranstaltet. Manchmal gab es formellere Angelegenheiten, und alle Damen im Umkreis von zwanzig Meilen kamen herein. Diese waren zahlreicher als erwartet. Den Jamiesons ging es gut, und als sie ihr Heimatland besuchten, hatten sie zwei aufgeweckte junge Schottinnen als ihre Frauen mitgebracht.

Mrs. Mercer war sicher da, und vier oder fünf weitere englische Damen von näheren oder weiter entfernten Estancias. Etwa zehn oder zwölf einheimische Damen, Ehefrauen oder Töchter einheimischer Besitzer, kamen ebenfalls herein, und der Tanz wurde bis in die späte Stunde fortgesetzt. Dann legten sich die Damen für kurze Zeit hin, alle Betten wurden ihnen überlassen und eine Reihe von Abschlägen wurden improvisiert; während die Herren ein oder zwei Stunden lang saßen und rauchten und dann, als der Tag anbrach, hinuntergingen, um im Fluss zu baden. Diese Partys wurden von allen als höchst erfreuliche Ereignisse angesehen; und da Nahrungsmittel aller Art vom Anwesen selbst bereitgestellt wurden, stellten sie nur einen sehr geringen Aufwand dar und kamen häufig vor. Nur eines hatte Mr. Hardy erwartet: Es durften keine Weine oder andere teure Spirituosen getrunken werden. Es ging ihm gut – sogar weit über seinen Erwartungen –, aber gleichzeitig hielt er es nicht für gerechtfertigt, Geld für Luxusgüter auszugeben.

Daher wurden den Tänzern reichlich Tee und kühlende Getränke aus Früchten nach Landesbrauch zur Verfügung gestellt; aber Wein wurde nicht produziert. Unter dieser Voraussetzung hatte Mr. Hardy nichts dagegen, dass seine jungen Leute häufig tanzen; und in einem Land, in dem alle in rauen Verhältnissen lebten und Wein ein unbekannter Luxus war, vermisste ihn niemand. Ansonsten hätte man die Abendtafeln auch auf einem englischen Ball bewundern können. An Grundnahrungsmitteln gab es reichlich – Truthähne und Geflügel, Wildenten und anderes Wild. Die Süßigkeiten wurden durch Trifle, Cremes und Puderzucker repräsentiert ; während es eine großartige Präsentation von Früchten gab – Aprikosen, Pfirsiche, Nektarinen, Ananas, Melonen und Weintrauben. Darunter waren Vasen mit wunderschönen Blumen, die meisten von tropischem Charakter, aber mit ihnen waren viele alte englische Freunde, von denen Mr. Hardy Samen besorgt hatte.

Ihre Nachbarn in Canterbury waren immer noch ihre engsten Freunde, doch bald sollten sie einen von ihnen verlieren. Herr Cooper hatte sechs Monate zuvor kurz nacheinander vom Tod seiner beiden älteren Brüder erfahren und war nun Erbe des sehr umfangreichen Besitzes seines Vaters. Man hatte angenommen, dass er sofort nach England zurückkehren würde, und er sprach ständig davon; aber er hatte seine Abreise unter irgendeinem Vorwand von Zeit zu Zeit verschoben. Er war sehr häufig in Mount Pleasant und war im Allgemeinen ein Begleiter der Jungen auf ihren Ausflügen.

„Ich denke, Cooper ist fast genauso hier wie in Canterbury", sagte Charley eines Tages lachend.

Mrs. Hardy warf zufällig einen Blick auf Maud und bemerkte eine helle Röte auf ihren Wangen. Sie äußerte sich damals nicht dazu, sprach aber nachts mit Mr. Hardy darüber.

„Sehen Sie, meine Liebe", schloss sie, „wir betrachten Maud immer noch als Kind, aber andere Leute sehen sie vielleicht als Frau."

„Das tut mir leid", sagte Mr. Hardy nach einer Pause, „Wir hätten mit der Möglichkeit so etwas rechnen müssen. Jetzt, wo es erwähnt wird, wundere ich mich, dass wir das nicht schon früher getan haben. Mr. Cooper war hier." So sehr, dass uns die Sache sicherlich beeindruckt hätte, wenn wir Maud nicht, wie Sie sagen, als Kind betrachtet hätten. Gegen Mr. Cooper habe ich nichts zu sagen. Wir mögen ihn beide außerordentlich. Seine Prinzipien sind gut, und das würde er tun Was das Geld angeht, werden sie natürlich hervorragend zu unserem kleinen Mädchen passen. Gleichzeitig kann ich so etwas wie eine Verlobung nicht zulassen. Mr. Cooper hat so lange keine anderen Damen gesehen, dass es selbstverständlich genug wäre, dass er das tun sollte sich in Maud verlieben. Maud hingegen hat nur die fünfzehn oder zwanzig Männer gesehen, die hierher kamen; sie weiß nichts von der Welt und ist völlig unerfahren. Sie gehen beide nach England und werden wahrscheinlich keine Leute treffen, die sie treffen Vielleicht gefällt es ihnen viel besser und sie halten dieses Liebesspiel in der Pampa vielleicht für eine Torheit. Nach weiteren zwei Jahren, wenn Maud neunzehn ist, wenn Mr. Cooper die Bekanntschaft in England erneuert und beide Parteien zustimmen, Ich werde natürlich keine Einwände erheben und würde mich tatsächlich sehr über ein Spiel freuen, das ihr Glück versprechen würde.

Mrs. Hardy stimmte ihrem Mann voll und ganz zu, und so blieb die Angelegenheit für kurze Zeit stehen.

Es war gut, dass Mr. Hardy von seiner Frau gewarnt worden war, denn eine Woche später traf Mr. Cooper ihn allein auf einem Ausritt und drückte ihm nach einiger Einführung aus, dass er schon seit langem das Gefühl hatte, seine Tochter geliebt zu haben , hatte aber bis zu ihrem siebzehnten

Lebensjahr gewartet, bevor er seine Wünsche geäußert hatte. Er sagte, dass er allein aus diesem Grund seine Abreise nach England verzögert habe und bat nun um Erlaubnis, ihr seine Adressen geben zu dürfen, und fügte hinzu, dass er hoffe, dass er ihr gegenüber nicht ganz gleichgültig sei.

Mr. Hardy hörte ihm bis zum Ende ruhig zu.

„Ich kann kaum sagen, dass ich auf das, was Sie sagen, unvorbereitet bin, Mr. Cooper, obwohl mir so etwas erst vor zwei Tagen in den Sinn gekommen ist. Dann haben Ihr langer Aufenthalt hier und Ihre häufigen Besuche in unserem Haus mir die Augen geöffnet Mrs. Hardy und ich selbst. Gegen Sie persönlich kann ich nichts dagegen haben. Dennoch, wenn ich mich daran erinnere, dass Sie erst sechsundzwanzig sind und in den letzten vier Jahren niemanden gesehen haben, in den Sie sich verlieben könnten , mit Ausnahme meiner Tochter, kann ich mir kaum vorstellen, dass Sie ausreichend Gelegenheit hatten, Ihre eigene Meinung zu erkennen. Wenn Sie nach England zurückkehren, werden Sie junge Damen treffen, die sehr viel hübscher und sehr viel gebildeter sind als meine Maud, und Sie werden es vielleicht bereuen die Eile, die Sie dazu veranlasst hat, hier draußen eine Verlobung einzugehen.

„Sie schütteln den Kopf, wie es für Sie selbstverständlich ist; aber ich wiederhole, Sie können im Moment nicht wissen, was Sie denken. Wenn das auf Sie zutrifft, trifft es umso mehr auf meine Tochter zu. Sie ist sehr jung und weiß Bescheid nichts von der Welt. Nächsten Monat reist sie mit ihrer Mutter nach England, und für die nächsten zwei Jahre wird sie nach Abschluss ihrer Ausbildung verlobt sein. Am Ende dieser Zeit werde ich selbst nach England zurückkehren, und dann werden wir miteinander verhandeln Gesellschaft. Wenn Sie zu diesem Zeitpunkt immer noch der gleichen Meinung sind und sich dazu entschließen, unsere Bekanntschaft zu erneuern, werde ich, falls Maud Sie akzeptiert, sehr gerne meine Zustimmung geben. Aber ich muss darauf bestehen, dass dies der Fall sein wird Keine Verlobung, kein Liebesspiel, kein Verständnis irgendeiner Art, bevor Sie beginnen. Ich ehre es zu Ihrer Ehre als Gentleman, dass Sie sich keine Mühe geben werden, sie allein zu treffen, und dass Sie ihr überhaupt nichts sagen werden , um sie glauben zu lassen, dass du in sie verliebt bist. Erst wenn du dich von ihr verabschiedest, kannst du sagen, dass ich dir gesagt habe, dass ich die nächsten zwei Jahre studieren werde, um das Vergangene nachzuholen Ich möchte nicht, dass sie überhaupt in die Gesellschaft eintritt, aber dass Sie am Ende dieser Zeit hoffen, die Bekanntschaft zu erneuern.

Herr Cooper versuchte vergeblich, Herrn Hardys Entschlossenheit zu ändern, und war schließlich gezwungen, das erforderliche Versprechen zu geben.

Mr. und Mrs. Hardy waren nicht überrascht, als zwei oder drei Tage später Mr. Cooper vorbeiritt und sagte, er sei gekommen, um sich zu verabschieden, er habe Briefe erhalten, in denen er aufgefordert wurde, sofort zurückzukehren, und habe dies deshalb getan beschloss, mit der nächsten Post aus Buenos Ayres anzufangen.

Die jungen Hardys waren alle von dieser plötzlichen Entschlossenheit überrascht, aber es blieb wenig Zeit, darüber zu diskutieren, da Mr. Cooper noch am selben Abend für Rosario aufbrechen musste.

Der Abschied war sehr herzlich und ernst; und die Farbe, die aus Mauds Gesicht verschwunden war, kehrte mit doppelter Kraft zurück, als er ihre Hand hielt und sehr ernst die Worte sagte, die Mr. Hardy ihm gestattet hatte.

Dann sprang er in seinen Sattel und galoppierte davon, während er den Fluss überquerte und der Gruppe, die immer noch auf der Veranda stand und ihn beobachtete, mit der Hand zuwinkte.

Ein paar Tage lang war Maud ungewöhnlich ruhig und gedämpft, aber ihr natürlicher Geist erholte sich schnell, und sie war bald so lebhaft und fröhlich wie eh und je.

Ungefähr vierzehn Tage nach der Abreise von Mr. Cooper ereignete sich ein Ereignis, das für eine Weile alle Pläne, die sie für die Zukunft geschmiedet hatten, zunichtezumachen drohte.

Das eine oder andere Mädchen hatte die Angewohnheit, häufig für ein oder zwei Tage bei Mrs. Mercer vorbeizukommen.

Eines Abends ritt Hubert mit Ethel hinüber, und Mrs. Mercer überredete diese, über Nacht zu bleiben; Hubert lehnte dies ab, da er mit Charley vereinbart hatte, früher nach Canterbury zu fahren, um dort beim Brandmarkieren des Viehs zu helfen.

Am Morgen hatten sie ihren Kaffee getrunken und bereiteten sich gerade auf den Aufbruch vor, als einer der Männer sie gerade, als sie auf ihre Pferde stiegen, auf einen Mann aufmerksam machte, der mit voller Geschwindigkeit aus der Richtung von Mr. Mercer auf das Haus zulief .

„Was kann los sein?“ Sagte Charley. „Was für eine seltsame Sache, dass ein Bote zu Fuß statt zu Pferd vorbeikommt!“

„Lass uns reiten und ihn treffen, Charley“, sagte Hubert; Sie gaben ihren Pferden die Sporen und galoppierten auf die herannahende Gestalt zu.

ihm näherten, stolperte er, fiel hin und lag erschöpft und unfähig, aufzustehen, auf dem Boden.

Die Jungen sprangen mit einem Gefühl unbestimmter Unruhe und Besorgnis von ihren Pferden.

"Was ist los?" Sie fragten. Der Peon war zu erschöpft, um einen Moment oder zwei zu antworten; dann keuchte er: „Los Indies! die Indianer!"

Die Jungen stießen gleichzeitig einen Schreckensschrei aus.

„Was ist passiert? Sag es uns schnell, Mann. Greifen sie die Estancia an?" Der Mann schüttelte den Kopf.

„Estancia ist niedergebrannt. Alle außer mir getötet", sagte er.

Die Nachricht kam zu plötzlich und schrecklich, als dass die Jungen etwas sagen könnten. Sie standen bleich und regungslos vor Entsetzen da. „Alle getötet! Oh, Ethel, Ethel!" Charley stöhnte.

Hubert brach in Tränen aus. „Was wird Mama tun?"

„Komm, Hubert", sagte Charley und wischte sich die Tränen aus den Augen, „lass uns keinen Moment verschwenden. Alle Hoffnung ist vielleicht noch nicht vorbei. Die Indianer töten Frauen selten, aber tragen sie weg, und sie ist vielleicht noch am Leben. " . Wenn ja, werden wir sie retten, wenn wir quer durch Amerika gehen. Komm, Mann, spring hinter mir auf mein Pferd."

Der Peon gehorchte dem Befehl und nach fünf Minuten erreichten sie das Tor. Hier stiegen sie ab.

„Lass uns zum Haus gehen, Hubert, um keinen Verdacht zu erregen. Wir müssen zuerst Papa rufen und es ihm sagen, damit er es Mama sagen kann. Wenn sie es plötzlich erfährt, könnte es sie töten . "

Mr. Hardy hatte gerade seinen Kaffee getrunken und stand an der Tür und blickte mit erfreutem Blick auf die Zeichen von Trost und Wohlstand um ihn herum. Daher bestand für sie keine Notwendigkeit, näher zu kommen. Als Mr. Hardy sich umsah, als er hörte, wie sich das Tor schloss, winkte Charley ihm, zu ihnen herunterzukommen. Für einen Moment schien er verwirrt zu sein und blickte sich um, um zu sehen, ob das Signal an ihn selbst gerichtet war. Als er sah, dass sonst niemand in seiner Nähe war, blickte er erneut zu den Jungen, und Charley wiederholte ernsthaft die Geste.

Mr. Hardy spürte, dass etwas Seltsames geschah, rannte die Stufen hinunter und eilte auf sie zu.

Als er sie erreichte, hatte er keinen Grund mehr, Fragen zu stellen. Hubert lehnte am Tor und weinte, als würde ihm das Herz brechen; Charley stand mit der Hand auf den Lippen da, als wollte er verhindern, dass das Schluchzen ausbrach, während die Tränen über seine Wangen liefen.

„Ethel?" fragte Mr. Hardy.

Charley nickte und sagte dann mit großer Anstrengung: „Die Indianer haben die Estancia niedergebrannt; einer der Männer ist entkommen und hat die Nachricht überbracht. Mehr wissen wir nicht. Vielleicht wurde sie entführt, nicht getötet."

Mr. Hardy taumelte unter dem plötzlichen Schlag. „Entführt!" murmelte er vor sich hin. „Es ist schlimmer als der Tod."

„Ja, Papa", sagte Charley und wollte den Gedanken seines Vaters eine neue Wendung geben. „Aber wir werden sie retten, wenn sie noch am Leben ist, wohin auch immer sie sie bringen."

„Das werden wir, Charley; das werden wir, meine Jungs", sagte Mr. Hardy ernst und schreckte bei dem Gedanken auf. „Ich muss hochgehen und es deiner Mutter überbringen; aber wie ich das machen soll, weiß ich nicht. Gibst du Befehle, die du willst, um unsere Freunde einzusammeln. Aber zuerst wollen wir diesen Mann befragen. Wann war es?"

„Gestern Abend, Signor, um elf Uhr. Ich hatte mich gerade in meine Hütte gelegt und bemerkte, dass unten am Haus noch Licht brannte, als ich plötzlich einen Schrei von tausend Unholden hörte , und ich wusste, dass die Indianer über uns her waren. Ich wusste, dass es zu spät zum Fliegen war, aber ich warf mich aus dem Fenster und legte mich flach an die Wand, als die Indianer hereinstürmten. Wir waren zu acht und ich Ich schloss meine Ohren, um die Schreie der anderen auszublenden. Oben am Haus konnte ich auch Schreie und einige Pistolenschüsse hören, und dann noch mehr Schreie und Schreie. Die Indianer waren überall und überall, und ich fürchtete, einer könnte zu mir kommen Einer von ihnen sollte gegen mich stolpern. Dann schoss ein plötzlicher greller Glanz auf, und ich wusste, dass sie das Haus beschossen. Das Licht hätte mich deutlich genug gezeigt, wenn ich geblieben wäre, wo ich war; also kroch ich auf dem Bauch, bis ich zu mir kam Etwas Kartoffelboden ein paar Meter entfernt. Als ich zwischen den Reihen lag, bedeckten mich die Pflanzen vollständig. Nach ein oder zwei Minuten wurden die Hütten der Männer angezündet, und dann hörte ich ein lautes Trampeln, als würden Pferde und Rinder wegziehen in der Ferne. Sie waren nicht alle verschwunden, denn ich konnte die ganze Nacht Stimmen hören, und überall zogen Indianer umher, auf der Suche nach jemandem , der entkommen konnte. Sie kamen mehrmals in meine Nähe und ich hatte Angst, dass sie auf mir herumtrampeln würden. Nach einer Weile wurde es still; aber ich wagte es nicht, mich vor Tagesanbruch zu bewegen. Als ich mich dann genau umsah, konnte ich niemanden sehen, und ich sprang auf und hörte nicht auf zu rennen, bis du mich trafst.

[Illustration: ETHELS ERFASSUNG DURCH DIE INDIANER.]

Mr. Hardy ging nun zum Haus hinauf, um seiner Frau die traurige Nachricht zu überbringen. Charley befahl acht Peons, sofort Pferde zu satteln, und während sie das taten, schrieb er auf acht Blätter seiner Brieftasche: „Das Haus der Mercers wurde letzte Nacht von Indianern zerstört; die Mercers haben getötet oder verschleppt. Meine Schwester Ethel mit ihnen. Für Gottes." Um Himmels willen, schließen Sie sich uns an, um sie zu bergen. Treffen Sie sich so schnell wie möglich bei Mercer. Schicken Sie diese Nachricht an alle Nachbarn."

Jeder Peon erhielt einen dieser Zettel und wurde aufgefordert, um sein Leben in verschiedene Richtungen zu reiten, da Miss Ethel von den Indianern entführt wurde.

Dies war die erste Andeutung der eingetroffenen Nachricht, und ein perfekter Chor der Wehklagen der Frauen und der Wutausbrüche der Männer erklang. In diesem Moment kam Terence aus dem Haus gerannt. „Stimmt es, Herr Charles? Sarah sagt, dass die Herrin und Miss Maud völlig verrückt geworden sind und dass Miss Ethel von den Indianern getötet wurde!"

„Getötet oder weggetragen, Terence; wir wissen noch nicht wohin."

Terence war ein warmherziger Kerl, und er stieß einen Klageschrei aus, der das Schluchzen und Flüchen der Eingeborenen übertönte.

„Still, Terence", sagte Charley. „Wir werden danach Zeit haben, um sie zu weinen; das müssen wir jetzt tun."

„Das werde ich, Herr Charles; aber Sie lassen mich mitgehen, um nach ihr zu suchen. Werden Sie das nicht auch tun, Herr Charles?"

„Ja, Terence. Ich werde dich mitnehmen und Lopez die Verantwortung überlassen.
Schicken Sie ihn hierher."

Lopez war nah dran. Auch er war sehr betroffen über den Verlust seiner jungen Geliebten; denn Ethel war aufgrund ihres stets sanften Temperaments bei allen beliebt .

„Lopez, Sie werden hier das Sagen haben. Wir sind vielleicht zwei Tage weg – vielleicht auch zwanzig. Ich weiß, dass ich Ihnen vertrauen kann, dass Sie sich um den Ort kümmern, als ob wir hier wären."

Der *Capitaz* verneigte sich mit der Hand auf dem Herzen. Sogar die Bauern Südamerikas bewahren das großartige Benehmen und die anmutige Haltung ihrer spanischen Vorfahren. „Und nun, Lopez, kennen Sie einen der Gauchos in diesem Teil des Landes, der jemals bei den Indianern gelebt hat und ihr Land überhaupt kennt?"

„Martinez, einer der Hirten in Canterbury, Signor Charles, war sieben Monate bei ihnen; und Perez, einer von Signor Jamiesons Männern, war noch länger dabei."

Charles schrieb sofort Notizen und bat Perez und Martinez, die Expedition zu begleiten, und entsandte sie mit berittenen Peons.

„Und jetzt, Lopez, wie viel *Charqui* haben wir auf Lager?"

„Ein guter Bestand, Signor; genug für fünfzig Mann für zwei Wochen."

Charqui ist in der Sonne getrocknetes Fleisch. In heißen Klimazonen kann Fleisch nicht viele Stunden lang in seinem natürlichen Zustand aufbewahrt werden. Beim Töten eines Ochsen wird daher alles Fleisch, das nicht für den unmittelbaren Verzehr benötigt wird, in dünne Streifen geschnitten und zum Trocknen in die Sonne gehängt. Nach diesem Vorgang ist es hart und fest und keineswegs schmackhaft; aber es ist viele Monate haltbar und ist die allgemeine Nahrung des Volkes. In großen Betrieben ist es üblich, mehrere Tiere gleichzeitig zu töten, um einen ausreichenden Vorrat an Charqui für einige Zeit zu haben.

„Terence, geh zum Haus hinauf und schau, was für Kekse es gibt. Lopez, sattel unsere Pferde und eines für Terence – ein gutes – und gib ihnen etwas Mais als Futter. Nun, Hubert, lass uns zum Haus hinaufgehen , und hol unsere Karabiner und Pistolen."

Mr. Hardy kam ihnen entgegen, als sie näher kamen. „Wie geht es Mama und Maud, Papa?"

„ Jetzt ist es ruhiger und gelassener geworden, Jungs. Sie haben sich beide hingelegt. Traurig wollte Maud mit uns gehen, aber sie gab sofort nach. Ich machte sie darauf aufmerksam, dass es ihre Pflicht sei, hier an der Seite ihrer Mutter zu bleiben. Und jetzt „Charley, welche Vorkehrungen hast du getroffen?"

Charley erzählte seinem Vater, was er getan hatte.

„Das ist richtig. Und jetzt machen wir uns sofort auf den Weg. Geben Sie Terence den Befehl, in einer Stunde das Fleisch und den Keks zu bringen. Er soll ein paar Pferde beladen und einen Mann mitbringen, der sie zurückbringt."

„Sollen wir irgendwelche Raketen mitbringen, Papa?"

„Es ist unwahrscheinlich, dass sie von Nutzen sein werden, Hubert; aber wir können genauso gut drei oder vier von jeder Sorte nehmen. Rollen Sie einen Poncho zusammen, Jungs, und befestigen Sie ihn an Ihren Sätteln. Packen Sie reichlich Munition in Ihre Taschen; Sehen Sie zu, dass Ihre Brandyflaschen voll sind, und stellen Sie ein halbes Dutzend Flaschen für

Terence bereit. Im Lagerraum sind sechs Pfund Tabak; er soll sie alle mitbringen. Hubert, nehmen Sie unsere Wasserschläuche und schauen Sie im Lagerraum nach – dort sind drei oder vier übriggebliebene Häute; gib sie Terence, einige unserer Freunde haben vielleicht nicht daran gedacht, ihre mitzubringen, und das Land könnte, soweit wir wissen, schlecht bewässert sein. Und sagen Sie ihm, er solle ein Dutzend bunter Decken mitbringen . "

In wenigen Minuten waren all diese Dinge erledigt, und dann, gerade als sie das Haus verließen, kam Sarah mit vom Weinen geschwollenem Gesicht auf sie zu.

„Wollen Sie nicht eine Tasse Tee und etwas zu essen mitnehmen, Sir? Sie haben noch nichts gegessen, und Sie werden es wollen. Im Esszimmer steht alles bereit .“

„Danke, Sarah. Du hast recht. Kommt, Jungs, versucht, ein gutes Frühstück zuzubereiten. Wir müssen unser Herz bewahren, wissen Sie, und wir werden unsere kleine Frau bald zurückbringen.“

Mr. Hardy sprach fröhlicher und bald spürten auch die Jungen, wie ihre Stimmung ein wenig stieg. Die Hektik der Vorbereitungen, die Aussicht auf das gefährliche Abenteuer, das vor ihnen lag, und der Gedanke, dass sie früher oder später sicherlich mit den Indianern zusammenkommen würden, all das gab ihnen Hoffnung. Mr. Hardy hatte wenig Angst davor, die Leiche seines Kindes unter den Ruinen des Mercers-Hauses zu finden. Die Indianer töten niemals absichtlich weiße Frauen, sondern entführen sie immer; und Mr. Hardy war zuversichtlich, dass dies das Schicksal war, das ihr widerfahren war, sofern Ethel bei dem Angriff nicht versehentlich getötet worden war.

Eine hastige Mahlzeit wurde hinuntergeschluckt, und dann, gerade als sie anfingen, kamen Mrs. Hardy und Maud heraus, um „Auf Wiedersehen“ zu sagen, und es ereignete sich eine rührende Szene. Mr. Hardy und die Jungen hielten so gut sie konnten mit, um der Mutter und der Schwester während ihrer Abwesenheit Hoffnung zu geben, und mit vielen Versprechungen, ihr Vermisstes zurückzubringen, galoppierten sie davon.

Kaum hatten sie das Tor verlassen, als sie ihre beiden Freunde aus Canterbury in vollem Galopp kommen sahen. Beide waren bis an die Zähne bewaffnet und offenbar auf einen Feldzug vorbereitet. Sie ringten Mr. Hardy und seinen Söhnen die Hände.

„Wir bestellten unsere Pferde, sobald wir Ihren Brief erhielten, und aßen unser Frühstück, während sie vorbereitet wurden. Wir machten viele Kopien Ihres Briefs und schickten mit ihnen ein halbes Dutzend Männer in verschiedene Richtungen. Dann kamen wir weiter Sofort. Natürlich können die meisten anderen noch einige Zeit nicht eintreffen, aber wir waren zu sehr darauf bedacht, alles darüber zu erfahren, als dass wir es hinauszögern konnten, und wir dachten, dass wir dich vielleicht schon vor deinem Start erwischen könnten, um dir bei deiner ersten Suche behilflich zu sein. Habe Gibt es sicherere Neuigkeiten, als Sie uns geschickt haben?"

„Keine", sagte Mr. Hardy und wiederholte dann die Aussage des Überlebenden.

Als er fertig war, entstand eine Pause, und dann sagte Herr Herries :

„Nun, Mr. Hardy, ich brauche Ihnen nicht zu sagen, wenn unsere liebe kleine Ethel noch am Leben ist, werden wir Ihnen folgen, bis wir sie finden, wenn wir noch ein Jahr Zeit haben."

„Danke, danke", sagte Mr. Hardy ernst. „Ich bin überzeugt, dass wir sie noch zurückholen werden."

Während dieser Unterhaltung galoppierten sie schnell auf den Schauplatz der Katastrophe zu, und in ihre Gedanken vertieft wurde kein weiteres Wort gesprochen, bis sie den ersten Hügel erreichten, von dem aus sie das hübsche Haus der Mercers zu sehen pflegten. Sie alle stießen einen Aufschrei der Wut und des Kummers aus, als nur ein Teil des Schornsteins und ein oder zwei verkohlte Pfosten zeigten, wo er gestanden hatte. Auch die Hütten der Tagelöhner waren verschwunden; Die jungen Bäume und Sträucher rund um das Haus waren durch die Hitze, der sie ausgesetzt waren, versengt und verbrannt oder vom Geist des mutwilligen Unfugs abgerissen worden.

Mit zusammengebissenen Zähnen und bleichen Gesichtern vor Wut und Angst ritt die Gruppe an der Stelle der Hütten vorbei, in deren Umgebung die Leichen mehrerer ermordeter Landarbeiter lagen. Sie hielten erst an, als sie die Zügel zogen, und sprangen vor dem Haus selbst davon.

Es war vollständig aus Holz gebaut und nur die Stümpfe der Eckpfosten blieben aufrecht. Die Sonne hatte die Bretter, aus denen es gebaut war, so gründlich getrocknet, dass es wie Zunder verbrannte und nur noch sehr wenig Asche übrig blieb. Hier und da gab es jedoch ungleichmäßige Haufen; und in völliger Stille, aber mit einem Gefühl überwältigender Angst, banden Mr. Hardy und seine Freunde ihre Pferde an und untersuchten diese Haufen, um zu sehen, ob sie aus Überresten von Menschen bestanden.

Sie drehten sie sehr sorgfältig um, und dabei half ihnen ihre Kenntnis der Anordnung der verschiedenen Räume, die verschiedenen Gegenstände zu identifizieren. Hier war ein Bett, dort eine Kiste mit dicht gepackter Wäsche, von der nur der äußere Teil verbrannt war, während das Innere beim Umdrehen in Flammen aufging; Hier war der Lagerraum mit seinen Haufen halbverbrannten Mehls, wo die Säcke gestanden hatten.

Innerhalb einer halben Stunde konnten sie mit einiger Sicherheit sagen, dass keine Menschen verbrannt worden waren, da die Leichen bei einer so schnellen Feuersbrunst nicht vollständig vernichtet worden sein konnten.

„Vielleicht wurden sie alle gefangen genommen", schlug Hubert vor, als sie mit einem Seufzer der Erleichterung ihre Suche beendeten und sich von der Stelle abwandten.

Mr. Hardy schüttelte den Kopf. Er war mit den Gewohnheiten der Indianer zu gut vertraut, um so etwas für möglich zu halten. Genau in diesem Moment heulte Dash, der ihnen während ihrer Fahrt unbemerkt gefolgt war und unruhig herumgelaufen war, während sie mit der Suche beschäftigt waren, mitleiderregend auf. Alle fingen an und schauten sich um. Der Hund stand am Rand des Grabens, der außerhalb des Zauns ausgehoben worden war. Sein Kopf war hoch in die Luft gehoben und er stieß ein langes und trauriges Heulen aus.

Alle spürten, dass das schreckliche Geheimnis darin lag. Die Jungen wurden gespenstisch blass und hatten das Gefühl, dass sie um nichts näher herankommen könnten, um das schreckliche Geheimnis zu untersuchen.

Mr. Hardy war fast genauso betroffen.

Mr. Herries sah seinen Freund an und sagte dann ernst zu Mr. Hardy: „Warten Sie hier, Mr. Hardy; wir gehen weiter."

Als die Freunde sie verließen, wandten sich die Jungen ab, lehnten sich an ihre Pferde und bedeckten ihre Augen mit ihren Händen. Sie wagten es nicht, sich umzusehen. Mr. Hardy stand eine Minute lang still, aber die Qual der Spannung war zu groß für ihn. Er rannte los, kam auf seine Freunde zu und eilte mit ihnen zum Zaun.

Sie konnten noch nicht in den Graben sehen. Normalerweise wäre es schwierig gewesen, über den Zaun zu klettern; Jetzt wussten sie kaum, wie sie hinüberkletterten und standen am Rand des Grabens. Sie schauten nach unten, und Mr. Hardy stieß einen kurzen, keuchenden Schrei aus und hielt sich stützend am Zaun fest.

Im Graben lag ein Haufen Leichen zusammengedrängt, und zwischen ihnen lugte ein Stück eines Frauenkleides hervor. Bestrebt, die quälende Spannung ihres Freundes zu lindern, sprangen die jungen Männer in den Graben und begannen, die Oberkörper aus dem grässlichen Haufen zu entfernen.

Zuerst waren die beiden Männer im Haus beschäftigt; dann kam Herr Mercer; dann die beiden Kinder und eine alte Dienerin; Unter ihnen lagen die Leichen von Mrs. Mercer und ihrem Bruder. Es gab keine mehr. Ethel war nicht unter ihnen.

Als er zum ersten Mal von dem Massaker hörte, hatte Mr. Hardy gesagt: „Besser tot als weggetragen", aber seine Erleichterung war so groß, als die letzte Leiche umgedreht wurde und klar war, dass das Kind nicht da war , dass er gestürzt wäre, wenn Mr. Herries sich nicht beeilt hätte, hinaufzuklettern und ihn zu stützen, während er gleichzeitig zu den Jungen geschrien hätte: „Sie ist nicht hier."

Charley und Hubert drehten sich einander zu und brachen vor Dankbarkeit und Freude in Tränen aus. Die Spannung war fast zu viel für sie gewesen, und Hubert fühlte sich so krank und schwach, dass er gezwungen war, sich eine Weile hinzulegen , während Charley zu den anderen ging. Er war furchtbar schockiert über die Entdeckung des Mordes an der gesamten Gruppe, da sie die Hoffnung gehegt hatten, dass zumindest Mrs. Mercer entführt worden wäre. Da sie jedoch ermordet worden war und es ziemlich offensichtlich war, dass Ethel verschont geblieben war, sonst hätte man ihre Leiche bei den anderen gefunden, nahm man an, dass die arme Mrs. Mercer versehentlich erschossen worden war, vielleicht im Versuch, sie zu retten ihre Kinder.

Die Leichen wurden nun aus dem Graben geholt und nebeneinander gelegt, bis die anderen Siedler eintrafen. Es dauerte nicht lange, bis sie sich versammelten und in kleinen Gruppen zu zweit und zu dritt heranritten. Zorn und Empörung waren auf allen ihren Gesichtern zu sehen, als sie das zerstörte Haus sahen, und ihre Gefühle verdoppelten sich, als sie erfuhren, dass die gesamte Familie, die so zu Recht geliebt und geschätzt wurde, tot war. Die Edwards und die Jamiesons gehörten zu den ersten Ankömmlingen und brachten den Gaucho Martinez mit. Auch Perez kam kurz darauf aus Canterbury an, da er auf der Farm gewesen war, als sein Herr ging.

Obwohl es einige Zeit gedauert hat, all diese Ereignisse zu erzählen, war es noch früh am Tag. Die Nachricht war um sechs angekommen, und die Boten wurden eine halbe Stunde später losgeschickt. Die Hardys waren vor acht Uhr aufgebrochen und hatten den Ort der Katastrophe in einer halben Stunde erreicht. Es war neun Uhr, als die Leichen gefunden wurden, und eine halbe Stunde später begannen sich Freunde zu versammeln. Um zehn Uhr waren noch ein Dutzend weitere eingetroffen, und in der Ferne waren noch einige weitere zu sehen, die in vollem Galopp auf die Stelle zukamen.

„Ich denke", sagte Mr. Hardy, „dass wir uns besser damit beschäftigen sollten, die Überreste unserer armen Freunde zu begraben, bis die anderen eintreffen."

Es gab ein allgemeines zustimmendes Gemurmel, und alle trennten sich, um nach Werkzeugen zu suchen. Zwei oder drei Spaten wurden weggeworfen im Garten gefunden, wo neulich eine Gruppe gearbeitet hatte. Und dann schauten alle zu Mr. Hardy.

„Ich denke“, sagte er, „wir können nichts Besseres tun, als sie dort zu platzieren, wo ihr Haus stand. Der Ort wird niemals der Standort einer anderen Behausung sein. Jeder, der das Grundstück kaufen könnte, würde einen anderen Ort für sein Haus wählen als den Ort, an dem er gebaut wurde.“ Diese schreckliche Tragödie. Sobald das Tor verschlossen ist, wird der Zaun viele Jahre lang Tiere fernhalten.“

Dementsprechend wurde in der Mitte des Raumes, in dem sich einst das Haus befand, ein Grab ausgehoben. Darin wurden die Leichen von Herrn Mercer und seiner Familie beigesetzt. Und nachdem Mr. Hardy feierlich die Teile des Bestattungsgottesdienstes ausgesprochen hatte, an die er sich erinnerte, alle standen barhäuptig und ernst vor unterdrückter Trauer daneben, füllte sich die Erde über der Stelle, wo ein Vater, eine Mutter, ein Bruder und zwei Kinder lagen zusammen. Gleichzeitig wurde in der Nähe ein weiteres Grab ausgehoben, in das die Leichen der drei Diener gelegt wurden, deren sterbliche Überreste zusammen mit den anderen gefunden worden waren.

Mittlerweile war es elf Uhr, und die Zahl der Anwesenden hatte zwanzig erreicht. Der größte Teil von ihnen waren Engländer, aber es gab auch drei Deutsche, einen Franzosen und vier Gauchos, die alle an die Kriegsführung der Indianer gewöhnt waren.

„Was glauben Sie, wie lange es dauern wird, bis alle, die kommen wollen, sich uns anschließen können?“ fragte Mr. Hardy.

Es entstand eine Pause; dann sagte einer der Jamiesons:

„Nach dem Zeitpunkt zu urteilen, als Ihre Nachricht uns erreichte, müssen Sie vor sieben Uhr aufgebrochen sein. Die meisten von uns leiteten die Nachricht nach Erhalt durch neue Boten weiter; aber natürlich kam es dabei zu einer gewissen Verzögerung, besonders bei vielen Wahrscheinlich waren einige von uns draußen auf der Ebene, als die Nachricht eintraf. Die Personen, an die wir schickten, waren vielleicht auch draußen. Unsere Freunde, die der Aufforderung wahrscheinlich sofort Folge leisten würden, leben alle im Umkreis von etwa fünfzehn Meilen. Das macht dreißig Meilen, hin und zurück. Unter Berücksichtigung des Zeitverlusts, den ich erwähnt habe, sollten wir fünf Stunden einplanen. Das würde es auf zwölf Uhr bringen.

Es gab ein allgemeines zustimmendes Murmeln.

„In diesem Fall“, sagte Mr. Hardy, „schlage ich vor, dass wir vor dem Start eine möglichst herzhafte Mahlzeit zu uns nehmen. Charley, sag Terence, er soll die Pferde mit dem Proviant hierher bringen.“

Die Tiere wurden nun aufgezogen, und Mr. Hardy stellte fest, dass Mrs. Hardy zusätzlich zu den Charqui und dem Keks einen großen Vorrat an kaltem Fleisch geschickt hatte, das sich zufällig in der Speisekammer befand, etwas Brot, einen großen Vorrat an Tee usw Zucker, ein Wasserkocher und ein paar Blechbecher.

Das kalte Fleisch und das Brot boten eine reichliche Mahlzeit, die diejenigen, die ohne Frühstück nach Hause gekommen waren, dringend brauchten.

Um zwölf Uhr waren sechs weitere angekommen, der letzte Ankömmling war Mr. Percy. Jeder Neuankömmling war voller Wut und Entsetzen, als er von der schrecklichen Tragödie hörte, die sich abgespielt hatte.

Punkt zwölf Uhr stand Mr. Hardy auf. „Meine Freunde", sagte er, „ich danke Ihnen allen, dass Sie so schnell auf meine Aufforderung reagiert haben. Ich brauche keine Worte zu sagen, um Ihre Empörung über das Massaker, das hier stattgefunden hat, zu erregen. Sie wissen auch, dass mein Kind getragen wurde. " weg. Ich beabsichtige, mit meinen Söhnen und meinen Freunden aus Canterbury auf die Suche nach ihr ins Indianerland zu gehen. Mein erstes Ziel ist, sie zu sichern, mein zweites, meine ermordeten Freunde zu rächen. Auch das ist eine schwere Lektion angesichts der Indianer Ihr eigenes Land wird ihnen beibringen, dass sie ihre Verwüstungen nicht ungestraft an uns verüben können. Ohne eine solche Lektion wird das Leben in den Ebenen so gefährlich werden, dass wir unsere Siedlungen aufgeben müssen. Gleichzeitig tue ich das nicht Verbergen Sie vor Ihnen, dass die Expedition äußerst gefährlich ist. Wir betreten ein Land, von dem wir nichts wissen. Die Indianer sind äußerst zahlreich und werden von Tag zu Tag besser bewaffnet. Die Zeit, zu der wir weg sein werden, ist völlig unklar; denn wenn es so ist Ein Jahr lang kehre ich nicht zurück, bis ich mein Kind gefunden habe. Ich weiß, dass es hier keinen Mann gibt, der nicht gern dabei helfen würde, Ethel zu retten – niemanden, der sich nicht danach sehnt, unsere ermordeten Freunde zu rächen. Gleichzeitig haben einige von Ihnen Bindungen, Ehefrauen und Kinder, von denen Sie selbst bei einem Anlass wie diesem möglicherweise nicht das Recht haben, sie zu verlassen. Ich weiß, dass einige von euch mich begleiten werden; Aber wenn jemand aus den von mir genannten Gründen irgendwelche Zweifel verspürt – wenn jemand der Meinung ist, dass er kein Recht hat, dieses enorme Risiko einzugehen –, soll er es sofort sagen, und ich werde seine Gefühle und meine Freundschaft und Freundlichkeit respektieren. Wille wird in keiner Weise gemindert.

Als Mr. Hardy aufhörte, wanderte sein Blick über den Kreis der standhaft aussehenden Gestalten um ihn herum und blieb bei den Jamiesons hängen. Einen Moment lang antwortete niemand, und dann sprach der ältere der Brüder:

„Mr. Hardy, es war richtig und nett von Ihnen zu sagen, dass jeder, der sich dafür entscheiden würde, zurückzubleiben, Ihren Respekt und Ihre Wertschätzung nicht verlieren würde, aber ich für meinen Teil sage, dass er seinen Respekt und Ihre Wertschätzung zu Recht einbüßen würde. Wir alle haben das gekannt und geschätzt Mercers. Wir alle haben Sie und Ihre Familie gekannt, und ich kann sagen, geliebt. Von Ihnen haben wir alle sehr große Freundlichkeit und wärmste Gastfreundschaft erfahren. Wir alle kennen und lieben das liebe Kind, das weggetragen wurde; und ich Sagen Sie, dass derjenige, der zurückbleibt, des Namens eines Mannes unwürdig ist. Für mich und meinen Bruder sage ich, dass wir, wenn wir bei dieser Expedition fallen – wenn wir unsere Frauen nie wieder zu Gesicht bekommen – zufrieden sterben werden, weil wir nur unser Bestes getan haben Pflicht. Wir sind bei dir bis zum Tod.“

Ein lauter und allgemeiner Jubel brach aus der ganzen Gruppe aus, als der sonst so ruhige Schotte sich so energisch äußerte. Und jeder Mann kam der Reihe nach auf Mr. Hardy zu, ergriff seine Hand und sagte: „Deine bis zum Tod.“

Mr. Hardy war zu berührt, um für kurze Zeit zu antworten; dann bedankte er sich kurz, aber herzlich. Danach fuhr er fort: „Jetzt zum Geschäftlichen. Ich habe hier ungefähr dreihundert Pfund Charqui. Jeder Mann soll zehn Pfund nehmen, so gut er es erraten kann. Es gibt auch zwei Pfund Keks pro Mann. Der Tee, Zucker, und Tabak, den Kessel und achtzig Pfund Fleisch werde ich auf ein Ersatzpferd laden, das Terence führen wird. Wenn es gut verpackt ist, kann das Tier so schnell wie möglich reisen.“

Es gab eine allgemeine Versammlung um die Vorräte. Jeder Mann nahm seinen ihm zugeteilten Anteil. Der Rest war in zwei Bündel gepackt und fest auf beiden Seiten des Ersatzpferdes befestigt; Der Tabak, der Zucker und der Tee wurden in ein Fell gehüllt und sicher dazwischen gelegt, und der Kessel wurde oben auf alles gestellt. Dann bestieg die Truppe ihre Pferde und machte einen Ausfall; und als Mr. Hardy ihnen beim Start zusah, hatte er das Gefühl, dass sie sich in einem fairen Kampf am Tag gegen die zehnfache Anzahl an Indianern behaupten könnten.

Jeder Mann, mit Ausnahme der jungen Hardys, die ihre Colt-Karabiner hatten, hatte ein langes Gewehr; Darüber hinaus hatten alle Pistolen – die meisten von ihnen hatten Revolver, deren Verwendung unter den englischen Siedlern sehr allgemein geworden war, seit die Hardys sie zum ersten Mal mit so tödlicher Wirkung in der Pampa ausprobiert hatten. Fast alle waren jung und hatten den tiefen, sonnenverbrannten Farbton, den sie durch den Aufenthalt in der Ebene bekamen. Jeder Mann hatte seinen Poncho – eine Art einheimische Decke, die er nach Belieben entweder als Umhang oder zum Schlafen nutzte – zusammengerollt vor sich auf dem Sattel. Es wäre schwierig gewesen, eine besser aussehende Gruppe von Männern zu finden; und der Ausdruck ihrer Gesichter, als sie ihren letzten Blick auf das Grab der Mercers warfen, verhieß für jeden Indianer, der in ihre Fänge geraten könnte, sehr Schlechtes.

Kapitel XV.

DIE PAMPA IN FEUER.

Die Gruppe begann im Galopp – dem Tempo, von dem sie wussten, dass ihre Pferde am längsten mithalten könnten – und unterbrach etwa jede halbe Stunde einen zehnminütigen Schritt, um ihnen Zeit zum Atmen zu geben. Alle waren gut auf starken, brauchbaren Tieren montiert; aber diese waren nicht in allen Fällen speziell für die Geschwindigkeit gekauft worden, wie es bei den Hardys der Fall war. Es war klar, dass die Jagd langwierig werden würde. Die Indianer hatten einen Start von zwölf Stunden; Sie waren viel leichtere Männer als die Weißen und trugen weniger zusätzliches Gewicht. Ihre Pferde konnten daher genauso schnell und weit reisen wie die ihrer Verfolger. Die Schafe wären zwar eine Belastung; das Vieh konnte kaum so genannt werden; und es war wahrscheinlich, dass sie am ersten Tag eine Reise von fünfzig oder sechzig Meilen zurücklegen würden, wobei sie nur in mäßigem Tempo unterwegs sein würden, da sie wussten, dass keine sofortige Verfolgung stattfinden konnte. Tatsächlich würde ihre Stärke, die der Peon auf fünfhundert Mann geschätzt hatte, sie zu einem gewissen Grad nachlässig machen, da der Angriff dieser Anzahl von Männern auf einer offenen Ebene jede Streitmacht wegfegen würde, die außer einer starken Truppe gesammelt werden konnte Truppen aus Rosario.

Für die nächsten zwei Tage war es wahrscheinlich, dass sie so lange und schnelle Reisen unternehmen würden, wie es die Tiere zu bewältigen vermochten. Danach würden sie, da es ihnen in ihrem eigenen Land gut ging, schnell aufhören zu reisen, da in früheren Fällen noch nie ein Verfolgungsversuch unternommen worden war.

Es gab keine Schwierigkeiten, der Spur zu folgen. Mr. Mercer hatte fast tausend Rinder und fünftausend Schafe besessen, und der Boden war in einer breiten, unverkennbaren Linie zertrampelt. Ein- oder zweimal konsultierte Mr. Hardy seinen Kompass. Der Weg verlief von Südwesten nach Westen.

Es wurde nicht viel geredet. Die ganze Gruppe war zu beeindruckt von der schrecklichen Szene, die sie gesehen hatten, und von der enormen Gefährlichkeit des Unternehmens, das sie unternommen hatten, um sich einer allgemeinen Unterhaltung hinzugeben. Allmählich ließen jedoch die stetige, schnelle Bewegung, das Gefühl der Stärke und des Vertrauens in sich selbst und einander den düsteren Gesichtsausdruck schwächen, und es begann ein allgemeines Gespräch, hauptsächlich über Indianerkämpfe, an denen die meisten älteren Siedler einmal teilgenommen hatten oder andere haben mitgemacht.

Herr Hardy beteiligte sich an diesem Gespräch und regte es an. Er wusste, wie notwendig es bei einer Expedition dieser Art war, die Stimmung aller Beteiligten aufrechtzuerhalten; und er bemühte sich daher, seine eigene schwere Sorge abzuschütteln und ihnen allen Leben und Leben zu geben.

Die Stimmung der jüngeren Männer steigerte sich rasch, und das Tempo wurde unmerklich gesteigert, bis sich Mr. Hardy als Anführer der Gruppe gezwungen sah, sie an die Notwendigkeit zu erinnern, ihre Tiere zu retten, von denen viele bereits zwischen zehn und fünfzehn Jahre alt waren Meilen vor der Ankunft am Treffpunkt bei den Mercers.

Nach drei Stunden gleichmäßiger Fahrt erreichten sie das Ufer eines kleinen Baches. Dort ließ Mr. Hardy Halt machen, um den Tieren eine Pause zu gönnen.

„Ich glaube“, sagte er, „dass wir fünfundzwanzig Meilen zurückgelegt haben müssen. Wir werden ihnen eine Stunde Ruhe gönnen und dann noch fünfzehn zurücklegen. Einige von ihnen haben bereits vierzig Meilen zurückgelegt, und es reicht nicht aus, sie hochzuwerfen.“ der erste Tag."

Die Gurte wurden gelockert und die Pferde waren damit beschäftigt, das süße Gras in der Nähe des Wassers zu mähen. Die ganze Gruppe warf sich auf ein abschüssiges Ufer, Pfeifen wurden herausgeholt und angezündet und die wahrscheinliche Richtung der Verfolgung besprochen.

Nach kurzer Zeit stand Charley auf und sagte: „Ich werde sehen, ob ich etwas Besseres als Trockenfleisch zum Abendessen bekommen kann“, tauschte sein Gewehr gegen Mr. Hardys Doppelflinte aus, die Terence trug, und pfiff nach dem Retriever , schlenderte den Bach hinauf. Nach zehn Minuten waren die Doppelläufe aus kurzer Entfernung zu hören, und eine Viertelstunde später erneut, aber dieses Mal nur schwach. Zehn Minuten vor Ablauf der Stunde erschien er und wischte sich mit siebeneinhalb Portionen dicker Ente den Schweiß aus dem Gesicht.

„Sie wurden alle durch vier Schüsse getötet“, sagte er, als er sie niederwarf. „Sie schliefen in den Teichen und ich ließ sie mitten hineinfliegen, bevor sie mich hörten.“

Es herrschte ein allgemeines Gefühl der Befriedigung beim Anblick der Vögel, die paarweise angebunden und auf den Pferden befestigt waren.

Zwei Minuten später saßen sie wieder im Sattel, als Hubert zu seinem Vater sagte, als sie losfuhren: „Es gibt eine Befriedigung, Papa, wir dürfen den Weg nicht verfehlen. Wir müssen nur weit genug reiten und müssen sie überholen.“ "

Mr. Hardy schüttelte den Kopf. Er wusste genug über die Kriegsführung der Indianer, um sicher zu sein, dass jeder Kunstgriff und jedes Manöver gesucht und vereitelt werden musste; Denn selbst wenn die Indianer glauben, vor Verfolgung sicher zu sein, versäumen sie es nie, jede nur erdenkliche Vorsichtsmaßnahme dagegen zu treffen.

Nachdem er zwei Stunden länger geritten war, befragte Herr Hardy die Gauchos, ob es einen Bach in der Nähe gäbe, aber sie sagten, dass es mindestens zwei Stunden dauern würde, bis sie einen anderen erreichten, und dass dies ein sehr unsicherer Vorrat sei. Mr. Hardy beschloss daher, sofort anzuhalten, da die Männer diesen Teil der Ebene gut kannten, da sie dort Strauße jagten und häufige Expeditionen auf der Suche nach verstreutem Vieh unternahmen. Sie alle hatten irgendwann bei den Indianern gelebt und gejagt. Viele der Gauchos lassen sich dauerhaft bei den Indianern nieder, werden als Stammesmitglieder adoptiert und leben und kleiden sich wie die Indianer selbst. Diese Besuche werden im Allgemeinen durchgeführt, um die Folgen einer kleinen Schwierigkeit zu vermeiden – ein Mann, der bei einem Glücksspielstreit getötet wird, oder wegen einer Rivalität in der Liebe. Manchmal schließen sie ihren Frieden wieder, stellen die Blutsverwandtschaft mit einem Stier zufrieden, erwirken bereitwillig die Absolution durch ein Geständnis und eine Schenkung einer kleinen Summe an die Kirche und kehren zu ihrem früheren Leben zurück; aber oft bleiben sie bei den Indianern und erreichen unter ihnen sogar den Rang berühmter Häuptlinge.

Die Männer, die die Expedition begleiteten, gehörten alle der früheren Klasse an. Alle hatten sich in die Pampa begeben, um den Folgen des einen oder anderen Verbrechens zu entgehen, hatten es aber vollkommen satt und waren ins zivilisierte Leben zurückgekehrt. In moralischer Hinsicht waren sie vielleicht keine wünschenswerten Gefährten; Aber sie waren alle mutig genug, kannten das Land weiter im Landesinneren genau und waren, auch wenn sie nicht von dem Abenteuer begeistert waren, doch bereit genug, ihren jeweiligen Herren zu folgen, und bereit, bei Gelegenheit um ihr Leben zu kämpfen.

Gerade als sie anhielten, glaubte Mr. Herries , in kurzer Entfernung ein Reh erblickt zu haben. Deshalb machte er sich sofort auf den Weg zu einer Pirsch, während mehrere andere in andere Richtungen davongingen. Mr. Herries ging sehr vorsichtig voran, und da der Wind glücklicherweise auf ihn zukam, gelang es ihm, ziemlich nahe heranzukriechen. Die Tiere, die äußerst scheu sind, ahnten jedoch schon, dass Gefahr drohte, bevor er auf eine angemessene Schussweite kommen konnte. Da er wusste, dass sie gleich wieder weg sein würden, übte er sofort einen Trick, der sich schon oft als erfolgreich erwiesen hatte.

Er warf sich auf den Rücken, zog ein rotes Taschentuch vom Hals, band es an einen seiner Stiefel, sodass es frei in der Luft schweben konnte, und warf dann beide Beine in Form eines Buchstabens V in die Luft. Dann begann er Bewegen Sie sie langsam hin und her . Die Hirsche, die im Begriff waren zu fliehen, blieben stehen, um diesen seltsamen Gegenstand zu betrachten. Dann begannen sie, sich im Kreis zu bewegen, ihre Blicke immer noch auf dieses unbekannte Ding gerichtet, dem sie sich nach und nach näherten, während sie es umrundeten. Endlich waren sie einigermaßen im Schuss, und Herries , dessen Beine sehr müde zu werden begannen, sprang auf, und im nächsten Augenblick lag der vorderste Hirsch zitternd im Tod da.

Er nahm es auf seine Schultern und ging zum Lager, wo seine Ankunft mit Jubel begrüßt wurde. Es brannte bereits ein Feuer aus Gras und Torf, wobei Ersteres in Handvoll von den Wurzeln ausgerissen wurde und ein heftiges, aber kurzlebiges Feuer erzeugte. Eine große Menge war bereits eingesammelt und die Enten waren bereits zerlegt. Jedem wurde eine halbe Eins ausgehändigt; denn jeder Mann ist sein eigener Koch in der Pampa.

Die anderen Jäger kehrten kurz darauf zurück und brachten ein weiteres kleines Reh mit; denn der Hirsch der Pampa ist klein. Sie wurden von den Gauchos schnell gehäutet und zerschnitten, und die ganze Gruppe war nun damit beschäftigt, Enten- und Wildsteaks auf ihren Stahlstöcken über dem Feuer zu braten.

Als alle zufrieden waren, wurde eine doppelte Handvoll Tee in den Kessel gegossen, der bereits kochte, die Pfeifen wurden angezündet und ein allgemeines Gefühl der Behaglichkeit verspürt. Die Pferde waren in unmittelbarer Nähe aufgestellt worden, und jeder Mann hatte einen Grashaufen geschnitten oder gezogen und ihn vor sein Tier gelegt; daneben ermöglichten die Lattenseile jedem Pferd, das Gras zu beschneiden, das in einem kleinen Kreis wuchs, in dessen Mittelpunkt es stand.

Mr. Hardy unterhielt sich eine Zeit lang getrennt mit den Gauchos, bestrebt, so viel wie möglich über das Land zu erfahren, in das er einreiste. Die anderen plauderten und erzählten Geschichten. Plötzlich beteiligte sich Mr. Hardy wieder an der allgemeinen Unterhaltung und sagte dann während einer Pause: „Obwohl ich, meine Freunde, es für höchst unwahrscheinlich halte, dass sich irgendwelche Indianer in der Nachbarschaft aufhalten, ist es dennoch durchaus möglich, dass sie geblieben sind. mit der Absicht, nachts jede Partei zu überfallen, die es wagen könnte, sie zu verfolgen. Auf jeden Fall ist es richtig, unsere Arbeit geschäftsmäßig zu beginnen. Ich schlage daher vor, dass wir regelmäßig Wache halten. Es ist jetzt neun Uhr. Das werden wir tun um fünf vorrücken: Das macht vier Wachen zu je zwei Stunden. Ich würde sagen, dass drei Männer in einer Wache, die fünfzig Meter vom Lager entfernt auf verschiedenen Seiten stationiert sind, ausreichen würden.

Es gab eine allgemeine Zustimmung zu dem Vorschlag.

„Um Ärger zu vermeiden", fuhr Mr. Hardy fort, „schlage ich vor, dass wir in der alphabetischen Reihenfolge unserer Namen Wache halten. Zwölf von uns werden heute Abend anwesend sein und die nächsten zwölf morgen Abend."

Dem Vorschlag wurde sofort zugestimmt; und die drei, die als erste im Dienst waren, standen sofort auf, nahmen ihre Gewehre und gingen in verschiedene Richtungen. Zuerst einigten sie sich darauf, dass einer von ihnen einen einzigen Pfiff ausstoßen sollte, um zu signalisieren, dass die Wache hoch war, und dass zwei Pfiffe dicht beieinander ertönten wäre eine Warnung, sich sofort in Richtung Mitte zurückzuziehen.

Die Wache ermittelte auch, wer die nächsten drei Männer waren, die geweckt werden sollten, und diese und die folgenden Wachen einigten sich darauf, nebeneinander zu liegen, damit sie geweckt werden konnten, ohne ihre Gefährten zu wecken.

Wenige Minuten später breiteten sich die Ponchos aus, und bald darauf waren im schwachen Licht des schwelenden Feuers nur noch schlafende Gestalten zu sehen. Mr. Hardy war tatsächlich der einzige in der Gruppe , der nicht einschlief. Der Gedanke an die Ereignisse der letzten vierundzwanzig Stunden, an den besten Kurs und an die große Verantwortung, die er als Anführer dieser gefährlichen Expedition trug, hinderte ihn am Schlafen. Er hörte, wie die Wache zurückkehrte, weckte Erleichterung und legte sich an ihre Stelle. Nach einer weiteren halben Stunde stand er selbst auf und ging auf den Wachposten zu.

Es war ein junger Mann namens Cook, einer der neuen Siedler östlich von Mount Pleasant. „Sind Sie das, Mr. Hardy?" fragte er, als er näher kam. „Ich wollte dich nur wecken."

„Was ist los, Herr Cook?"

„Es fällt mir auf, Sir, dass es im Südwesten ein seltsames Licht gibt. Ich habe es erst in den letzten paar Minuten bemerkt und dachte, es wäre schick, aber es wird von Minute zu Minute deutlicher."

Mr. Hardy blickte besorgt in die Dunkelheit hinaus und nahm schnell die Erscheinung wahr, auf die sein Freund anspielte.

Ein oder zwei Minuten lang schwieg er, und dann, als es offensichtlich heller wurde, sagte er fast stöhnend: „Ich befürchtete, dass sie es tun würden: Sie haben die Prärie in Brand gesteckt. Sie brauchen nicht Wache zu halten." nicht länger. Wir sind so sehr von den Indianern getrennt, als ob der Ozean uns trennte.

Cook stieß die beiden vereinbarten kurzen Pfiffe aus, um die anderen Wachleute zurückzurufen, und kehrte dann mit Mr. Hardy zum Rest der

Gruppe zurück. Dann weckte Mr. Hardy alle seine Gefährten. Jeder Mann sprang mit dem Gewehr in der Hand auf und glaubte, dass die Indianer sich näherten.

„Wir müssen aufstehen und arbeiten", sagte Mr. Hardy fröhlich; „Die Indianer haben die Pampa abgefeuert."

In der Brust vieler Anwesender, die schreckliche Berichte über Präriebrände gehört hatten, herrschte ein Schauer der Besorgnis, der sich jedoch angesichts der ruhigen Art von Mr. Hardy schnell legte.

„Das Feuer", sagte er, „könnte noch zehn Meilen entfernt sein. Ich würde sagen, dass es so war, aber es ist schwer zu beurteilen, denn dieses Gras brennt nicht sehr hoch, und der Rauch weht zwischen ihm und uns. Der Wind." Glücklicherweise ist es hell, aber in etwas mehr als einer halben Stunde wird es hier sein. Lassen Sie nun die vier Gauchos sich um die Pferde kümmern, damit sie nicht in Panik geraten. Der Rest bildet eine Reihe von ein paar Metern Abstand und zieht an Wir packen das Gras an den Wurzeln und werfen es hinter uns, so dass der Boden frei bleibt. Je breiter wir ihn machen können, desto besser."

Alle machten sich mit großem Eifer an die Arbeit. Als sie über ihre Schulter blickten, schien der Himmel nun in Flammen zu stehen. Flackernde Flammenzungen schienen sich nach oben zu kämpfen. Gelegentlich war das Geräusch von Schritten zu hören, als Herden von Hirschen vorbeiflogen, bevor die Gefahr drohte.

„Wie weit wird es gehen, meinst du, Papa?" Hubert fragte seinen Vater, neben wem er bei der Arbeit sei.

„Ich würde sagen, dass es höchstwahrscheinlich an dem Bach anhalten würde, an dem wir heute Halt gemacht haben, Hubert. Der Boden auf der anderen Seite war ein Stück weit nass und sumpfig."

Die Pferde wurden jetzt sehr unruhig, und es gab eine kurze Arbeitspause, um ihnen Ponchos um den Kopf zu wickeln, damit sie das grelle Licht nicht sehen konnten.

Das Feuer konnte nicht weiter als drei Meilen entfernt gewesen sein, wenn der freigelegte Raum so groß war, wie Mr. Hardy es aus Sicherheitsgründen für notwendig hielt. Ein regelmäßiges Geräusch, irgendetwas zwischen einem Zischen und einem Brüllen, war deutlich zu hören; und als der Wind den Rauch auftrieb, konnte man sehen, wie die Flammen in einer ununterbrochenen Feuerwand entlangliefen. Vögel flogen mit entsetzten Schreien über ihnen vorbei, und ein dichter, heißer Brandgeruch war deutlich zu erkennen.

Mr. Hardy begann etwa in der Mitte des gerodeten Stücks Land und zündete das trockene Gras an. Einen oder zwei Augenblick lang brannte es langsam, dann gewann es , vom Wind angefacht, an Kraft und breitete sich in einem Halbkreis aus Flammen aus.

Die Pferde waren bereits von den Streikposten befreit, und die Hälfte der Gruppe hielt sie in geringer Entfernung im Hintergrund, während der Rest bereitstand, das Feuer zu löschen, falls es den freigelegten Raum überquerte.

Immer wieder kroch das Feuer teilweise über das Feuer hinweg – denn die Räumung war nur grob erfolgt –, wurde aber von den schweren Stiefeln der Wächter schnell gelöscht.

Das Spektakel, als das Feuer vor dem Wind davongefegt wurde, war im höchsten Maße schön. Die Party schien zwischen zwei Feuerwänden eingeschlossen zu sein. Die Hauptfeuersbrunst war nun beängstigend nahe, brennende Flocken fielen bereits zwischen sie herab, und das Geräusch des Feuers war wie das Zischen der Brandung an einem Kieselstrand.

„Jetzt“, sagte Mr. Hardy, „vorwärts mit den Pferden. Jeder zu seinem eigenen Tier. Ziehen Sie Ihre Ponchos sowohl über Ihren eigenen Kopf als auch über Ihren Pferden.“

Eine Minute später stand die Gruppe zusammengedrängt auf dem schwarzen und rauchenden Boden, den das Feuer, das sie entfacht hatten, freigefegt hatte. Dort blieben sie fünf Minuten lang bewegungslos, unversengt von der wütenden Natur um sie herum, aber halb erstickt vom Rauch.

Dann sprach Mr. Hardy: „Es ist jetzt vorbei. Sie können nach oben schauen.“

Als die Köpfe aus ihren Tüchern hervorkamen, herrschte allgemeines Erstaunen, und die Augen erholten sich ausreichend von der Wirkung des blendenden Rauchs, um sich umschauen zu können. Wo war das Feuer geblieben? Wo , in der Tat! Die Hauptfeuersbrunst war an ihnen vorbeigefegt, hatte sich in zwei Teile geteilt, als sie sie erreichte, der Boden brannte bereits, und diese Säulen, die immer weiter auseinander wuchsen, je mehr sich das neu entfachte Feuer ausbreitete, befanden sich rechts und links bereits weit entfernt, während sie dahinter lagen und zwischen ihnen war das Feuer, das sie selbst angezündet hatten, jetzt zwei Meilen breit und schon weit in der Ferne.

Obwohl sich diese Brände in der Pampa häufig über weite Landstriche ausbreiten, enden sie selten tödlich. Das Gras erreicht selten eine Höhe von mehr als einem Meter und verbrennt fast wie Baumwolle. Ein Mann zu Pferd, der keine andere Fluchtmöglichkeit hat, kann, indem er seinem Pferd die Augen verbindet und sein eigenes Gesicht in einen Poncho hüllt, furchtlos durch die Feuerwand reiten, ohne Pferd oder Reiter zu beschädigen.

Es waren also nur die jungen Hände, die beim Anblick des Feuers ein Unbehagen verspürten; Denn die Siedler pflegten jedes Jahr vor dem Regen regelmäßig das Gras auf ihren Höfen anzuzünden, damit das Gras danach frisch und grün für die Tiere sprießt. Es muss darauf geachtet werden, einen ruhigen Tag zu wählen, an dem die Flammen in Grenzen gehalten werden können; Es kam jedoch vor, dass auf diese Weise begonnene Brände äußerst verheerende Folgen hatten und viele tausend Tiere töteten.

„Es bleibt uns nichts anderes übrig, als bis zum Morgen dort zu bleiben, wo wir sind", sagte Herr Hardy. „Die Pferde sollten besser aufgestellt werden, und dann sollten diejenigen, die können, besser noch ein paar Stunden schlafen. Wir werden heute Nacht keine Wache mehr brauchen." Nach ein paar Minuten schliefen die meisten der Gruppe wieder; und die jungen Hardys wollten gerade ihrem Beispiel folgen, als Mr. Hardy auf sie zukam und leise sagte: „Kommt her, Jungs, wir werden einen Rat abhalten."

Die Jungen folgten ihrem Vater dorthin, wo etwa acht oder neun Männer in geringer Entfernung von den Schläfern saßen, und am Schein ihrer Pfeifen erkannten die Jungen, dass es sich bei ihnen um Herries und Farquhar, die beiden Jamiesons, Mr. Percy und die vier Gauchos.

„Das ist eine furchtbar schlechte Sache", begann Mr. Hardy, als er und seine Söhne ihre Plätze auf dem Boden eingenommen hatten. „Ich habe es erwartet, aber es ist trotzdem ein schwerer Schlag."

„Warum, was ist los, Papa?" riefen die Jungen besorgt. „Haben wir etwas verloren?"

„Ja, Jungs", sagte Mr. Hardy; „Wir haben verloren, was in diesem Moment das Wichtigste auf der Welt ist – wir haben die Spur verloren."

Charley und Hubert stießen gleichzeitig einen Ausruf der Bestürzung aus, als ihnen die Wahrheit durch den Kopf schoss. „Die Spur war verloren!" Daran hatten sie noch nie gedacht. In der Aufregung um das Feuer war ihnen nicht ein einziges Mal in den Sinn gekommen, dass die Flammen jede Spur der Indianerspur verlöschen würden.

Dann fuhr Mr. Hardy fort und wandte sich an die anderen: „Natürlich wurde dieses Feuer mit der besonderen Absicht angezündet, uns von der Fährte abzubringen. Haben Sie eine Ahnung, wie weit es wahrscheinlich gekommen sein wird?" fragte er die Gauchos. „Das heißt, ist Ihnen bekannt, dass es einen breiten Bach oder feuchten Boden gibt, der es aufgehalten hätte und der daher die äußerste Grenze des Feuers sein muss?"

Die Gauchos schwiegen eine Minute; Dann sagte Perez: „Der nächste Bach ist fünfzehn Meilen weiter, aber er ist klein und würde das Feuer nicht aufhalten, wenn er mit dem Wind voranschreitet. Darüber hinaus gibt es, soweit ich weiß, keinen bestimmten Bach."

„Der Boden steigt an und das Gras wird etwa dreißig Meilen oder so dünner und dürr. Ich würde sagen, dass sie es auf dieser Seite anzünden würden", sagte Martinez. Die anderen Gauchos nickten zustimmend.

„Wir haben die Strecke anhand unseres Kompasses geortet", sagte Farquhar. „Könnten wir ihm nicht mit dem Kompass über den verbrannten Boden folgen und ihn auf der anderen Seite treffen?"

Mr. Percy und Mr. Hardy schüttelten beide den Kopf. „Ich behaupte nicht zu sagen, wo die Spur hinführt", sagte Ersterer, „aber der einzige Ort, an dem ich mir ganz sicher bin, dass dies nicht der Fall ist, ist die Fortsetzung der gegenwärtigen Linie."

„Nein", fuhr Mr. Hardy fort. „Wie du sagst, Percy, da ist es bestimmt nicht. Als die Indianer an eine Stelle gelangten, die wahrscheinlich etwa zur Hälfte des verbrannten Bodens lag, drehten sie sich entweder nach rechts oder nach links und zogen stetig in diese Richtung und schickten einen oder … Zwei von ihnen gingen in die alte Richtung, um das Gras anzuzünden und alle Spuren des Weges wegzufegen. Sie könnten nach rechts oder nach links gegangen sein, oder sie könnten sogar umgedreht sein und nur wenige Meter entfernt wieder an uns vorbeigekommen sein Wir haben im Moment keinen Anhaltspunkt , der uns leiten könnte, außer der Gewissheit, dass die Indianer früher oder später zu ihrem eigenen Campingplatz aufbrechen werden. Das ist der genaue Stand der Dinge." Und Mr. Hardy wiederholte, was er gerade auf Spanisch zu den Gauchos gesagt hatte, die zustimmend nickten.

„Und in welcher Richtung glauben die Gauchos, dass ihr Campingplatz liegt?" fragte Mr. Jamieson nach einer Pause; „Weil es mir scheint, dass es Zeitverschwendung ist, nach der Spur zu suchen, und dass unser einziger Plan darin besteht, direkt zu ihren Dörfern vorzudringen, die wir möglicherweise erreichen, bevor sie dort ankommen. Und in diesem Fall, wenn wir sie finden Wenn wir sie unbewacht ließen, könnten wir alle ihre Frauen ergreifen und sie als Geiseln halten, bis sie zurückkehren. Dann könnten wir sie gegen Ethel eintauschen; und wenn wir sie einmal hätten, könnten wir uns zurückkämpfen."

„Kapital, Kapital!" rief der andere Engländer. „Meinst du nicht, Papa?" Hubert fügte hinzu, da er sah, dass sich Herr Hardy der allgemeinen Zustimmung nicht anschloss.

„Der Plan ist bewundernswert durchdacht, aber der Weg birgt große Schwierigkeiten. Gestern habe ich festgestellt, dass der Weg nicht genau nach Süden führte, wie es hätte sein sollen, wenn die Indianer direkt zu ihrem Lagerplatz zurückgekehrt wären. Ich habe nachgefragt die Gauchos, und in diesem Punkt stimmen sie alle mit mir überein. Der Weg liegt zu westlich für die Campingplätze der Pampa-Indianer, zu weit südlich für das Land der Flat-Faces der Sierras. Ich fürchte, dass es so ist eine Kombination der beiden Stämme, wie es beim Angriff auf uns der Fall war, und dass sie am ersten Tag in die Richtung gingen, die für beide am vorteilhaftesten wäre; und das, als sie ihren Rastplatz erreichten – vielleicht zwanzig oder dreißig Meilen entfernt Hier teilten sie ihre Beute auf, und jeder Stamm machte sich auf den Weg zu seinen eigenen Jagdgründen. In diesem Fall müssen wir zuerst die beiden Spuren finden und dann die schreckliche Frage entscheiden: Welche Partei hat Ethel entführt?

Wiederum äußerten die Gauchos, als ihnen dies übermittelt wurde, ihre vollkommene Übereinstimmung mit Mr. Hardys Ansichten und zeigten sich überrascht darüber, dass seine Idee zu diesem Thema so identisch mit ihrer eigenen sei.

Was die sechs jungen Männer betrifft, so waren sie zu bestürzt über die unerwarteten Schwierigkeiten, die sich ihnen in den Weg stellten, um irgendeine Meinung dazu zu äußern. Diese Ungewissheit war schrecklich, und alle hatten das Gefühl, dass sie eine äußerst deprimierende Wirkung auf sich selbst und auf die gesamte Expedition haben würde; Denn wie konnten sie nach einer Reise von Hunderten von Kilometern wissen, ob nicht jeder Schritt sie weiter vom Ziel ihrer Suche entfernte?

In diesem Zustand der Depression verharrten sie einige Minuten, als Perez, der Gaucho, in seinem gebrochenen Englisch sagte: „Die meisten Stämme nehmen die meiste Beute, das meiste Vieh, die meisten Schafe – nimm Mädchen.“

„Gut durchdacht, Perez!“ rief Mr. Hardy herzlich aus. „Das ist für uns ganz klar der Schlüssel. Wie Sie sagen, wird der Stamm, der die meisten Männer gestellt hat, selbstverständlich einen größeren Teil der Beute erhalten; und da Ethel die einzige Gefangene ist, würde sie natürlich in die Hände des Stammes gehen, der die meisten Männer gestellt hat stärkster Stamm.“

Die übrigen freuten sich alle über diese Lösung einer zuvor unüberwindbar erschienenen Schwierigkeit, und es zeigte sich die größte Genugtuung.

Anschließend wurden die Pläne für den Tag besprochen. Es wurde vorgeschlagen, dass sie sich in zwei Gruppen aufteilen und die eine nach rechts und die andere nach links gehen sollten, bis sie unverbrannten Boden erreichten, dessen Rand sie verfolgen sollten, bis sie sich trafen. Dieser Plan wurde jedoch aufgegeben, da keiner der beiden Parteien die von dem anderen inspizierte Spur gesehen hätte und man sich daher keine Meinung über die jeweilige Größe der vorbeigekommenen Parteien bilden konnte – eine

Angelegenheit, die sorgfältigster Prüfung und Vergleich bedarf. und ein genaues und geübtes Urteil.

Es wurde daher schließlich beschlossen, in einer Gruppe zu bleiben und zunächst die Spur der Gruppe nach Süden zu suchen. Es wurde eine Berechnung angestellt, die auf der Annahme beruhte, dass die Indianer weitere 25 Meilen auf ihrem alten Kurs zurückgelegt und sich dann getrennt hatten, wobei jede Gruppe direkt nach Hause ging. Um alle Fehler zu vermeiden und einen Umweg zu ermöglichen, wurde beschlossen, einen direkten Kurs zu einem Punkt zu wählen, der erheblich östlich des in der Berechnung angegebenen Punktes lag, dem Rand des verbrannten Bodens zu folgen, bis der Weg erreicht war, und dann quer durchqueren, um die Spur der Westindianer zu finden und zu untersuchen.

Als diese Schlussfolgerung gezogen wurde, erschien im Osten die erste Morgendämmerung, und Mr. Hardy weckte sofort die Schläfer.

Dann gab er ihnen einen kurzen Bericht über die Schlussfolgerungen, zu denen er in der Nacht gekommen war, und über die Gründe dafür. Es gab eine allgemeine Zustimmung, dann wurden die Gurte festgezogen, und in fünf Minuten war die Truppe in Bewegung.

Wie groß war die Veränderung seit dem Vorabend! Dann erstreckte sich, so weit das Auge reichte, eine Ebene wogendes Gras. Vögel hatten ihre Gefährten gerufen, Wildschwärme hatten sich bei ihrer Annäherung erhoben; In der Ferne hatte man Hirsche gesehen, die davonsprangen; Strauße hatten einen Moment lang den ungewöhnlichen Anblick des Menschen bestaunt und waren mit nach vorne gerichteten Köpfen und ausgebreiteten Flügeln vor dem Wind davongeflogen.

Jetzt wanderte der Blick über eine Ebene aus schmuddeligem Schwarz, die nicht von einer einzigen Erhebung unterbrochen wurde und von keinem Lebewesen außer sich selbst gestört wurde. Wie Hubert zu seinem Vater bemerkte: „Es sah aus, als hätte es die ganze Nacht schwarz geschneit.“

Sowohl Männer als auch Pferde waren bestrebt, diese trostlosen Ebenen zu überwinden, und das Tempo war schneller und die Pausen seltener als am Tag zuvor.

Es war ein Glück, dass das Feuer nicht zu einer früheren Abendstunde ausgebrochen war, da die Pferde durch Futtermangel geschwächt gewesen wären. So hatten sie nach ihrer Ankunft fünf Stunden Zeit gehabt, sich zu ernähren.

Sowohl Männer als auch Pferde litten jedoch stark unter dem Durst; und die ersteren hatten guten Grund, sich selbst zu gratulieren, dass sie am ersten Rastplatz des Vortages jeden Wasserschlauch gefüllt hatten.

Während sie dahinritten, stiegen Wolken aus schwarzem, unfühlbarem Staub auf. Augen, Mund und Nasenlöcher waren damit gefüllt und buchstäblich so schwarz wie der Boden, über den sie ritten.

Zweimal hielten sie an, tranken und wuschen den Pferden sparsam Nüstern und Mäuler aus, was für sie eine große Erleichterung war, denn sie litten ebenso wie ihre Herren, ebenso wie Dash, der, weil sein Kopf so nahe war, litt der Boden war fast erstickt; tatsächlich stieg Hubert endlich ab und nahm das arme Tier vor sich auf den Sattel.

Endlich, nach vier Stunden stetigem Reiten, war in der Ferne ein Farbschimmer zu sehen, und nach einer weiteren Viertelstunde erreichten sie die unverbrannten Ebenen, die, so abgenutzt und ausgedörrt sie auch waren, nach der trostlosen Wüste tatsächlich erfrischend aussahen an dem sie vorbeigekommen waren.

Nach einer Beratung untereinander waren sich die Gauchos einig, dass der kleine Bach, von dem sie gesprochen hatten, nur eine kurze Strecke weiter lag und dass, obwohl der Kanal trocken sein mochte, sich darin zweifellos Teiche finden würden. Es wurde daher beschlossen, weiterzumachen, und ein halbstündiger Ritt am Rande des verbrannten Grases brachte sie an die Stelle, wo sie, dem Lauf des Kanals folgend, bald zu einem Teich kamen, aus dem Männer und Pferde zogen ein Longdrink.

Als sie sich näherten, erhob sich eine riesige Menge Wildenten , und sobald die Pferde aufgepfercht waren, begann Charley erneut mit der Waffe und nahm Terence mit, um ihm bei der Heimbringung der Vögel behilflich zu sein. Sie hörten bald sein Gewehr, und Terence kehrte bald darauf mit sechs Paar Enten und einer Gans zurück und bat ihn, einen anderen Mann mitzunehmen, da es so viele Vögel gäbe und er anscheinend so betäubt sei, weil er über den Rauch und die Flammen geflogen sei , dass er jede Menge einbringen konnte.

Einer der Jamiesons und Herries ging deshalb hinaus und kam in weniger als einer Stunde mit Charley zurück, wobei sie vier weitere Gänse und achtzehn Paar Enten mitbrachten.

Charley wurde mit viel Applaus begrüßt, und bald war ich mit seinen Freunden an der Arbeit und bereitete das Essen zu, das nun fertig war.

Nach dem Frühstück gab es einen Meinungsvergleich, und man war sich schließlich einig, dass sie seit Tagesanbruch fast vierzig Meilen geritten waren und dass sie nicht weit von der Stelle entfernt sein konnten, an der die Indianer hätten vorbeikommen sollen, wenn sie die Richtung beibehalten hätten berechnet. Es wurde auch vereinbart, dass es besser wäre, die Pferde bis zum späten Nachmittag dort zu lassen, wo sie waren, dann könnten sie noch etwa fünfzehn Meilen zurücklegen.

Herr Hardy schlug dann allen, die Lust dazu hatten, vor, ihn auf einem Spaziergang am Rande des verbrannten Geländes zu begleiten. „Wir können nicht weit von der Spur entfernt sein", sagte er, „wenn unsere Berechnungen korrekt sind; und wenn wir sie finden und untersuchen können, bevor es Zeit zum Aufbruch ist, können wir vielleicht noch heute Abend auf die andere Seite überqueren." , und so einige Stunden gewinnen."

Herries , Farquhar, die beiden Jamiesons, Cook und die jungen Hardys meldeten sich sofort freiwillig zum Spaziergang, schulterten ihre Gewehre und machten sich in gleichmäßigem Tempo auf den Weg.

Sie hatten noch nicht viel mehr als eine Meile zurückgelegt, als ein Freudenschrei von ihnen ertönte, als sie, als sie eine leichte Anhöhe hinaufstiegen, in der Mulde unter sich die breite Linie zertrampelten Grases sahen, die zeigte, dass kürzlich eine große Tierschar vorbeigekommen war entlang. Alle eilten vorwärts, und es fand eine sorgfältige und sorgfältige Untersuchung statt.

Über die Anzahl der Verstorbenen gingen die Meinungen weit auseinander; Auch wenn sie alle daran gewöhnt waren, die Spuren von Rinder- und Schafherden zu sehen, konnten sie sich in dieser Angelegenheit nicht annähernd einigen. Wäre die Zahl kleiner gewesen, wäre die Aufgabe einfacher gewesen; aber es ist eine Frage, die äußerstes Wissen und Urteilsvermögen erfordert, um zu entscheiden, ob vierhundert Rinder und zweitausend Schafe oder sechshundert Rinder und dreitausend Schafe über ein Stück Land gezogen sind.

Schließlich schickte Mr. Hardy Charley in Begleitung von Mr. Cook zurück, um Mr. Percy zu bitten, sofort zu den Gauchos zu kommen und ihnen ihre Meinung zu sagen. Charley und seine Gefährten sollten bei den Pferden bleiben und diejenigen, die nicht besonders geschickt wurden, bitten, auch dort zu bleiben, da es äußerst unklug wäre, die Pferde ohne starke Bewachung zurückzulassen.

Bis zur Ankunft von Mr. Percy folgten Mr. Hardy und seine Freunde dem Pfad ein Stück, um ihn sowohl in den weichen Böden als auch auf den Anhöhen zu untersuchen. Sie kehrten in einer halben Stunde zu ihrem Ausgangspunkt zurück und wurden kurz darauf von Mr. Percy und den Gauchos begleitet. Wiederum fand eine sorgfältige und langwierige Untersuchung statt, und man gelangte schließlich zu einer einigermaßen einhelligen Meinung, dass eine sehr große Anzahl von Tieren bestanden hatte, offenbar mehr als die Hälfte, dass aber zu keinem positiven Urteil gelangt werden konnte, bis ein Vergleich durchgeführt wurde mit dem Weg auf der Westseite.

Obwohl man zu dieser Schlussfolgerung einstimmig kam, schienen die meisten von ihnen widerwillig zuzugeben, und der Grund dafür wurde deutlich, als sie zurück zu den Pferden gingen. „Ich habe wenig Zweifel daran, dass die Schlussfolgerung, zu der wir gekommen sind, richtig ist", bemerkte Herries , „obwohl es mir irgendwie leid tut; denn seit unserem Gespräch gestern Abend bin ich zu dem Schluss gekommen, dass sie am ehesten angesprochen werden würde." im Westen. Ich vermute, weil die Indianer dort kriegerischer sind als die der Pampa und daher wahrscheinlich ein größeres Kontingent gestellt haben. Natürlich hatte ich keinen Grund, so zu denken, aber so war es."

„Das war genau das, was ich dachte", sagte Hubert; und ich, die anderen Engländer, gaben zu, dass sie alle eine ähnliche Idee gehabt hatten.

Um vier Uhr nachmittags saßen sie wieder im Sattel, nachdem sie vorsichtshalber ihre Wasserschläuche gefüllt und zuletzt die Pferde getränkt hatten.

„Was denkst du, wie weit es ist, Papa?" fragte Hubert.

„Es kann nicht sehr weit sein, Hubert. Wir sind dem Ort, an dem das Feuer ausbrach, so viel näher, dass ich nicht glaube, dass es sich über mehr als zehn Meilen oder so ausgebreitet haben kann."

Mr. Hardys Vermutung erwies sich als richtig. Ein anderthalbstündiger Ritt brachte sie auf die andere Seite der verbrannten Prärie und erreichte einen Punkt, von dem sie glaubten, dass er südlich der Stelle lag, an der der Pfad ihn verlassen hätte.

Da sie seit dem Morgen mehr als fünfzig Meilen zurückgelegt hatten und die Pferde von der Wirkung des Staubes sehr geplagt waren, wurde beschlossen, sofort ihr Lager aufzuschlagen. Die Pferde erhielten etwas Wasser und wurden zum Weiden herausgestellt. Das Feuer wurde bald angezündet, und die Enten zerschnitten und spuckten auf die Ladestöcke.

Alle waren von der Hitze, der Asche, der Müdigkeit und dem Schlafmangel der vergangenen Nacht so erschöpft, dass sich die übrigen, nachdem der Tee ausgetrunken und die Pfeife ausgetrunken und die Wache aufgestellt war, schlafen legten, bevor die Sonne eine Stunde untergegangen war der Horizont.

Alle standen bei Tagesanbruch auf, erfrischt von der ruhigen Nachtruhe, und waren bald im Sattel und machten sich auf den Weg nach Norden.

Sie mussten fast eine Stunde reiten, bevor sie auf den Weg stießen.

Da war es unverkennbar – auf den ersten Blick genauso breit und genauso zertrampelt wie das andere; aber nach einer sorgfältigen Untersuchung gab es nur eine Meinung, nämlich, dass die Zahl der Tiere, die vorbeigekommen waren, entschieden geringer war als die, die nach Süden gegangen waren.

Einer der Gauchos erzählte Mr. Hardy nun, er wisse, dass es in einer kurzen Entfernung weiter westlich eine von den Indianern häufig genutzte Wasserquelle gäbe, und er habe keinen Zweifel daran, dass sie in der Nacht des Feuers Halt gemacht hätten . Als Mr. Hardy feststellte, dass der Ritt nicht länger als eine halbe Stunde dauerte, beschloss er nach einer kurzen Beratung, dorthin zu gehen, um die Pferde zu tränken und zu frühstücken, bevor er ihren Weg über die verbrannte Prärie zurückverfolgte.

Kurz nach der genannten Zeit gelangten sie zu einem kleinen Teich mit hellem Wasser, aus dem ein kleiner Bach entsprang, der fast genau nach Norden durch die Ebene floss. Nachdem sie selbst kräftig getrunken und die Wasserschläuche und den Kessel gefüllt hatten, durften die Pferde trinken; und Dash stürzte sich mit größter Freude hinein und zeigte wieder seine übliche leuchtend kastanienbraune Farbe, während er vollkommen schwarz ins Wasser gegangen war.

Nachdem er herausgekommen war und sich geschüttelt hatte, begann er herumzujagen und schnüffelte so heftig, dass Huberts Aufmerksamkeit auf ihn gelenkt wurde. Dann rannte der Hund ein paar Schritte vorwärts und bellte laut vor Freude, und Hubert, der vorwärts rannte, stieß einen so lauten Schrei aus, dass die ganze Gruppe herbeistürmte.

Hubert konnte nicht sprechen. Dort, halb im Boden vergraben und nach Westen gerichtet, lag ein Indianerpfeil, und um den Kopf war ein Stück weißer Kattun mit kleinen blauen Flecken darauf gedreht, in dem Mr. Hardy sofort ein Stück des Kleides Ethel erkannte die sie getragen hatte, als sie das Haus verließ.

eine Weile alles still , und dann brachen Ausrufe der Freude und Aufregung aus, während Mr. Hardy und seine Söhne über diesen Beweis der kürzlichen Anwesenheit ihres Verlorenen sehr gerührt waren. Der Pfeil war tief im Boden versenkt, aber er wurde an einer Stelle platziert, wo das Gras besonders kurz war, so dass jeder, der die Quelle verließ, das Stück Kattun auf dem Gras kaum übersehen konnte. Es gab einen wahren Glückwunschregen; und es dauerte einige Zeit, bis sie sich soweit erholt hatten, dass sie ihre Frühstücksvorbereitungen wieder aufnehmen konnten.

Schließlich setzten sie sich um das Feuer, alle Gesichter strahlten vor Aufregung.

Perez und Martinez saßen jedoch etwas abseits und unterhielten sich lebhaft miteinander. Sie näherten sich nicht einmal dem Feuer, um ihr Essen zu rösten; Da dieser Umstand Mr. Hardys Aufmerksamkeit erregte, fragte er, worüber sie so ernsthaft redeten.

Keiner von ihnen antwortete ihm und er wiederholte die Frage. Dann antwortete Perez: „Martinez und ich denken dasselbe. Alles Trick; das Mädchen ist in eine andere Richtung gegangen."

Die Unterhaltung und das Essen wurden bei diesen bedrohlichen Worten gleichermaßen unterbrochen, und jeder blickte dem anderen ausdruckslos ins Gesicht.

Als ihre Aufmerksamkeit nun darauf gelenkt wurde, kamen ihnen die gesamten Umstände des Falles in den Sinn; und als sie die wahrscheinliche Wahrheit dessen spürten, was Perez sagte, sanken ihre Hoffnungen auf Null.

Mr. Percy war der Erste, der nach langem Schweigen das Wort ergriff. „Ich fürchte, Hardy, dass das, was Perez sagt, richtig ist und dass wir durch einen äußerst durchsichtigen Trick beinahe von der Fährte abgekommen wären. Unter der Beobachtung, wie Ethel gewesen sein muss, ist es wahrscheinlich, dass sie in den Besitz dieses Pfeils hätte gelangen können." und haben unbemerkt einen Streifen ihres Kleides daran befestigt? Noch unmöglicher ist es, dass sie den Pfeil dort hätte platzieren können, wo wir ihn gefunden haben. Niemand hätte vorbeigehen können, ohne es zu bemerken; es sei denn, wir gehen davon aus, dass es ihr gestattet wurde hinter jedem zu bleiben, was nicht in Frage kommt, der Pfeil konnte nicht von ihr dorthin gelegt worden sein.

„Zu wahr, Percy", sagte Mr. Hardy nach kurzem Schweigen seufzend; „Es ist völlig unmöglich, und ich würde es einen ungeschickten Kunstgriff nennen, wenn es uns nicht alle eine Zeit lang getäuscht hätte . Es gibt jedoch einen Trost: Es entscheidet die Frage so, wie wir sie selbst entschieden hatten: Ethel ist mit dem Größeren gegangen Partei im Süden.

Das Frühstück wurde fortgesetzt, allerdings mit einem sehr gedämpften Gefühl. Hubert war nun mit seinem fertig, und da er ein Junge mit ruhelosen Gewohnheiten war, nahm er den Pfeil, der neben ihm lag, und begann damit zu spielen. Zuerst löste er das Stück Stoff, glättete es und steckte es in seine Handtasche, während sich seine Augen mit Tränen füllten; dann drehte er lustlos weiter den Pfeil in seinen Fingern, während er den Gesprächen um ihn herum lauschte.

Plötzlich fiel sein Blick auf den Pfeil. Er zuckte zusammen, eine Röte der Aufregung huschte über sein Gesicht und seine Hände und Lippen zitterten, als er die Feder genau untersuchte.

Alle blickten ihn erstaunt an.

„Oh, Papa, Papa", rief er schließlich, „ich kenne diesen Pfeil!"

„Kenne den Pfeil!" alles wiederholt.

„Ja, ich bin ganz , ganz sicher, dass ich es weiß. Erinnerst du dich nicht, Charley, an dem Tag, als diese verwundeten Indianer loslegten, als wir ihnen die Köcher hinunterbrachten, bemerkte ich, dass ein Pfeil zwei Federn hatte, die ich hatte Ich habe sie noch nie zuvor gesehen und konnte nicht erraten, von welchem Vogel sie stammten. Sie waren hellblau und hatten eine purpurrote Spitze. Ich habe eine abgenommen, um sie mit meinen anderen zu vergleichen. Jetzt ist sie zu Hause. Ich erinnere mich, dass ich die gewählt habe, die ich gemacht habe weil bei dem anderen zwei der kleinen Seitenfedern verschwunden waren. Das ist die Feder, das kann ich feierlich erklären, und wie Sie sehen, ist die andere weg. Dieser Pfeil gehört einem der Männer, die wir geborgen haben.“

Alle drängten sich zusammen, um den Pfeil zu begutachten, und dann sagte Mr. Hardy feierlich: „Gott sei Dank für seine Gnade, er hat jetzt unseren Weg entschieden. Zweifellos ist, wie Hubert sagt, einer der Männer, denen wir geholfen haben, von der Partei und möchte es tun.“ Zeigen Sie seine Dankbarkeit. So hat er es geschafft, ein Stück von Ethels Kleid zu bekommen und hat es an diesen Pfeil gebunden, in der Hoffnung, dass wir die Feder erkennen würden. Gott sei Dank gibt es keinen Zweifel mehr, und danken Ihm auch, dass Ethel das getan hat mindestens eine Freundin in ihrer Nähe.

Alles war jetzt Freude und Glückwunsch, und Hubert rieb sich die Hände und sagte triumphierend: „So, Charley, du hast mich immer geärgert und wolltest wissen, was das Gute an meiner Sammlung sei, und jetzt siehst du, was das Gute war. Es.“ hat uns auf den richtigen Weg für Ethel gebracht, und Sie werden mich nie wieder über meine Sammlung auslachen können.

Kapitel XVI.

Auf dem Scheiterhaufen.

Am Abend des fünften Tages nach ihrer Gefangennahme durch die Indianer ritt Ethel Hardy in ein weites Tal im Herzen der Berge. Dorthin gelangte man durch eine enge Schlucht, durch die ein Bach floss. Dahinter zog sich der Hügel zurück und bildete ein fast kreisförmiges Becken mit einem Durchmesser von einer Meile, von dessen Seiten die Felsen fast senkrecht aufstiegen, so dass der einzige Weg, hineinzukommen, die Schlucht war. Überall waren Baumgruppen verstreut, und fast in der Mitte befand sich ein großes Indianerdorf mit etwa dreihundert Hütten, dessen Bevölkerung, die fast ausschließlich aus Frauen und Kindern bestand, mit schrillen Willkommensrufen herauskam, um die zurückkehrende Schar zu begrüßen . Das waren zweihundert Mann. Sie trieben etwa vierhundert Rinder und fünfzehnhundert Schafe vor sich her. Mitten in der Bande ritt Ethel Hardy, offenbar unbeobachtet, und gehörte zu ihr.

Das Mädchen war sehr blass und drehte sich umso mehr um, als die wilden Triumphschreie um sie herum erklangen, als die Zurückgebliebenen erfuhren, wie signalisiert der Erfolg ihrer Krieger gewesen war, und hörten, dass der Gefangene in ihrer Mitte einer war der Familie, die dem Stamm zwei Jahre zuvor einen so schrecklichen Verlust zugefügt hatte. Glücklicherweise konnte sie die Drohungen und Flüche, mit denen die Frauen des Stammes sie überhäuften, nicht verstehen, obwohl sie ihre wütenden Ausrufe nicht verkennen konnte.

Ethel hatte zuerst geweint, bis sie nicht mehr weinen konnte, und hatte sich nun auf das Schlimmste vorbereitet. Sie hatte gehört, dass die Indianer weder Gnade noch Mitleid mit jemandem haben , der Angst vor dem Tod zeigt; Sie wusste, dass weder Bitten noch Tränen sie im Geringsten bewegen würden, aber dass Mut und Festigkeit ihnen auf jeden Fall Respekt und Bewunderung einflößen würden. Deshalb hatte sie sich daran gewöhnt, keine Emotionen zu zeigen, wenn die Zeit gekommen war; und nun verriet sie, abgesehen davon, dass sie beim Anblick der gestikulierenden Menge unwillkürlich geschaudert hatte, keinerlei Anzeichen ihrer Ergriffenheit, sondern blickte sich so ruhig und unerschütterlich um, dass die heftigen Beschimpfungen und Gestikulationen in einem Murmeln der Bewunderung übergingen bleichgesichtiges Kind, das dem Tod so ruhig entgegensah.

Doch als die Truppe vor der Ratshütte anhielt und ausstieg, drängten sich die Frauen wie üblich um sie herum, um den Gefangenen zu beschimpfen; Aber einer der Indianer trat auf sie zu, winkte zurück und sagte: „Sie ist das Kind eines großen Häuptlings", nahm sie am Arm und übergab sie der Obhut der Frau eines der Anführer Häuptlinge. Die Auswahl war gut; denn die junge

Frau war im Stamm wegen ihres sanften Wesens als Rehkitz bekannt. Sie führte die Gefangene sofort zu ihrer Hütte, wo sie sie aufforderte, sich zu setzen, ihr Essen anbot und in ihrer leisen, weichen indischen Sprache freundlich mit ihr sprach. Ethel konnte sie nicht verstehen, aber der freundliche Ton berührte sie mehr als die Drohungen der Menge draußen, und sie brach in Tränen aus.

Die Inderin zog das Mädchen an sich, wie es eine Mutter getan hätte, streichelte ihr langes blondes Haar und beruhigte sie mit leiser Stimme. Dann zeigte sie auf einen Stapel Felle in der Ecke der Hütte; Und als Ethel sich freudig auf sie stürzte, deckte die Indianerin sie zu, wie sie es mit einem Kind getan hätte, und machte sich mit einem Abschiedsnicken auf den Weg, um ihren Mann willkommen zu heißen und die Neuigkeit zu hören, wohl wissend, dass es keine Möglichkeit gab, sie gefangen zu nehmen ihre Flucht.

Erschöpft von Müdigkeit und Emotionen verstummte Ethels Schluchzen bald und sie fiel in einen tiefen Schlaf.

Von der schrecklichen Katastrophe bei den Mercers hatte sie nur eine unklare Vorstellung. Sie saßen am Tisch und unterhielten sich, als ohne die geringste Ankündigung oder Vorwarnung die Fenster und Türen aufgebrochen wurden und Dutzende dunkler Gestalten in den Raum sprangen. Sie sah, wie Mr. Mercer zur Wand stürmte und seine Pistolen ergriff, und dann sah sie nichts mehr. Sie wurde ergriffen und von einem Indianer über die Schulter geworfen, bevor sie Zeit hatte, mehr zu tun, als aufzuspringen. Um sie herum entstand ein wirrer Wirbel aus Geräuschen – Schreie, Drohungen, Pistolenschüsse und wilde Schreie –, dann schwammen die Geräusche in ihren Ohren und sie fiel in Ohnmacht.

Als sie das Bewusstsein wiedererlangte, stellte sie fest, dass sie auf einem Pferd vor ihrem Entführer getragen wurde und dass die Luft von einem roten Glanz erfüllt war, der vermutlich aus einem brennenden Haus kam. Als der Häuptling, der sie trug, bemerkte, dass sie wieder zu sich gekommen war, rief er einen seiner Anhänger, der sofort herbeiritt und ein Pferd mitbrachte, auf das ein Damensattel gelegt worden war. Daraufhin wurde Ethel versetzt und galoppierte eine Minute später an der Seite ihres Entführers entlang.

Selbst jetzt konnte sie sich kaum davon überzeugen, dass sie nicht träumte. Diese augenblickliche Szene bei den Mercers – diese verwirrten Geräusche – diese wilde Kavalkade dunkler Gestalten, die um sie herumritten – konnten sicher nicht real sein. Ach! sie konnte nicht daran zweifeln; Und als ihr der Gedanke kam: Was würden sie zu Hause sagen, wenn sie es hörten? Sie brach in stumme Tränen aus. Gegen Tagesanbruch war sie oft erschrocken, als sie die Worte „Hoffnung, Ethel, Hoffnung!" hörte. auf Spanisch deutlich in ihrer Nähe gesprochen. Sie drehte sich hastig um, aber da ritten wie immer die dunklen Gestalten. Dennoch war sie sicher, dass sie sich nicht geirrt hatte.

Ihren eigenen Namen hatte sie deutlich gehört; und obwohl sie sich keine Vermutung darüber bilden konnte, wer dieser unbekannte Freund sein könnte, war es für sie dennoch ein großer Trost, das Gefühl zu haben, dass sie unter ihren Feinden zumindest einen Wohlwollenden hatte. Er hatte ihr gesagt, sie solle auch hoffen; und Ethels Lebensgeist erhob sich bei diesem Wort mit der Spannkraft der Jugend.

Warum sollte sie nicht hoffen? Sie dachte. Sie würden es sicher am nächsten Morgen zu Hause hören, auch wenn niemand flüchtete und ihnen die Nachricht früher überbrachte; und sie war sich sicher, dass ihr Vater und ihre Freunde ihnen innerhalb weniger Stunden, nachdem sie es gehört hatten, auf der Spur sein würden. Spätestens vor Einbruch der Nacht würden sie versammelt sein. Eine Startzeit von vierundzwanzig Stunden wäre das Äußerste, was die Indianer erreichen könnten, und ihre Freunde würden so schnell oder schneller reisen, als sie könnten, denn sie würden von allen Belastungen befreit sein. Wie weit sie es bringen würde, konnte sie nicht sagen, aber sie war sicher, dass ihre Freunde in einer Woche Reise den Tag, den sie beim Aufbruch verloren hatten, wieder gutmachen würden. Sie wusste, dass sie möglicherweise nicht in der Lage sein würden, die Indianer sofort anzugreifen, da sie keine sehr starke Truppe sein konnten, während die Indianer mehrere Hundert Mann stark waren; Aber sie glaubte, dass ihr Vater und ihre Brüder früher oder später auf die eine oder andere Weise zu Hilfe kommen würden. Von diesem Zeitpunkt an zweifelte Ethel keinen Moment mehr. Indem sie so fest auf ihre Freunde vertraute, gewann sie Selbstvertrauen und Mut; und als die Truppen um neun Uhr morgens Halt machten, konnte sich Ethel nach neun Stunden Ritt mit einer gewissen Neugier und Interesse umsehen.

Hier ereignete sich ein Vorfall, der, obwohl sie es zu diesem Zeitpunkt noch nicht wusste, ihr Ziel und ihre Aussichten völlig veränderte.

Sie saß auf dem Boden, als ein Mann, der seiner Haltung nach der wichtigste anwesende Häuptling zu sein schien, in ernstem Gespräch mit einem anderen Häuptling vorbeikam. Darin erkannte sie sofort einen der verwundeten indischen Gefangenen.

„Tawaina", sagte sie und sprang auf.

Er achtete nicht auf ihren Ruf und sie wiederholte ihn mit lauterer Stimme.

Der Oberhäuptling blieb stehen; Tawaina tat dasselbe. Dann ging er langsam auf den Gefangenen zu.

„Rette mich, Tawaina", sagte sie, „und schick mich wieder nach Hause."

Tawaina schüttelte den Kopf.

„Das geht nicht", sagte er. „Tawaina-Freund. Helfen Sie mal – nicht jetzt." Und er wandte sich wieder ab.

„Weiß der Rabe den Weißen Vogel", fragte ihn der Häuptling, „dass sie seinen Namen singt?"

Tawaina hielt inne und sagte:

„Tawaina kennt sie. Ihr Vater ist der große weiße Mutige."

Der Indianerhäuptling war überrascht und erfreut.

„Der weiße Mutige mit den schießenden Flammen?"

Tawaina nickte.

Das Treffen des Raben mit Ethel war offenbar zufällig gewesen, war aber in Wirklichkeit Absicht. Ihr eigentlicher Häuptling war einer der Häuptlinge, wenn auch nicht der Anführer, der Pampas-Indianer; und bei der Aufteilung der Beute, für die die Vorbereitungen im Gange waren, bestand kein Zweifel daran, dass sie diesem Stamm zugeteilt werden würde, ohne dass das Volk des Raben irgendwelche Fragen gestellt hätte.

Da der Hirsch nun jedoch wusste, wer meine Gefangene war, beschloss er, sie für seinen Stamm zu gewinnen. Deshalb ging er direkt zum Häuptling der Pampa-Indianer und bat darum, dass das weiße Mädchen seinem Stamm zum Opfer fallen möge.

Der Chef zögerte.

„Sie ist unsere einzige Gefangene", sagte er. „Die Leute werden sie gerne sehen, und sie wird in der Hütte des Fuchses leben, der sie entführt hat."

„Der Hirsch möchte sie als Sklavin für seine Frau haben. Er wird dem Stamm fünfzig Ochsen und zweihundert Schafe geben und das Herz des Fuchses mit einem Geschenk erfreuen."

Das Angebot schien für ein kleines Mädchen so groß zu sein, dass der Häuptling sofort zustimmte; und der Fuchs begnügte sich damit, für sein Interesse an seinem Gefangenen ein Gewehr mitzunehmen, das sich als Teil der Beute herausstellte.

Die Indianer des Stag-Stammes murrten vor sich hin über diesen kostspieligen Handel ihres Häuptlings. Sie äußerten sich jedoch vor ihm nicht darüber und setzten die Arbeit fort, die Tiere im Verhältnis zur Zahl jedes anwesenden Stammes zu zählen und zu trennen – wobei die Stämme aus den Ebenen wesentlich zahlreicher waren.

Erst um vier Uhr machten sie sich wieder auf den Weg, und jeder Stamm machte sich auf den Heimweg.

Nach drei Stunden Ritt erreichten sie die Quelle, und dann befahl der Hirsch, ein kleines Zelt aus Fellen für Ethels Unterkunft zu errichten. Von dort kam sie eine Stunde später heraus, um die große Feuerwelle zu betrachten, die, an einem weit entfernten Punkt von ihren Spähern entzündet, nun nach Norden fegte und in einer Entfernung von drei oder vier Meilen von der Quelle vorbeizog.

Als der Hirsch später ernst am Feuer saß, ließ er sich herab, seine Anhänger über die Gründe aufzuklären, warum er für ein blasses Kind einen scheinbar so hohen Preis gezahlt hatte.

Die Freude der Indianer, als sie feststellten, dass sie die Tochter ihres zweimal siegreichen Feindes in ihren Händen hielten, war grenzenlos. Rache ist für den Inder noch wertvoller als Plünderung; und der Stamm hätte nicht einmal einen weit höheren Preis gegönnt, als er für die Genugtuung gezahlt worden war, sich auf diese Weise an seinem Feind zu rächen. Die Nachricht verbreitete sich von Mund zu Mund, und im ganzen Lager ertönte triumphierender Jubel; und Ethel in ihrem Zelt spürte, wie ihr das Blut gefror, angesichts der wilden Freude, die sie vermittelten.

Sie war sehr beunruhigt über das Feuer, denn sie sah, dass es alle Spuren des Weges verwischen und die Aufgabe ihrer Freunde langwierig und schwierig machen würde, und sie fühlte sich sehr deprimiert über das, was sie als eine gewisse Verzögerung ihrer Rettung ansah. Sie lag lange da und dachte über all das nach, bis im Lager völlige Stille eingekehrt war. Dann wurden die Felle in der Nähe ihres Kopfes leicht angehoben und sie hörte eine Stimme flüstern:

„Ich, Tawaina – Freund. Großer Häuptling ist gekommen, um nach einem Mädchen zu suchen. Zwei Wege – Augen geblendet .

Ethel verstand es sofort. Sie riss vorsichtig einen schmalen Streifen von der Unterseite ihres Kleides ab und steckte ihn unter die Haut des Lautsprechers.

„Gut", sagte er. „Tawaina-Freund. Ethel, hoffe."

ihren Freundinnen nun eine Schlaufe gegeben werden würde, und von Müdigkeit überwältigt, so dass sie nach kurzer Zeit tief und fest einschlief.

Bei Tagesanbruch machten sie sich wieder auf den Weg und hatten so dreißig Stunden Vorsprung vor ihren Verfolgern. Sie reisten sechs Stunden, ruhten sich von elf bis drei aus und reisten dann erneut bis zur Dunkelheit. Gelegentlich blieb ein Schaf mit schmerzenden Füßen und müden Füßen zurück. Er wurde sofort getötet und zerstückelt.

Vier Tage lang dauerte ihre Reise, die mehr als fünfzig Meilen pro Tag betrug, und sie kamen, wie gesagt, am letzten Abend in ihrem Dorf an.

Während dieser ganzen Zeit wurde Ethel mit Höflichkeit und Respekt behandelt. Der größte Teil des Essens wurde für sie zurückgestellt, das kleine Zelt aus Fellen wurde immer nachts aufgebaut und es gab keine offensichtliche Überwachung ihrer Bewegungen.

Am nächsten Morgen war sie früh wach, und wäre sie nicht in einer schrecklichen Situation gewesen, hätte sie sich über das geschäftige Treiben im Dorf und die kleinen kupferfarbenen Bengel, die spielten oder mit denen sie ausging, amüsiert die Frauen, um Holz zu sammeln oder Wasser zu holen. Nichts hinderte Ethel daran, zu ihnen hinauszugehen, doch die hasserfüllten Blicke, die sie ihr zuwarfen, veranlassten sie, sich nach langem, besorgtem Umschauen wieder in die Hütte zurückzuziehen.

Es war zumindest eine Erleichterung, stehen geblieben zu sein, so groß die Gefahr zweifellos auch war. Sie war sich jetzt sicher, dass sich ihr Vater Stunde für Stunde näherte. Er könnte sogar jetzt nur noch wenige Meilen entfernt sein. Sie war sich sicher, dass er ohne das Feuer bereits oben gewesen wäre, aber sie konnte nicht sagen, wie lange es gedauert hätte, bis er die Spur wiedergefunden hätte.

Gegen Mittag konnte man zwei oder drei Indianer sehen, die durch das Dorf gingen und diejenigen zusammenriefen, deren Stellung und Rang sie zu einem Platz im Rat berechtigten.

Bald sah man sie näherkommen und ernst auf dem Boden vor der Hütte des Oberhäuptlings Platz nehmen. Die Frauen, die Jugendlichen und solche Männer, die sich durch ihre Heldentaten im Kampf noch nicht ausreichend hervorgetan hatten, um in den Rat gerufen zu werden, versammelten sich in einiger Entfernung. Der Rat tagte in Form eines Kreises, wobei der innere Ring aus den Ältesten und führenden Männern des Stammes bestand, während die Krieger um sie herum saßen.

Ethel war beeindruckt von der Stille, die plötzlich dem Lärm des Dorfes gefolgt war, und ging erneut zur Tür. Sie war von der Szene sehr beeindruckt und betrachtete sie verwundert, als sie eine Berührung an ihrer Schulter spürte und als sie sich umsah, sah sie, wie das Rehkitz sie mitleidig anstarrte und ihr gleichzeitig ein Zeichen gab, hereinzukommen.

Die Wahrheit blitzte sofort in Ethels Kopf auf. Der Rat war zusammengekommen, um über ihr Schicksal zu entscheiden, und sie zweifelte keinen Moment daran, wie diese Entscheidung aussehen würde. Sie spürte, dass alle Hoffnung zu Ende war, und als sie sich in die Hütte zurückzog, verbrachte sie die Zeit im Gebet und in der Vorbereitung auf die schreckliche Prüfung, die ihr bevorstand.

Nachdem der Rat zusammengetreten war, herrschte eine erwartungsvolle Pause, und dann erhob sich der Hirsch.

„Meine Brüder, mein Herz ist sehr froh. Der Große Geist hat aufgehört, seine Kinder zu missbilligen. Zweimal gingen wir hinaus und zweimal kehrten wir mit leeren Händen zurück, während viele unserer Hütten leer waren. Die Waffen, die ohne Ladung schießen, waren zu stark für uns, und wir kehrten traurig zurück. Letztes Jahr sind wir nicht hinausgegangen; die Herzen unserer Tapferen waren schwer. Dieses Jahr haben wir gesagt, dass der Große Geist seinen Kindern vielleicht nicht länger böse sein wird, und wir sind hinausgegangen. Dieses Mal haben wir es getan nicht mit leeren Händen zurückgekehrt. Das Brüllen des Viehs ist in meinem Ohr, und ich sehe viele Schafe. Die weißen Männer haben die Stärke unserer Arme gespürt; und von den jungen Männern, die mit mir ausgegangen sind, fehlt keiner. Best of Alles in allem haben wir eine Gefangene zurückgebracht, die Tochter des weißen Häuptlings der fliegenden Feuer und der Kanonen, die sich selbst laden. Lasst mich sie unseren Frauen übergeben; sie werden wissen, wie sie sie zum Weinen bringen können; und wir werden ihr den Kopf schicken an den weißen Häuptling, um zu zeigen, dass seine Waffen das Indianerland nicht erreichen können. Habe ich gut gesprochen?"

Der Rede des Häuptlings folgte ein zustimmendes Murmeln; und in der Annahme, dass zu dieser Angelegenheit nichts mehr gesagt werden würde, wollte der Hirsch gerade den Rat für geschlossen erklären, als ein im engeren Kreis sitzender Indianer aufstand.

„Meine Brüder, ich werde euch eine Geschichte erzählen. Die Vögel zogen aus, um das Nest eines Adlers anzugreifen, aber der Adler war zu stark für sie; und als alle verschwunden waren, verließ er sein Nest mit seinen Kindern, den jungen Adlern , und er fand den Raben und zwei andere Vögel verletzt und nicht in der Lage zu fliegen, und anstatt sie zu töten, wie sie es hätten tun können, nahmen die Adler sie mit zu ihrem Nest und säugten sie und pflegten sie, bis sie fliegen konnten. und schickte sie dann nach Hause zu ihren anderen Vögeln. So war es auch mit Tawaina und seinen beiden Freunden." Und der Sprecher zeigte mit seinem Arm auf zwei Indianer, die am äußeren Rand des Kreises saßen. „Tawaina fiel am Zaun, wo so viele von uns fielen, und am Morgen nahmen ihn die Weißen, gaben ihm Wasser, brachten ihn in einen Unterschlupf und verbanden seine Wunde; und der kleine weiße Vogel und ihre Schwester brachten ihm Essen und … Er trank jeden Tag kühle Getränke und sah ihn mitleidig an. Aber Tawaina sagte zu sich selbst: Die weißen Männer heilen Tawaina nur, damit sie zu gegebener Zeit sehen, wie ein Indianer sterben kann. Aber als es ihm wieder gut ging , brachten sie Pferde und legten einen Bogen und Pfeile in unsere Hände und befahl uns, frei zu gehen. Nur in der Schlacht ist der große weiße Häuptling schrecklich. Er hat ein großes Herz. Die Feinde, die er tötete, triumphierte er nicht. Er legte sie in ein großes Grab. Er ehrte sie und pflanzte Bäume mit herabhängenden Blättern an ihrem Kopf und an ihren Füßen und errichtete einen Zaun darum, damit die Füchse ihre Knochen nicht berühren könnten. Soll der Indianer weniger großzügig sein als der weiße Mann? Sogar diejenigen, die im Kampf getötet wurden, verschonten sie und nach Hause geschickt. Sollen wir den in ihrem Nest gefangenen Weißen Vogel töten? Meine Brüder werden das nicht tun. Sie werden den Weißen Vogel zum großen weißen Häuptling zurückschicken. Habe ich gut gesprochen?"

Diesmal ging ein verwirrtes Gemurmel durch den Kreis. Einige der jüngeren Männer waren von diesem Appell an ihre Großzügigkeit beeindruckt und befürworteten den Vorschlag des Raben; die älteren und wilderen Indianer waren insgesamt dagegen.

Redner folgte auf Redner, einige drängten auf die eine Seite der Frage, andere auf die andere.

Endlich erhob sich der Hirsch wieder. „Meine Brüder", sagte er, „meine Ohren haben seltsame Worte gehört, und mein Geist ist beunruhigt. Der Rabe hat uns von den Wegen der Weißen nach einer Schlacht erzählt; aber die Wege der Indianer sind nicht die Wege der Weißen, und der Hirsch ist zu alt, um neue Moden zu lernen. Er schaut sich um, er sieht viele leere Hütten, er sieht viele Frauen, die keinen Mann haben, um Wild zu jagen, er hört die Stimmen von Kindern, die nach Fleisch schreien. Er erinnert sich an seine gefallenen Brüder vor dem fliegenden Feuer und den Kanonen, die sich geladen haben, und seine Augen sind voller Blut. Der große weiße Häuptling hat viele Wigwams verwüstet: Lasst Trauer im Haus des weißen Häuptlings sein. Habe ich gut gesprochen?"

Die Zurufe, die dieser Rede folgten, waren so laut und allgemein, dass die Partei des Raben zum Schweigen gebracht wurde und der Rat sich sofort auflöste.

Als die Frauen die Entscheidung hörten, brach ein Freudenschrei aus, und alle bereiteten sich auf das vor ihnen liegende Werk der Rache vor.

Auf ein Zeichen des Hirsches gingen zwei der jungen Indianer zur Hütte und riefen Ethel zu sich, sie zu begleiten. Sie ahnte sofort, dass ihr Tod beschlossen war, und ging bleich wie Marmor, ohne einen Schrei oder ein Flehen auszustoßen, von dem sie wusste, dass es nutzlos sein würde, zwischen ihnen hindurch.

Einen Moment lang warf sie einen Blick auf die Frauen um sie herum, um zu sehen, ob einer dieser Blicke Mitleid oder Interesse ausdrückte; Doch ihre Augen waren von Hass und Jubel verzerrt, und Drohungen und Verwünschungen drangen an ihre Ohren. Obwohl der Anblick entsetzlich war, weckte er in ihr Mut. Ein mitleidiger Blick hätte sie zum Schmelzen gebracht – diese Wut gegen jemanden, der so hilflos war wie sie selbst, machte sie nervös; und mit nach oben gerichteten Augen und betend bewegten Lippen hielt sie weiter.

Die Indianer führten sie zu einem Baum gegenüber der Dorfmitte, fesselten sie fest daran und zogen sich dann zurück.

Es gab eine Pause, bevor die Tragödie beginnen sollte. Einige der Frauen brachten Reisigbündel für den Haufen, andere schnitten Splitter ab, um sie unter die Nägel und ins Fleisch zu stecken. Die alten Frauen schwatzten und jubelten über die Folterungen, die sie ihnen zufügen würden; ein paar der Jüngeren standen abseits und sahen mitleidig zu.

Die Männer des Stammes versammelten sich im Kreis, beteiligten sich jedoch nicht an den Vorbereitungen – die Folter von Frauen war ihnen zuwider.

Endlich war alles fertig. In der Nähe wurde ein Feuer angezündet; Die Hexen zündeten ihre Feuerbrände an und rückten vor. Der Häuptling gab das Zeichen, und mit einem Jubelschrei stürmten sie auf ihr Opfer, wichen aber mit einem Schrei der Überraschung zurück, der von drei Indianern, die sich vor den Gefangenen stellten, unsanft abgewehrt wurde.

Die Frauen zogen sich hastig zurück und die Männer näherten sich, um den Grund für diese seltsame Unterbrechung zu erfahren. Der Rabe und seine Gefährten waren unbewaffnet. Die Indianer blickten sie missbilligend an, unsicher, welchen Weg sie einschlagen sollten.

„Meine Brüder", sagte der Rabe, „ich bin gekommen, um zu sterben. Die Zeit des Raben ist gekommen. Er hat seinen letzten Flug geflogen. Er und seine Brüder werden mit dem kleinen weißen Vogel sterben. Der Rabe und seine Freunde sind keine Hunde." Sie haben ihr Blut gegen ihre Feinde vergossen und wissen nicht, wie sie schreien sollen. Aber ihre Zeit ist gekommen, sie sind bereit zu sterben. Aber sie müssen vor dem kleinen weißen Vogel sterben. Wenn nicht, wird ihr Geist zu ihm fliegen Großer Geist, und wird ihm sagen, dass der Rabe und seine Freunde, die sie beschützt und gerettet hatte, dabei geholfen haben, sie zu töten; und der Große Geist würde ihnen die Tore der glücklichen Jagdgründe verschließen. Der Rabe hat gesprochen."

Es entstand eine Pause äußerster Verwunderung, gefolgt von Stimmengewirr. Diejenigen, die sich zuvor für die Sache des Raben eingesetzt hatten, äußerten sich erneut lautstark, während viele andere hinsichtlich des einzuschlagenden Kurses zögerten.

Der Hirsch beriet sich hastig mit zwei oder drei seiner wichtigsten Berater und ging dann weiter, wobei er mit der Hand winkte, um Schweigen zu befehlen. Sein Gesichtsausdruck war ruhig und ungerührt, obwohl er innerlich vor Wut über diese Missachtung seiner Autorität kochte. Er war jedoch ein zu politischer Führer, um dies zu zeigen. Er wusste, dass die große Mehrheit des Stammes auf seiner Seite war; Dennoch würde der Einsatz von Gewalt, um den Raben und seine Gefährten von ihrem Posten zu reißen, wahrscheinlich zu einer Spaltung im Stamm führen, deren endgültige Folgen niemand sehen konnte und für deren Folgen er im Falle eines Rückschlags verantwortlich gemacht werden würde verantwortlich und wird von beiden Seiten mit Missbilligung betrachtet.

„Die Ravens und seine Freunde haben große Herzen", sagte er höflich. „Sie sind groß genug, um den kleinen Weißen Vogel zu beherbergen. Lasst sie sie nehmen. Ihr Leben bleibt verschont. Sie soll bei unserem Stamm bleiben."

Der Rabe neigte den Kopf, nahm einem Krieger in der Nähe ein Messer ab, durchschnitt die Fesseln, die Ethel fesselten, winkte dem Rehkitz zu, übergab das erstaunte Mädchen wieder in ihre Obhut und sagte dabei: „Bleib in der Hütte. Geh nicht." raus; geh raus, schlecht." Und dann zog er sich in Begleitung seiner Freunde wortlos in eine ihrer Hütten zurück.

Während dieser Szene herrschte vollkommene Stille über der Menge; Doch als bekannt wurde, dass Ethel unversehrt davonkommen würde, brach bei den älteren Frauen ein Murren aus, enttäuscht von ihrem Rachewerk. Doch der Hirsch winkte energisch ab, und die Menge zerstreute sich schweigend in ihre Hütten, um über die ungewöhnliche Szene zu sprechen, die sich zugetragen hatte.

Der Rabe und seine Freunde unterhielten sich lange und ernsthaft miteinander. Sie ließen sich durch den Anschein von Freundlichkeit, den der Hirsch angenommen hatte, in keiner Weise täuschen. Sie wussten, dass zwischen ihnen fortan bitterer Hass herrschte und dass ihr Leben unsicher war. Sie wussten, dass Ethel nur eine kurze Gnadenfrist gewährt worden war. Der Hirsch würde um ihretwillen keine Spaltung im Stamm riskieren und auch nicht versuchen, sie einer formellen Hinrichtung zu unterziehen; Aber als sie zum ersten Mal die Hütte verließ, wurde sie tot aufgefunden, mit einem Messer im Herzen.

Der Rabe war jedoch sicher, dass Hilfe nahe war. Er und seine Freunde, die Mr. Hardy kannten, waren die einzigen im Stamm, die davon überzeugt waren, dass eine Verfolgung versucht werden würde. Die Tatsache, dass es noch nie einen solchen Versuch gegeben hatte, in das Herz des indischen Landes vorzudringen, hatte den Rest in ein Gefühl absoluter Sicherheit eingelullt. Der Rabe rechnete tatsächlich damit, dass die Verfolger jetzt in unmittelbarer Nähe sein müssten und dass sie wahrscheinlich in dieser oder der nächsten Nacht in die Schlucht vordringen und den Angriff starten würden.

Das Ergebnis des Rats war, dass er seine Freunde verließ und gemächlich zu seiner eigenen Hütte zurückging, ohne auf die feindseligen Blicke zu achten, die ihm einige der gewalttätigeren Anhänger des Hirsches zuwarfen.

Bei seinem Eintritt wurde er von seiner Frau begrüßt, einem jungen Mädchen, das er erst seit seiner Rückkehr von der Expedition geheiratet hatte und dem er, aufgrund dessen, was er über die Stellung der Frauen unter den Weißen erfahren hatte, mehr Rede- und Redefreiheit einräumte Handlungen, die indischen Frauen normalerweise gestattet sind. Sie gehörte zu der kleinen Gruppe , die Mitleid mit dem weißen Mädchen hatte.

„Der Rabe ist ein großartiger Häuptling", sagte sie stolz; „Er hat es gut gemacht.
Die Maus zitterte, aber sie war froh, ihren Herrn hervortreten zu sehen.
Der Hirsch wird jedoch zuschlagen", fügte sie besorgt hinzu. „Er wird nach dem Blut des Raben suchen."

„Der Hirsch ist ein großes Tier", sagte der Indianer sentimental; „Aber der Rabe frisst ihn endlich."

Dann setzte sich der Häuptling auf einen Haufen Felle, füllte seine Pfeife und gab seiner Frau Zeichen, Feuer zu bringen. Dann rauchte er eine Zeit lang schweigend, bis die Sonne unterging und sich eine dichte Dunkelheit über das Tal legte.

Schließlich stand er auf und sagte zu seiner Frau: „Wenn sie nach dem Raben fragen, sagen Sie, dass er gerade ausgegangen ist; mehr nicht. Er wird erst bei Tagesanbruch zurückkommen; und denken Sie daran", und er legte seine Hand auf ihren Arm um die Warnung zu betonen: „Welches Geräusch auch immer die Maus in der Nacht hört, sie darf die Hütte nicht verlassen, bis der Rabe zu ihr zurückkommt."

Das Mädchen senkte den Kopf mit dem bedingungslosen Gehorsam einer Inderin; und dann zog man die Haut beiseite, die als Tür diente, und lauschte aufmerksam, ob jemand da war Als sie in der Nähe waren , ging der Rabe lautlos in die Dunkelheit hinaus.

Kapitel XVII.

GERETTET.

Trotz aller Bemühungen hatte Mr. Hardys Partei langsamere Fortschritte gemacht als erwartet. Viele der Pferde waren vor Müdigkeit zusammengebrochen; und da sie keine Ersatzpferde hatten, um sie zu ersetzen, wie es die Indianer im gleichen Fall für die Pferde getan hatten, die sie von Mr. Mercer vertrieben hatten, waren sie gezwungen, viel langsamer zu reisen als zunächst. Sie konnten die Indianer jedoch überholen, wie sie an der Lage des Lagerplatzes für die Nacht erkennen konnten.

Am Nachmittag des letzten Tages um drei Uhr passierten sie den Ort, den ihr Feind am Morgen verlassen hatte; aber obwohl sie bis weit nach Sonnenuntergang weiterzogen und viele von ihnen den ganzen Tag ihre Pferde geführt hatten, waren sie immer noch mehr als dreißig Meilen von den Bergen entfernt, zwischen denen sie wussten, dass das Indianerdorf lag.

Keiner der Gauchos war jemals dort gewesen, aber sie kannten die Situation und die allgemeinen Merkmale aus Berichten. Seitdem sie auf die Spur gestoßen waren, war es für sie kein Problem gewesen, der Spur zu folgen. Die breite Linie des ausgetretenen Bodens und die häufigen Schafkadaver erzählten die Geschichte hinreichend.

Das war für alle eine Nacht voller schrecklicher Ängste. Sie wussten, dass Ethel bereits im Indianerdorf war, und sie dachten mit schrecklicher Angst daran, was am nächsten Tag passieren könnte. Es konnte jedoch nichts getan werden. Viele der Gruppe waren bereits erschöpft von ihrem langen Tagesspaziergang in der brennenden Sonne. In dieser Nacht war es völlig unmöglich, das Dorf zu erreichen.

Bevor er sich für die Nacht hinlegte, bat Mr. Hardy die ganze Gruppe, am nächsten Tag für die Rettung seiner Tochter zu beten. und es war ein seltsamer und beeindruckender Anblick, die Gruppe sonnenverbrannter, von der Reise erschöpfter Männer unverhüllt dastehen zu sehen, während ihr Anführer ein ernstes Gebet sprach.

Herr Hardy sagte dann, dass es für diese Nacht unnötig sei, wie üblich Wache zu halten. Die Indianer waren vorgerückt und konnten eine Verfolgung nicht mehr fürchten, so dass keine Gefahr eines Nachtangriffs bestand. Außerdem bestand kaum eine Chance, dass er schlafen würde. Dieser Vorschlag war höchst akzeptabel, und in kürzester Zeit herrschte vollkommene Stille im Lager.

Noch vor Tagesanbruch machten sie sich wieder auf den Weg, alle zu Fuß und mit ihren Pferden, um sie möglichst zu schonen, falls sie nachts gebraucht werden sollten. Geschwindigkeit war jetzt kein Thema mehr. Sie wussten, dass es aussichtslos war, am helllichten Tag anzugreifen, da die Indianer ihnen wahrscheinlich mehr als gewachsen sein würden und Ethels Leben unweigerlich geopfert werden würde. Sie gingen daher bis auf sechs oder sieben Meilen an die Schlucht heran, näher als dorthin durften sie nicht gehen, damit sie nicht von einem umherirrenden Indianer gesehen werden könnten.

Ihr Rastplatz wurde dadurch bestimmt, dass sie einen Bach fanden, an dessen Ufern reichlich frisches Gras wuchs. Sie wagten es nicht, ein Feuer anzuzünden, sondern kauten etwas von dem zähen Charqui und beobachteten die ferne Spalte im Hügel, die zu dem sehnlich ersehnten Ziel führte.

Als der Abend hereinbrach , saßen sie alle im Sattel und stellten erfreut fest, dass die Pferde deutlich frischer zum Ausruhen waren. Sie zogen ihre Zügel erst, als der Boden steinig wurde, und sie wussten, dass sie sich an der Mündung der Schlucht befinden mussten. Dann stiegen sie ab und stellten die Pferde auf. Zwei der Gauchos waren als Wachen bei ihnen stationiert, und der Rest ging heimlich vorwärts – die Raketen befanden sich in der Obhut von Terence, der sie mit einer Schnur fest aneinander befestigte und sie dann wie eine Waffe an einer Schlaufe aufhängte seine Schulter, damit er die Hände frei hatte.

Es war erst acht Uhr – gefährlich früh für eine Überraschung; aber die ganze Gruppe war sich völlig einig, alles zu riskieren, da niemand sagen konnte, in welche Position Ethel gebracht werden würde und welchen Unterschied eine Stunde machen würde. Ihr Plan bestand darin, sich leise zur ersten Hütte zu schleichen, die sie fanden, deren Bewohner zu knebeln und einen von ihnen unter Androhung des sofortigen Todes zu zwingen, sie zu der Hütte zu führen, in der Ethel untergebracht war.

Plötzlich wurde Mr. Hardy von einer dunklen Gestalt erschreckt, die sich von einem Felsen erhob, gegen den er fast gestolpert wäre, und die Worte sagte: „Weißer Mann, gut. Tawaina- Freund. Kommen Sie, um ihn zum Kind zu bringen."

Dann folgten ein paar hastige Fragen; und keine Worte können die Freude und Dankbarkeit von Herrn Hardy und seinen Söhnen sowie die große Zufriedenheit der anderen ausdrücken, als sie feststellten, dass Ethel am Leben und vorerst frei von Gefahr war.

Es wurde vereinbart, jetzt zwei Stunden zu warten, um den Indianern Zeit zu geben, sich zum Ausruhen zurückzuziehen; und während sie warteten, erzählte ihnen der Rabe alles, was bis zur Ankunft im Dorf geschehen war, überging dabei die Vorgänge des letzten Tages und sagte kurz, dass Ethel ein großes Risiko eingegangen sei, getötet zu werden, dass aber eine Verzögerung herbeigeführt worden sei ihre Freunde. Nachdem er seine Geschichte erzählt hatte, sagte er: „Tawaina-Freund des großen weißen Häuptlings. Hat mit einem Pfeil ein Signal gegeben; rette heute den kleinen weißen Vogel. Aber Tawaina-Indianer – nicht so, als würde man Indianer töten sehen. Der weiße Häuptling hat versprochen, keine indischen Frauen und Kinder zu töten?"

Herr Hardy versicherte dem Inder, dass sie nicht daran gedacht hätten, Frauen und Kinder zu töten.

„Wenn man den kleinen Weißen Vogel erobern kann, ohne das Dorf aufzuwecken, ohne Menschen zu töten?" fragte Tawaina noch einmal.

„Wir wollen das Dorf nicht wecken, wenn wir helfen können, Tawaina; aber ich sehe keine Chance, kampflos zu entkommen. Unsere Pferde sind alle tot, und die Indianer werden uns leicht überholen, selbst wenn wir einen bekommen." Beginn der Nacht.

„Darf nicht einfach rausgehen", sagte der Rabe ernst. „Wenn man in die Ebene hinausgeht, werden alle getötet. Indische zweihundertfünfzig Tapfere – fressen weiße Männer in der Ebene auf."

„Ich fürchte, das ist wahr genug, Tawaina, auch wenn wir uns als sehr harte Brocken erweisen werden. Dennoch sollten wir im Freien mit einem furchtbaren Nachteil kämpfen. Aber was sollen wir tun?"

„Kommen Sie zur Mündung des Canyons zurück – warten Sie. Das kann die Indianer so lange wie möglich fernhalten. Die Indianer müssen Frieden schließen."

"Hauptstadt!" sagte Mr. Hardy erfreut; denn er hatte die Lage mit großer Besorgnis betrachtet, da er nicht gesehen hatte, wie es möglich sein würde, ihren Rückzug auf ihren müden Pferden vor den Zähnen der Indianer zu bewältigen. „Genau das! Wie Sie sagen, können wir die Schlucht bei Bedarf einen Monat lang halten, und früher oder später werden sie es satt haben und zustimmen, uns in Ruhe zurückziehen zu lassen wieder, und dann könnten wir uns trotz ihnen zurückziehen.

„Noch etwas", sagte der Rabe. „Als der große Häuptling den kleinen Weißen Vogel   in   Sicherheit   brachte   , ging Tawaina weg – nicht auf die eine oder andere Weise kämpfen . Wenn wir uns wiedersehen, redet der weiße Häuptling heute Abend nicht darüber. Kein großer Indianer kennt den Freund des weißen Häuptlings von Tawaina."

„Sie können sich auf uns alle verlassen, Tawaina. Sie werden nie von uns erfahren, dass Sie an dieser Angelegenheit beteiligt sind. Und jetzt denke ich, dass es an der Zeit ist, dass wir weitermachen. Es wird nach zehn Uhr sein, bis wir da sind." ."

Ganz leise kroch die Truppe weiter, Tawaina voran, bis er sich dem Dorf näherte. Hier blieben sie einen Moment stehen.

„Nur sechs von uns werden reingehen", sagte Mr. Hardy; „Es wird weniger Chancen geben, entdeckt zu werden – Jamieson, Percy, Herries , meine Jungs und ich. Die anderen beziehen Posten in der Nähe der Hütte, die wir vor uns sehen. Wenn Sie feststellen, dass wir entdeckt werden, seien Sie bereit, uns zu unterstützen. Und, Farquhar, zwei oder drei von euch bereiten Streichhölzer vor und stecken ein blaues Licht in das Strohdach der Hütte. Wir müssen Licht haben, sonst verlieren wir den ganzen Vorteil unserer Schusswaffen. Außerdem werden wir auf unserem Rückzug in Dunkelheit sein , während sie im Glanz sein werden.

Mit diesen Worten folgte Mr. Hardy seinem Führer, die Männer, die er ausgewählt hatte, traten vorsichtig hinter ihm her. Plötzlich blieben sie vor einer der Hütten stehen, und Tawaina zeigte auf die Tür und sagte: „Da ist ein kleiner weißer Vogel." und dann glitt er davon und verlor sich in der Dunkelheit.

Mr. Hardy schob vorsichtig die Haut beiseite und trat ein, gefolgt von seinen Freunden. Es war völlig dunkel und sie standen einen Moment lang unsicher, was sie tun sollten. Dann hörten sie eine leise Stimme sagen: „Papa, bist du das?" Gleichzeitig sahen sie in der anderen Ecke des Zeltes einen Lichtschein und hörten ein Rascheln und wussten, dass ein Indianer einen Schlitz in die Fellwände geschnitten hatte und entkommen war . und als Mr. Hardy sein Kind an sein Herz drückte, erklang ein schrecklicher Kriegsgeschrei in der Luft hinter der Hütte.

„Kommen Sie", sagte Mr. Hardy, „bleiben Sie zusammen und machen Sie einen Lauf daraus."

Ethel hatte sich hingelegt, ohne auch nur ihre Schuhe auszuziehen, so sehr hatte sie auf die Ankunft ihres Vaters gehofft. Sie stellte daher kein Hindernis für die Geschwindigkeit ihres Rückzugs dar. Für eine kurze Strecke waren sie ohne Gegenwehr. Tatsächlich stürzten die Indianer aus ihren Hütten wie Bienenschwärme, die von einem Eindringling gestört wurden. Ohne die Natur der Gefahr zu kennen und ihre Ursache nicht zu erkennen, herrschte für einen Moment wilde Verwirrung. und dann eilten alle, geleitet vom Kriegsgeschrei des Indianers, der Alarm gegeben hatte, zur Stelle, und während sie das taten, sahen einige die kleine Gruppe Weißer. Lautes Jubelrufe kündigten diese Entdeckung an, und man stürmte auf sie zu.

„Jetzt Ihre Revolver", sagte Mr. Hardy. „Wir haben das Dorf fast verlassen."

Allerdings waren die Indianer noch nicht dicht genug versammelt, um sie aufzuhalten. Einige, die versuchten, sich in den Weg zu werfen, wurden sofort abgeschossen, und in kürzerer Zeit, als die Lektüre dieser

Beschreibung in Anspruch nahm, erreichten sie das Ende des Dorfes. Dabei schoss aus der am weitesten entfernten Hütte eine helle Flamme empor, und der Rest der Gruppe stürzte hinaus und gesellte sich zu ihnen. Die verfolgenden Indianer hielten inne, als sie sahen, wie ihre Feinde erneut an Stärke gewannen, und als sich ihnen dann eine große Zahl anschloss und die hell aufsteigende Flamme ihnen ermöglichte, zu erkennen, wie klein die Masse der Weißen war, stürmten sie erneut vorwärts heftige Schreie.

Aber die Weißen waren zu diesem Zeitpunkt bereits hundertfünfzig Meter entfernt und verschwanden bereits in der Dunkelheit.

"Stoppen!" Mr. Hardy weinte. „Halten Sie Ihre Gewehre fest! Jeder Mann sucht sich einen Indianer aus. Feuer!"

Die Indianer brachen in einen Wutschrei aus, als vierzehn oder fünfzehn von ihnen fielen, und es trat erneut eine kurze Pause ein. Und als sie dann wieder verstärkt wurden, setzten sie die Verfolgung fort.

Aber die zweihundert Yards, die die Weißen gewonnen hatten, waren ein langer Anfang in der Entfernung von einer halben Meile, die zurückgelegt werden musste, und die Weißen wussten genau, dass sie um ihr Leben rannten; denn einmal in der Ebene eingeschlossen, war ihr Fall hoffnungslos.

Nun war es also so, dass Ethel so sehr an ein Leben im Freien gewöhnt war. Hoffnung und Angst verliehen ihren Füßen Geschwindigkeit, und als sie zwischen ihrem Vater und ihren Brüdern hin und her rannte, gelang es ihr, eine Geschwindigkeit aufrechtzuerhalten, die ihrer eigenen ebenbürtig war.

Es wurde kaum ein Wort gesprochen, denn mit zusammengebissenen Zähnen und klopfendem Herzen rasten sie dahin. Nur einmal sagte Mr. Jamieson: „Kann Ethel mithalten?" und sie keuchte: „Ja."

Die Weißen hatten im Rennen den großen Vorteil, dass sie wussten, dass sie insgesamt nur eine halbe Meile zu laufen hatten, und deshalb ihr Höchsttempo aufboten; während einige der Indianer zwar erkannten, wie wichtig es war, die Flüchtlinge in der Ebene einzuholen, der größere Teil jedoch glaubte, dass ihre Beute in ihren Händen sei, und keine großen Anstrengungen unternahm, sich ihnen sofort zu nähern. Auch die Weißen hatten den Vorteil, dass sie an Gehübungen gewöhnt waren, während die Indianer, die fast zu Pferd lebten, selten die Gewohnheit hatten, ihre Füße zu benutzen. Folglich erreichten die Weißen die enge Mündung der Schlucht ganze hundertfünfzig Meter vor der Hauptmasse der Verfolger, obwohl eine Gruppe ihrer schnellsten Läufer nicht mehr als die Hälfte dieser Distanz hinter ihnen lag.

Als die Gruppen nun anhielten und sich dem Feind zuwandten, ertönte ein allgemeiner Ausdruck der Dankbarkeit.

Jetzt war der volle Vorteil von Mr. Hardys Vorsichtsmaßnahme, die Indianerhütte abzufeuern, deutlich geworden.

Das Feuer hatte sich auf die nächsten zwei oder drei Wohnhäuser ausgeweitet, und eine breite Flamme stieg auf, aus deren grellem Licht sich die Indianer deutlich abhoben, während die Weißen in tiefer Dunkelheit postiert waren.

„Jetzt, Jungs“, sagte Mr. Hardy, „schießen Sie das erste Los mit Ihren Karabinern ab, während wir unsere Gewehre laden. Ethel, gehen Sie hinter diesen Felsen. Gehen Sie bis zum letzten Moment in Deckung. Die Pfeile werden bald unter uns sein.“ "

Stetig, als würden sie auf ein Ziel schießen, feuerten die Jungen jeweils fünf Schüsse ab; und da der Feind nicht mehr als fünfzig Meter entfernt war, war jeder Schuss verräterisch.

Der Rest der Führungskapelle zögerte, warf sich hin und wartete, bis die anderen heraufkamen. Es entstand eine kurze Pause, dann wurde eine Salve aus Pfeilen und Musketenhallen in Richtung ihres verborgenen Feindes abgefeuert, und dann stürmte die ganze Masse mit einem wilden Schrei los.

Erst als sie sich auf dreißig Meter näherten, wurde ein Gegenschuss abgefeuert; Doch als sie die enge Schlucht betraten, sprangen die Weißen jubelnd auf und feuerten eine Salve aus vierundzwanzig Gewehren ab.

Die Wirkung war schrecklich; und diejenigen vorn, die unverwundet waren, zögerten, aber von hinten bedrängt, stürmten sie wieder vorwärts. Als sie sich dann näherten, begann ein verzweifelter Kampf.

Die Jungen hatten Ethel hastig ihre Karabiner übergeben, damit sie in die freie Kammer passten, und hatten ihren Platz an der Seite ihres Vaters eingenommen. Die Schlucht war so eng, dass es keinen Platz gab, um nebeneinander zu stehen, und nach vorheriger Vereinbarung stellten sich diejenigen, die keine Revolver hatten, vorne und schlugen ihre Gewehre, während diejenigen mit Revolvern zwischen ihnen feuerten.

Mr. Percy, einer der Jamiesons, und Herries standen mit ihren Revolvern in der Hand als Reserve ein oder zwei Schritte weiter hinten.

Für ein paar Minuten war der Wettbewerb großartig. Der Ansturm der Indianer durchbrach die Linie teilweise, und der Wirbel der glänzenden Beile, das heftige Krachen der Schläge mit den Gewehren, das scharfe, unaufhörliche Knallen der Revolver, die Schreie der Indianer, die kurzen aufmunternden Rufe der Engländer, und der gelegentliche irische Schrei von Terence sorgten für eine Verwirrung und einen Lärm, der verwirrend war.

Kaum ein Schuss der Weißen wurde weggeschleudert, und auf der anderen Seite des Passes lag ein Haufen Tote.

Dennoch drängten die Indianer weiter.

Der Kampf war jetzt stiller, das Knallen der Revolver hatte aufgehört und die Weißen kämpften lautlos und verzweifelt mit ihren Gewehren. Sie hatten keinen Fuß nachgegeben, aber der kurze, keuchende Atem verriet, dass die gewaltige Anstrengung deutlich war, da sie in kurzen Abständen in einer Reihe standen und ihre Waffen sich mit einer Kraft und Macht hoben und senkten, der die indianischen Beile selten Einhalt gebieten konnten abwenden.

Ihrerseits war der Kampf bisher nicht unblutig verlaufen. Die meisten von ihnen hatten mehr oder weniger schwere Schnittwunden erlitten, und Martinez, der Gaucho, und Cook lagen tot zu ihren Füßen.

Nachdem Charley und Hubert ihre Revolver entladen hatten, waren sie zurückgefallen, hatten ihre Karabiner genommen und standen nun mit der Reserve auf einem flachen Felsen ein paar Schritte hinter ihnen, alle brennend vor Ungeduld, sich an dem Kampf zu beteiligen.

In diesem Moment gesellten sich zu ihnen die beiden Gauchos, die man bei den Pferden zurückgelassen hatte, nun aber, als sie die Schüsse hörten, eingetroffen waren, um sich an dem Kampf zu beteiligen.

Endlich kam Mr. Hardy zu dem Schluss, dass die Zeit gekommen sei, und rief:

„Zielen Sie in die Mitte der Masse und schießen Sie so schnell Sie können, dann stürmen alle gemeinsam zu. Jetzt!"

In weniger als einer halben Minute waren die vier Läufe der Gewehre der Gauchos und die dreißig Schüsse aus den Revolvern in die dicht gedrängte Menge abgefeuert worden; Dann sprangen die sieben Männer vom Felsen, und mit einem Jubelruf stürzten sich die Weißen auf die Indianer, die bereits zurückschreckten und von dem gewaltigen und tödlichen Feuer in Panik gerieten.

Die Indianer vorn wurden überrascht und verwirrt von den langen Gewehren niedergemäht wie Gras vor dem Mäher, und die hinter ihnen brachen nach einem Moment des Zögerns zusammen und flohen; Nach weiteren zwei Minuten war der Kampf vorbei und die Indianer flohen in vollem Gange zu ihrem Dorf. Nach ein paar herzlichen Glückwünschen warfen sich die Weißen keuchend und erschöpft von der enormen Anstrengung auf den Boden.

Nachdem sie sich ein wenig erholt hatten, bestand ihre erste Sorge darin, ihre Revolver zu laden; Von den Gewehren gab es keines, mit Ausnahme der Gewehre der drei Männer, die die Reserve gebildet hatten, und der Karabiner der Jungen, die nicht außer Gefecht gesetzt waren. Die Schäfte waren zerbrochen, die Hämmer abgerissen und die Läufe verdreht und verbogen.

Die Gesellschaft drängte sich nun um Ethel, mit der seit ihrer Rettung noch kein einziges Wort gewechselt worden war, und herzlich und herzlich waren die Glückwünsche und der Empfang, die ihr zuteil wurden. Anschließend erfolgte eine Untersuchung der Wunden.

Diese waren zahlreich und in manchen Fällen schwerwiegend. Herr Farquhar war durch eine tiefe Wunde in der Schulter völlig behindert. Mr. Percy hatte eine schreckliche Schnittwunde am Arm erlitten. Charley war ein Ohr fast abgeschnitten und die Seite seines Gesichts wurde durch einen ausladenden Schlag völlig aufgerissen. Vier weitere wurden schwer verletzt und sechs hatten weniger schwere Verletzungen. Alle waren jedoch zu sehr von ihrem Erfolg begeistert, als dass sie ihre Verletzungen auch nur auf die leichte Schulter genommen hätten.

„Ihre Schönheit scheint vom Schicksal verwöhnt zu werden, Charley“, sagte Mr. Hardy, während er das Gesicht seines Sohnes verband. „Noch ein paar Kämpfe, und du wirst genauso viele Narben davongetragen haben wie jeder Chelsea-Rentner.“

Charley stimmte auf eigene Kosten in das allgemeine Lachen ein.

„Ja, Papa, wenn ich so weitermache, werde ich bestimmt meinen Spiegel los.“

„Du hast die Raketen nicht verloren, hoffe ich, Terence?“ fragte Mr. Hardy.

„ Sicher , und das habe ich auch nicht, Euer Ehren. Ich habe sie hinter einem großen Stein abgelegt, bevor der kleine Shindy angefangen hat.“

„Wir werden sie abfeuern“, sagte Mr. Hardy. „Sie werden den Eindruck verstärken und die Indianer begierig machen, sich zu einigen, wenn sie sehen, dass wir ihr Dorf erreichen können. Wir werden sie nicht alle auf einmal loslassen; aber da wir vier von jeder Sorte haben, werden wir sie schicken.“ Etwa alle halbe Stunde feuern wir ein Paar ab, wie sie vielleicht denken, wenn wir sie alle auf einmal abfeuern und dann aufhören, dass wir nichts mehr übrig haben. Wir können ihnen genauso gut auch ein paar Schüsse mit unseren Karabinern und den Gewehren geben die noch brauchbar bleiben. Sie werden bis zu einer halben Meile weit reichen, wenn wir ihnen genügend Höhe geben, und es ist gut, sie so weit wie möglich zu beeindrucken.

Der Vorschlag von Herrn Hardy wurde umgesetzt. Die erste Signalrakete zeigte das von Indianern überfüllte Dorf, über deren Köpfe die zerschmetterte Rakete langsam sauste. Das Licht der nächsten Rakete ließ keine einzige Person erkennen, und es war offensichtlich, dass der Ort verlassen war. Die dritte Rakete traf zufällig eines der Dächer, explodierte dort und setzte das Dach in Brand.

"Gut!" Sagte Mr. Percy. „Morgen werden sie um Bedingungen bitten.“

Vier der unverwundeten Männer wurden nun als Wächter an der Mündung der Schlucht aufgestellt, die anderen zogen sich weiter in die Schlucht zurück, um hinter den toten Indianern zu sein, die dort buchstäblich in Haufen lagen.

Der Morgen brach über den weißen Männern an, die mit der Beerdigung ihrer beiden gefallenen Gefährten beschäftigt waren, und über den Indianern, die sich kurz hinter dem Dorf versammelten. Die Männer saßen in düsterer Verzweiflung auf dem Boden; Die Frauen jammerten und rangen die Hände.

Jetzt, da es Tag war, konnten sie sehen, wie schrecklich ihr Verlust gewesen war. Mehr als sechzig von ihnen wurden vermisst. Der Hirsch war gefallen, ebenso wie einige der tapfersten Tapferen des Stammes.

Plötzlich erhob sich der Rabe aus der Mitte der Krieger. Seine Abwesenheit am Vorabend war nicht bemerkt worden; und obwohl alle wussten, dass er sich an dem Kampf nicht beteiligt hatte, wurde dies als natürlich angesehen, da sein Rat, den Gefangenen herauszugeben, abgelehnt worden war.

„Meine Brüder“, begann er, „der Große Geist ist sehr wütend. Er hat sein Gesicht vor seinen Kindern verborgen. Gestern hat er ihre Augen geblendet und sie töricht gemacht; letzte Nacht hat er sie wie Wasser vor den weißen Männern gemacht. Warum waren die?“ Die Ohren der Häuptlinge waren verschlossen für die Worte des Raben? Wenn der Rabe mit dem kleinen weißen Vogel aufgebrochen wäre, wäre der große weiße Häuptling froh gewesen und das Kriegsbeil wäre in Frieden begraben worden. Aber die Häuptlinge wollten das nicht hören Worte des Raben. Der Hirsch sagte: „ Tötet !“ und die Kriegshäuptlinge riefen: „Tötet!“ Und wo sind sie jetzt? Ihre Wigwams sind leer, und ihre Frauen haben niemanden, der die Hirsche zum Essen hereinbringen könnte. Der Große Geist ist wütend.“

Dann nahm der Rabe seinen Platz ein; aber wie er erwartet hatte, erhob sich niemand, um nach ihm zu sprechen. Die Depression war zu allgemein; und die Tatsache, dass die Übel vermieden worden wären, wenn der Rat des Raben befolgt worden wäre, war zu offensichtlich, als dass irgendjemand versucht hätte, ein Wort auszusprechen.

Nach einer tiefen Stille von einigen Minuten Dauer erhob sich der Rabe erneut.

„Was werden meine Brüder tun? Die fliegenden Feuer werden unser Dorf niederbrennen, und es gibt keinen Rückzug. Die Waffen, die ohne Ladung schießen, tragen sehr weit. Wir sind wie Wasser vor ihnen. Wir sind in den

Händen des weißen Häuptlings und Unsere Knochen werden die Krähen ernähren. Was werden meine Brüder tun?"

Es herrschte immer noch tiefes Schweigen, und dann fuhr er fort: „Der Rabe ist ein großer Häuptling, und er wird ihnen sagen, was sie tun sollen. Der Rabe hat an der Seite des kleinen weißen Vogels gestanden, und der große weiße Häuptling wird zuhören." seine Stimme. Er wird sagen: Lasst Frieden zwischen uns sein. Die Männer, die dem kleinen weißen Vogel Schaden zugefügt hätten, sind tot; es gibt keinen Grund mehr zum Streit. Lasst uns das Kriegsbeil begraben. Nimm Pferde und Vieh mit auf deine Reise, und Vergib uns, wenn wir Unrecht getan haben. Wenn die weißen Männer auf der Ebene wären, würde der Rabe sagen: Lasst meine jungen Männer angreifen; aber sie halten den Pass, und die Waffen, die ohne Ladung schießen, sind zu stark. Habe ich gut gesprochen? "

Es gab leisen Applaus. Das Gefühl, dass die Position der weißen Männer uneinnehmbar sei, war allgemein; und sie waren alle davon überzeugt, dass diese schrecklichen Feinde einen unbekannten Plan aushecken würden, der zur völligen Vernichtung des Stammes führen würde.

Der Vorschlag des Raben wurde daher einstimmig angenommen.

Dann legte der Rabe seine Waffen beiseite und rückte in Begleitung von sechs der wichtigsten Häuptlinge, die als Zeichen der Freundschaft grüne Zweige trugen, zur Mündung der Schlucht vor. Mr. Hardy kam mit fünf Weißen und Perez als Dolmetscher auf ihn zu.

Als sich die beiden Gruppen trafen, begann der Rabe ernst in indianischer Sprache: „Der weiße Häuptling des fliegenden Feuers ist mächtig, und der Große Geist hat seine Kinder geblendet. Sie haben den kleinen weißen Vogel entführt, aber sie haben ihm nichts getan." Böse Männer hätten ihr etwas zuleide getan, aber der Rabe stand an ihrer Seite. Der große weiße Häuptling hat seinen kleinen weißen Vogel zurückerobert und die Männer getötet, die der Große Geist geblendet hat. Warum sollte es noch mehr Krieg geben? Die Indianer sind es mutig; sie haben Rinder und Schafe und Wasser. Sie können außerhalb der Reichweite der Waffen des weißen Häuptlings leben und kämpfen, wenn der weiße Häuptling gegen sie vorgeht. Der weiße Häuptling ist stark und kann den Pass verteidigen, aber Er kann es nicht wagen, anzugreifen. Sie sind gleich. Es gibt keinen Grund mehr zum Streit. Begraben wir das Kriegsbeil. Die jungen Männer des weißen Häuptlings können Pferde nehmen – denn die Indianer haben viele –, um sie in ihre Häuser zurückzubringen. Sie kann Vieh zum Essen mitnehmen. Es werde Frieden sein.

Diese Ansprache des Raben war sehr politisch. Er wusste bereits, dass Herr Hardy bereit war, Bedingungen zu gewähren, aber er wollte den anderen

Häuptlingen zeigen, dass er die Ehre des Stammes unterstützte, indem er sich seiner Macht und Ressourcen rühmte und den Frieden zu gleichen Bedingungen schloss.

Nachdem die Gauchos ihren Vorschlag übersetzt hatten, sprach Mr. Hardy mit der Phraseologie, die für die Indianer am verständlichsten war.

„Der Rabe ist ein großer Häuptling; er hat weise gesprochen. Der kleine weiße Vogel hat dem weißen Häuptling ins Ohr gesungen, dass der Rabe an ihrer Seite stand, als böse Indianer ihr wehgetan hätten. Die bösen Indianer sind tot. Der Große Geist runzelte die Stirn. " Sie. Der weiße Häuptling hat keinen Streit mit dem Raben und seinen Freunden. Es soll Frieden sein.

Ein allgemeiner Ausdruck der Zufriedenheit erfüllte beide Parteien, als bekannt wurde, dass Frieden geschlossen wurde; und einer von jeder Seite eilte mit der Neuigkeit zurück, die übrigen gingen ins Dorf, wo sie sich vor der Haupthütte niederließen und feierlich die Friedenspfeife rauchten.

Die beiden Parteien vermischten sich dann freundschaftlich und freuten sich gegenseitig über das Ende der Feindseligkeiten. und niemand hätte gedacht, dass sie sich wenige Stunden zuvor in einem tödlichen Kampf gegenübergestanden hatten. Der Rabe lud die Weißen höflich ein, eine Nacht im Dorf zu verbringen; aber die Einladung wurde abgelehnt, da alle sehr darauf bedacht waren, nach Hause zurückzukehren.

Einige Indianer wurden vom Raben, der nun natürlicherweise die Position des Häuptlings des Stammes eingenommen hatte, ausgesandt, um Pferde zu fangen, um die Pferde zu ersetzen, die auf der Reise zusammengebrochen waren. Das Angebot von Rindern wurde abgelehnt, da man zuversichtlich war, Wild beschaffen zu können. Sie nahmen jedoch so viel Frischfleisch mit, wie ihre Pferde tragen konnten.

Mr. Hardy sah, dass der Rabe jedes private Gespräch mit ihm vermeiden wollte. Deshalb nahm er die Jungen beiseite und machte ihnen einen Vorschlag, dem sie herzlich zustimmten.

Als die Pferde herangezogen wurden und sich der ganze Stamm versammelte, rückte er mit einem Karabiner der Jungen in der Hand auf den Raben zu.

„Der Rabe ist ein großartiger Häuptling“, sagte er. „Er hat ein großes Herz und stand an der Seite des kleinen weißen Vogels. Aber er hat kein gutes Gewehr. Der weiße Häuptling gibt ihm ein Gewehr, mit dem er viele Male schießen kann. Er soll versprechen, dass er es niemals im Kampf verwenden wird.“ gegen die weißen Männer.

Der Rabe nahm dieses Geschenk mit großer Freude entgegen und gab bereitwillig das erforderliche Versprechen, indem er im Namen seines Stammes hinzufügte, dass das Kriegsbeil, das begraben wurde, nie wieder gegen die Weißen ausgegraben werden sollte. Ihm wurden ein zusätzliches Patronenlager und die gesamte Ersatzmunition gegeben und ein weiterer Vorrat versprochen, als er beschloss, sie holen zu lassen; Ihm wurden auch Anweisungen zum Umgang mit der Waffe gegeben, dann wurde ein feierlicher Abschied ausgetauscht und die Gruppe der Weißen wandte ihre Gesichter nach Hause.

Kapitel XVIII.

UND ZULETZT.

Mit diesem denkwürdigen Konflikt und der Lektion, die den Indianern vermittelt wurde, dass sie sich selbst im Herzen ihres eigenen Landes nicht vor Vergeltungsmaßnahmen und der Rache der weißen Siedler sicher fühlen konnten, waren die Indianerprobleme der Hardys vorbei. Gelegentlich kam es tatsächlich zu Überfällen auf die umliegenden Siedlungen, und die jungen Hardys wurden gerufen, um ihre wilden Feinde abzuwehren. Auf dem Anwesen von Mount Pleasant wurde jedoch kein feindlicher Fuß erneut gesetzt. Gelegentlich stattete der Rabe mit zwei oder drei seiner Tapferen einen oder zwei Tage lang einen Besuch ab und reiste mit Decken und anderen Dingen, die sein Stamm brauchte, als Geschenk ab. Beim ersten dieser Besuche fragte ihn Hubert, ob er den Vogel respektiere, dessen bemerkenswerte Feder Ethels Leben gerettet habe. Bei seinem nächsten Besuch brachte der Häuptling zwei sehr perfekte Häute des Vogels mit. Zu Huberts großer Freude stellte sich heraus, dass es sich um eine neue Art handelte; und einer von ihnen befindet sich jetzt, zusammen mit vielen anderen bisher unbekannten Vögeln, die ihm zum Opfer gefallen waren, im British Museum, mit dem spezifischen Namen Hardiensis, als Lob für ihren Entdecker. Der Rabenstamm erfüllte ehrenhaft seine Vereinbarung mit Mr. Hardy und beteiligte sich nie an späteren Angriffen auf die Weißen. Da sie durch den Verlust so vieler ihrer Kämpfer stark geschwächt waren, wären sie wahrscheinlich von feindlichen Stämmen ausgerottet worden; aber Mr. Hardy versorgte sie anschließend mit einem Vorrat an Militärmusketen, die er hauptsächlich zu diesem Zweck gekauft hatte, zusammen mit Munition, und sie waren dann in der Lage, ihren Feinden eine entschlossene Front entgegenzusetzen und sich durch die Jagd zu ernähren. Der Rabe ist heute einer der mächtigsten und angesehensten Häuptlinge in den Ebenen der Pampa.

Die Rückkehr der Expedition nach der Rettung Ethels und der Züchtigung der Indianer im Herzen ihres eigenen Landes löste in der gesamten Republik großes Aufsehen aus. Über die Freude von Mrs. Hardy und Maud brauchen wir nicht zu sprechen, aber das Abenteuer wurde im ganzen Bezirk als Anlass der Glückwünsche und Freude betrachtet. Man hatte das Gefühl, dass den Indianern ein entscheidender Schlag versetzt worden war und dass Leben und Eigentum für lange Zeit gesichert sein würden. Infolgedessen kam es zu einem starken Ansturm auf die Nachbarschaft, und in alle Richtungen wurde Land eingenommen und besetzt.

Es war gut für Mrs. Hardy und die Mädchen, dass sie mit der nächsten Post nach England segeln sollten. Die Auswirkungen dieser schrecklichen vier

Tage auf Ethel und dieser Woche der Angst auf ihre Mutter und Schwester hatten sie so erschüttert, dass die Änderung, selbst wenn sie nicht vorher beschlossen worden wäre, zwingend notwendig gewesen wäre. Es ist nicht übertrieben zu sagen, dass Mrs. Hardy und Maud noch mehr gelitten hatten als Ethel. Zumindest hatte sie ihre Gefahr gekannt und gesehen und wurde, außer an jenem Morgen, als sie an den Pfahl gefesselt wurde, von einer starken Hoffnung und dem Glauben an Rettung getragen. Den Zurückgebliebenen blieb nichts anderes übrig, als sich Schreckensszenen auszumalen und ihre Zeit abwechselnd mit Beten und Weinen zu verbringen. Während der kurzen Zeit, die ihnen in Mount Pleasant blieb, waren sie alle zutiefst erschüttert und nervös; Aber die Seereise und die frischen Brisen brachten bald Gesundheit und Farbe in ihre Wangen, und keiner von ihnen spürte jemals die schlechten Auswirkungen dieser schrecklichen Woche.

Und nun neigt sich unsere Geschichte dem Ende zu. Die stürmische Zeit der Siedlung Mount Pleasant war vorbei. Die harte Arbeit, die Schwierigkeiten und Gefahren des Lebens eines neuen Siedlers am äußersten Rand der Zivilisation waren überstanden, und es blieb nichts anderes übrig, als dem Anwesen weiterhin Aufmerksamkeit und Energie zu widmen und die Früchte der Arbeit zu ernten.

Nach dem Weggang seiner Frau und seiner Töchter blieb Herr Hardy zwei Jahre lang auf seinem Posten. Es war nun fast sechs Jahre her, seit er England verlassen hatte, und er sehnte sich danach, dorthin zurückzukehren. Er hatte das Gefühl, dass er dies tun konnte, ohne sich Sorgen um die Zukunft machen zu müssen. Rosario war seiner Erwartung zufolge dabei, zu einer großen und wichtigen Stadt aufzusteigen; Das Land war meilenweit außerhalb des Anwesens einigermaßen besiedelt; Der Wert von Land stieg rapide an; und es gab jetzt überhaupt keine Angst mehr vor Indianerangriffen. Seine Herden hatten sich stark vermehrt und verdoppelten sich alle zwei Jahre. Die Einnahmen aus dem Verkauf von auf der Luzerne gemästeten Rindern sowie aus dem Verkauf von Wolle und anderen landwirtschaftlichen Produkten waren beträchtlich. Allein die Molkerei brachte jährlich eine große Menge ein. Charley war jetzt zweiundzwanzig, Hubert ein Jahr jünger; beide waren ebenso fähig, das Anwesen zu verwalten wie er selbst.

Deshalb enthüllte er ihnen eines Tages seine Pläne. „Wie ihr wisst, Jungs, werde ich demnächst nach England gehen; und obwohl ich vielleicht ab und zu hierher kommen werde, werde ich England zu meinem ständigen Zuhause machen. Ihr Jungs werdet daher das Anwesen gemeinsam verwalten. Die Einnahmen werden dieses Jahr sechs erreichen." Tausend Dollar, und es wäre viel mehr, wenn wir nicht den größten Teil unserer Tiere behalten würden, um unseren Bestand zu vergrößern. Ich habe jetzt zwölftausendfünfhundert Dollar auf der Bank. Nach dem geschäftigen

Leben, das ich hier geführt habe, konnte ich nicht untätig bleiben. Meine gegenwärtige Absicht besteht darin, eine große Farm auf lange Sicht mit Kaufoption zu pachten. Mein Ziel wird es sein, eine große Fläche und karges Land zu pachten, die aber durch Bewässerung oder Entwässerung und einen Kapitalaufwand verbessert werden kann. Ich werde kein Risiko eingehen mehr als zwölftausendfünfhundert Dollar darin, und auch die Einkünfte, die ich hier für die nächsten zwei Jahre beziehe. Die Gewinne werden jedes Jahr steigen. Ich werde also in zwei Jahren fünfundzwanzigtausend Dollar in die Farm gesteckt haben – ein Teil sich dem Bau eines geeigneten Hauses widmen. Selbstverständlich werden Sie während der zwei Jahre so viel Geld ausgeben, wie Sie benötigen; aber tatsächlich ist es Ihnen unmöglich, hier viel Geld auszugeben. Nach zwei Jahren schlage ich vor, dass Sie, Charley, als Ältester zunächst für ein Jahr nach England zurückkehren und dann Hubert an die Reihe kommt. Sie werden dann ein Jahr zusammen hier bleiben und jeweils wieder ein Jahr in England verbringen und so weiter regelmäßig. Ab dem Ende dieser zwei Jahre werde ich die Hälfte des Einkommens dieses Nachlasses beziehen, und Sie werden die andere Hälfte unter sich nehmen, um sie zu investieren oder zu verwenden, wie Sie es für richtig halten. Ich rechne damit, dass das Anwesen nach Ablauf von sechs Jahren so viele Rinder und Schafe haben wird, wie es ernähren kann. Sagen wir, fünfzehntausend Rinder und dreißigtausend Schafe. Sie verkaufen dann Ihren gesamten jährlichen Zuwachs und der Gewinn wird jedes Jahr höher sein. Wenn Sie nach Ablauf von zehn Jahren von diesem Zeitpunkt an genug von diesem Leben haben, was ich für wahrscheinlich halte, werden wir das Anwesen verkaufen. Zu diesem Zeitpunkt wird es das Zentrum eines bevölkerungsreichen Distrikts sein, der Wert des Landes wird erheblich gestiegen sein und wird jedem Land im Land ebenbürtig sein – sogar so sehr, dass es wahrscheinlich nicht mehr in Frage kommt, ein Land zu finden Käufer für das Ganze. Wir könnten es daher entsprechend den Bedürfnissen der Käufer aufteilen, indem wir es in Grundstücke von einer, zwei, drei oder vier Quadratmeilen oder einer Quadratmeile aufteilen und den Bestand proportional aufteilen. Das Haus würde natürlich zum Ackerland und ein oder zwei Meilen Weideland dahinter gehören. Meinen Anteil des Jahreseinkommens werde ich für den Kauf meines Anwesens verwenden. Angenommen, der Preis beträgt fünfzigtausend Dollar. Das werde ich mit meinem Einkommen von hier und meinem Einkommen aus dem Gut selbst wahrscheinlich in zehn Jahren schaffen können. Zusammen mit den 25.000 Dollar, die ich für Entwässerung usw. riskieren möchte, müsste das Anwesen dann einen Wert von 100.000 Dollar haben. Der Wert dieses 50.000 Acres großen Anwesens mit den Schafen und Rindern sollte mindestens das Doppelte dieses Betrags betragen; damit ich nach zehn Jahren ein reicher Mann sein werde. Wenn Sie vorsichtig sind, können Sie in den zehn Jahren mit Sicherheit jeweils 25.000 Dollar sparen und erhalten jeweils weitere

50.000 Dollar als Anteil am Nachlass. Folglich werden Sie als Jungen im Alter von einunddreißig und zweiunddreißig Jahren in der Lage sein, sich in England unter sehr komfortablen Umständen niederzulassen. Eure Schwestern werden selbstverständlich von meinem Anteil versorgt. Sind Sie mit meinen Plänen einverstanden?

Die Jungen äußerten herzlich ihre Zufriedenheit über den Plan und ihre Dankbarkeit gegenüber ihrem Vater für seine Absichten.

Und so wurden die Dinge ausgeführt.

Sechs Monate nach Mr. Hardys Ankunft in England hörten die Jungen von Mauds Heirat mit Mr. Cooper, der nach dem Tod seines Vaters ein wohlhabender Landedelmann war. Bei seinem ersten Besuch in England heiratete Charley ebenfalls – ein Beispiel, dem Hubert im nächsten Jahr folgte.

Die beiden wechselten sich nun mit der Verwaltung des Anwesens ab – derjenige   in England verbrachte immer einen beträchtlichen Teil seiner Zeit bei Mr. Hardy und verbrachte den Rest mit Reisen.

Ethel heiratete ein Jahr nach Hubert einen aufstrebenden Anwalt in London.

Alles gedieh in Mount Pleasant, und beim Verkauf wurde es in Grundstücke aufgeteilt und erzielte eine weitaus größere Summe, als Mr. Hardy berechnet hatte.

Mr. Hardys eigener Plan war vollständig umgesetzt worden, aber am Ende der zehn Jahre begann er, sich ein ruhiges Stadtleben zu wünschen. Deshalb traf er mit Charley eine Vereinbarung, wonach dieser, der mit seiner Frau etwas Geld verdient hatte, seinen Platz als Gutsherr einnahm und sich in das Leben eines Landedelmanns einlebte, was genau zu ihm passte.

Hubert lebt in London. Sein Einkommen reicht aus, um seinen Bedarf zu decken, er ist Mitglied mehrerer wissenschaftlicher Gesellschaften geworden und seine Sammlung der Fauna der Pampa Amerikas gilt als unübertroffen.

Die Mädchen sind mit den Männern ihrer Wahl sehr zufrieden; und Mr. und Mrs. Hardy haben immer einige ihrer Kinder oder Enkel bei sich und unterhalten die Kleinen oft mit Geschichten darüber, wie ihre Väter oder Mütter in der Pampa Südamerikas gegen die Indianer kämpften.

DAS ENDE.